Cornel West

コーネル・ウェスト

越智博美・松井優子・三浦玲一＝訳

民主主義の問題

Democracy Matters

帝国主義との闘いに勝つこと

法政大学出版局

Democracy Matters: Winning the Fight against Imperialism by Cornel West

This edition published by arrangement with The Penguin Press,
a member of Penguin Group (USA) Inc.
through Tuttle-Mori Agency, Inc., Tokyo

五人の偉大なる民主主義の師へ本書を捧ぐ

先駆者たるハーヴァード大学教授にしてわが生涯の師、そしてひときわ抜きんでた黒人知識人マーティン・キルソンへ

道を拓いてくれたハーヴァード大学教授にしてマーティン・ルーサー・キング牧師の遺産の偉大なる模範、そして教父のごとき親愛なる指導者プレストン・ウィリアムズへ

偉大なるプリンストン大学教授、尊敬すべき指導教授にして今日における最高の民主主義理論家シェルドン・ウォーリンへ

偉大なる知識人、わが生涯の同志にして深い民主主義を愛する仲間スタンリー・アルノウィッツへ

愛する娘、エレガントなスタイルの担い手にして大きな喜びと愛の源ディラン・ゼイトゥン・ウェストへ

目次

日本語版によせて

『民主主義の問題』は、アメリカ帝国の経済の衰退、文化的退廃、および政治的麻痺に対する知的・政治的な応答である。本書は、アメリカや世界における自由市場原理主義やエスカレートする軍事志向、そして膨張する権威主義を前にして、深い民主主義的な目覚めを要求している。この深い民主主義的な目覚めは、勇気あるソクラテス的な問いかけ、共感に満ちた預言者的な証言、および悲喜劇的な希望をそのよりどころとする。ソクラテス的な問いかけは、富豪階級が貧困層や勤労者を攻め、貧困の増加や賃金の減少、人口の上位一パーセント層の利益の増大をもたらしている現状にかんがみるとき、われわれが何者であり、どのような人間になりたいと考えるのかという問題に焦点を当てる。預言者的な証言は、大銀行や大企業や大政府の不公平なポリティクスに抵抗するために組織化や結集を必要とする受難者たちへの、心からの愛に根ざしている。悲喜劇的な希望は、現在われわれを支配している金権政治的な権力に降参したり、屈したり、おもねったりすることへの大いなる拒否である。

このすばらしい日本語版は——私のかけがえのない友人《マイ・ディア・シスター》である西本あづさ氏との交流がきっかけとなって実現したものだが——ちょうどアメリカ外交がアジアへと「転回」するのと時をおなじくして世に出ることになった。中国帝国（そこに満ちているのは果てしない矜持と蔓延する腐敗である）とアメリカ帝国（ここは軍事的傲慢と精神的退廃に満ちている）との激しい対立が将来の大きな問題として迫っている。また、中東での醜悪な現実はあるものの、民主主義的な可能性にとって金権政治勢力に対する次の重要な戦いの場となるのはアジアである。そして日本は、固有の深い民主主義的な伝統をもっているゆえに重要な役割を果たすことができる。

　われわれは互いから学ばなければならない。私は数年前に東京、京都、広島、沖縄で講演を行なったが、この経験は私に、日本人の創造的な想像力と道徳的勇気は世界の民主主義的な目覚めに大きく貢献するだろうことを教えてくれた。そしてこの目覚めは、あの偉大なマーティン・ルーサー・キング・ジュニアが「世界の家」と呼んだ場所でわれわれがかりにも尊厳と品位をもって生きようと思うなら必要なものなのである。

ニューヨーク・シティ

コーネル・ウェスト

民主主義の問題

――帝国主義との闘いに勝つこと

凡　例

一、本書は、Cornel West, *Democracy Matters: Winning the Fight against Imperialism*, New York: The Penguin Press, 2004 の全訳である。
一、文中の（　）および［　］は原著者によるものである。
一、原文中の引用符は「　」で括り、大文字で記された文字等についても「　」で括った箇所がある。
一、原文中の（　）および——で括られた箇所については、一部取り外して訳出した。
一、原文中でイタリック体で記された箇所は、原則として傍点を付した。
一、文中に訳者が挿入した語句および簡単な訳註は〔　〕で示した。
一、訳註は、各章ごとに〔1〕というかたちで番号を通し、巻末にまとめて掲載した。
一、引用文献中で邦訳のあるものは適宜参照したが、訳文はかならずしもそれに拠らない。
一、邦訳の書誌情報はできる限り示した。複数の訳がある場合には原則として最新のものを優先した。
一、原著の明らかな間違いや体裁の不統一については、一部原著者に確認したが、訳者の判断で整理した箇所がある。
一、索引は原著をもとに作成したが、一部訳者のほうで整理した部分がある。

第1章　民主主義は恐ろしい状況に陥っている

民主主義という語はこれまでさんざん活字になってきた。けれども、この語の肝心の部分は目覚めないまま、眠ったままで今にいたっている。そもそも民主主義という語の一音一音は、それがペンから発せられたものであれ、口から発せされたものであれ、あまたの怒りの嵐から出てきたものであり、その残響がいまだ消えてはいないというのに。民主主義というのは立派な言葉だが、思うにその歴史はまだ書かれていない。民主主義の歴史がいまだに実現を見ていないからだ。

——ウォルト・ホイットマン〔1〕『民主主義の展望』（一八七一年）

アフロ＝アメリカン、あるいはアメリカの黒人であるということは、すなわち自分としては決してまともに肩を持つことができないような——それどころか際限なく攻撃し、呪うしかないような——文明のなかにいて、この王国を新たなものにしたい、立派で生きるに値するものにしたいと願ってこのうえなく激しい愛情から声を出した人びとすべてが置かれた状況を耐え難いほど増幅したところに、身を置くことにほかならない。

——ジェイムズ・ボールドウィン〔2〕『巷に名もなく』（一九七二年）

もう一〇年前になるが、私は『人種の問題』〔邦訳：『人種の問題――アメリカ民主主義の危機と再生』山下慶親訳、新教出版社、二〇〇八年〕という本を書いて、アメリカでもっとも危険な問題であり、やっかいなディレンマでもある問題、すなわち白人優越主義というたちの悪い遺産のせいでいかにアメリカの民主主義が歩みを止めているかをめぐって、広く忌憚のない議論のきっかけを作ろうとした。本書――『人種の問題』の続編――がめざすのは、いま現在のアメリカ帝国主義の時代に、民主主義のエネルギーと実践が衰えつつあることに断固とした目を向けることである。今日のアメリカでは、民主主義の力の衰えは憂慮すべき事態である。醜悪な帝国主義の台頭に手を貸したのは、金権政治のエリートとキリスト教右派の不浄な癒着のほか、もうひとつ、多くの有権者が抱えた膨大な不満がある。共和党と民主党という腐敗した二大政党にたいした違いはないと考えているのだ。黒人は民主党に見くびられているし、また若者は心底不満を抱えている。それでも、ハワード・ディーン[3]の選挙運動を支えた若者のエネルギーや昨今の反グローバル化運動への熱心な取り組みは、有権者を引き込む可能性がまだあることを示す明るい徴候である。

私は、ここ三〇年来、アメリカ各地をまわって、講演をし集会に参加してきたが、アメリカの人びとが持つ知性と、想像力と創造性、そしてユーモアには絶えず感銘を受けた。なのに、どうして公職につくのは凡庸で意気地のないリーダーばかりなのだろう。まるで、もっとも秀でた人たちは選挙で選ばれて公職に就くのを拒絶し、野心に燃えた人間は民間に行ってしまうようである。なにしろ資本主義社会では、民間にこそ富と権力とステイタスがあるからだ。しかし、そうはいっても、アメリカはずっと資本主義社会だったし、しかも、過去においては何人もの秀でた指導者がいたのである。それがどうしてこうも一気に駄目になってしまったのだろうか。レヴェルが下がりに下がって、冗談なのか侮辱なのかわからなくなるあたりは、テレビのホーム・コメディのようである。入念な下書きを元に、ブッシュがほとんど意味のない記者会見を終えてにっこりと微笑む。けれど、それはわれわれを笑い者にしているのやら、彼を笑い者にするわれわれに仕返しをして笑っているのやら見当もつかない。その間、報道機関はブッシュのおきまりの文句を材料に、そそくさと話をでっち上げるという具合である。

　市場が主導する帝国においては、実演宣伝《デモ》をものするエリート・セールスマンの手腕が、真にデモクラティックな指導者の手腕にとってかわった。有権者の大半が投票に行かない。この人たちは（目先のことしか見ていないにしても）馬鹿ではない。政治のリーダーシップが大企業の資金と利害に寄生する二大政党以外の場にはないことをわかっているのだ。この二つのどちらかを選んだところで、そんなものはドレッド・スコット裁判[4]で左翼の見解を取るか、右翼を取るかというのと同じこと。違いはあってもたいしたものではないのだ――もちろんその違いのどれもが大事なものではあるが。

　とはいえ、新しい帝国主義や台頭する富裕層優遇の金権政治だけを標的に抗議の声を張り上げるだけではじゅうぶんではない。むしろ、まだ手つかずなままのことが多い民主主義の伝統を生む源泉に深く手を差し延べ、アメリカの生活に潜む帝国主義の圧力と金権政治の衝動と戦わねばならない。われわれが選んだ政治家の多くは、怪しげな大企業のエリートに借りがある。彼らはほんものの民主主義の理想を軽んじて、その理想にもとづいた行動を取らないが、そのような政治家が民主主義という貴重な言葉の価値を下げ、破壊しているのを、そのままにしておくわけにはいかない。

　われわれの民主主義をさいなんでいる問題は不満と幻滅の問題だけではない。民主主義にとって最大の脅威は、支配的な影響力を持つ三つの反民主主義の教義《ドグマ》というかたちで台頭している。この三つのドグマが、世界でもっとも強力な力の後押しを得て、アメリカの民主主義を骨抜きにしようとしているのである。そのひとつ目、自由市場原理主義《ファンダメンタリズム》は、なんの規制も制限もない市場を偶像と物神にしている。この市場礼賛のせいで、政治経済は無情な大企業に牛耳られることになり、ビジネス・リーダーおよび彼らの富と権力が――近年スキャンダルが続々と発覚しているが、そんなものはものともせずに――崇拝の対象になり、最大の権力を持つ大企業は魔法のような救済の力を授けられてはいるが、みずからのビジネスの慣習や労働者の処遇をめぐって民主主義の目を光らす仕事は任されてはいない。ほとんど検証もされておらず、疑いの対象にもなっていないこの教義はアメリカの二大政党、民主党と共和党の政策、および他の国々の大半の政党を後押ししているが、これこそが、民主主義にもとづいた生活の質と大多数の人びとの幸せを世界中で脅かす最大の脅威なのである。この教義はおぞましいほどの富の格差を産み出し、その結果として階級間の敵意と憎悪を増幅させている。それはまた、われわれが人生でめざすべきものの定義を変えて、物質的な利益、利己的な快楽、個人的な狭い関心を追求することを美化している。アメリカ、外国、関係なく、とりわけ若者に対して。

自由市場原理主義は、今日の宗教原理主義と同じく危険なものだが、これは公共の利害関心を取るに足らないものにしてしまう。金権政治家と寡頭政治の支配者が経済に振るう権力と影響力は絶大で、不安に取りつかれた労働者の心に恐怖と不安感を植えつけている。そして政治家はお金に動かされ、世論調査に取りつかれるあまり、大企業の利潤追求に追従し、公益を犠牲にすることもしばしばだ。今日、きわめて露骨で破廉恥に行なわれている企業と政治エリートのこのようなよこしまな癒着は、見識ある市民が指導者に対して持っていた信頼を損ねるだけではない。このせいで、ますます多くの人たちは、にせものの預言者が金やステイタス、およびさらなる権力への道といった多大な報酬を受け取っていることを知り、夢遊病者のように動いている。このような利潤優先の考え方がアメリカ社会から民主主義の命を吸い取っているのである。

つまるところ、自由市場原理主義の危険な教えはわれわれの関心を学校から牢獄へ、労働者の状況から利ざやへ、診療所からハイテクな美容整形へ、市民団体からインターネットのポルノ・サイトへ、子どものケアからストリップ劇場へとそらしてしまう。市場原理主義が重きをおく行動は、売り買い、消費と取得、販促と広告なのであって、コミュニティや、思いやりからくる慈善、皆の生活の質の向上といったものの価値はおとしめられている。マーティン・ルーサー・キング牧師が「自由の鐘を鳴らそう《リング》」と言っていたのがいまや「ブリン・ブリン《ぎんぎらぎん》」〔5〕とは、この変化の速さは皮肉なものだ。まるで、自由とは、自由市場原理主義の指示どおり、物質的なおもちゃを持つことにすぎないようではないか。

現代に力を振るっている第二のドグマは、攻撃的軍事姿勢である。潜在的な敵に対する先制攻撃という新しい政策は、たんにこれを敷衍したものにすぎない。合衆国の、このあらたな外交政策は、これ以前の予防戦争という政策をはるかに超えている。というのも、今回のものは政治のエリートが合衆国の兵士――労働者階級と有色人種の若者に偏っている――を危険な聖戦で犠牲にすることにゴー・サインを出してしまうからだ。この教義でいくと、最多かつ最大の武器を持った者がもっとも道徳的にすぐれており男らしく、それゆえに他人を監視するに足る者となるような世界にあっては、軍事力こそが救済をもたらすものだということになる。実際のレヴェルではこの教義は、アメリカが外国において、単独での内政干渉、植民地主義による侵略、軍隊による占領を行なうというかたちをとる。また、多数の国家の協力を避けて国際的な審議のしくみをなし崩しにするような外交政策を煽る。なにしろアメリカのフロンティア幻想とカウボーイ神話から造られているために、この攻撃的軍事姿勢のドグマは「敵は容赦しない」という単独行動をとるローン・レンジャーの戦略である。[6] 紛争の解決のためなら道徳にもとる卑劣なやり方を何年も続けてよい、すなわち、封じこめ、排除しているのだと主張する当の吐き気をもよおす、臆病なテロリズム行為を犯してもよいという保証を与えているのが、このドグマである。一方、国内では、この考え方は警察権力にも及び、刑務所と産業の複合体を増加させているし、家庭でも職場でも抑制の効かない男の力（および暴力）をよいことにしてしまっている。犯罪は恐ろしい敵として打ち砕く対象（貧しい人ねらい打ちだ）だとみなされ、（こうした行動を助長しがちな条件に対処するという手段を用いて）改めるべき醜い行動だということにはならない。

町のごろつきよろしく、自分の利害と目的によってなにが立派なのかが決まり、不安や不安定さゆえになにが男らしいかが決められる。けれども、むき出しの力を行使して紛争を解決しようとしても、それはえてして裏目に出る。このような力の行使には傲慢な思い上がりがつきものであり、そのせいで、こちらの意志を押しつけようとしてきた地域は不安定な状態に、へたをすると崩壊に向かっていく。ためらいもなく暴力を行使するのは、無実の皮をかぶった輩、すなわち自己検証をする気がなく、自分たちが手にかけた無辜の犠牲者の数を数えることにも関心がない者たちである。つい最近行なった危険な侵略のせいで命を落としたアメリカ兵と罪もないイラクの人たちについて、ブッシュ政権がどれほど鉄面皮な無関心ぶりを見せていることか見てほしい。アブ・グレイブでの囚人に対する野蛮な虐待ぶりは、そのなかでも酷い例だ。

この歴史的な瞬間における、第三の支配的なドグマは、エスカレートする権威主義である。このドグマは、潜在的なテロリストに対する当然といえば当然のパラノイア、過剰な自由に対する旧来の恐怖、そしてお互いへの根深い不信感に根ざしている。[7]苦労して獲得した権利と苦労して勝ち取った自由はますます広範囲にわたって抑圧されており、愛国者法はその氷山の一角にすぎない。しかも最高裁判所にしてから、率先して愛国者法を支持しているのである。けれども、最高裁のなかにも、この事態を深く憂えている決然たる民主主義者はいる。先ごろルース・ベイダー・ギンズバーグ判事が語った言葉がよい例だ。彼女は、「自由と安全とのバランスのような重要な問題に関しては、一般大衆が注意を払わないでいると、安全の側に重心が移ってしまう」と述べたのだ。実際、臆病なテロリストによる九月一一日の攻撃は監視強化にいいように利用されてしまった。法による保護が弱体化し、政府の行動を監視するための重要な回路がだんだんと閉ざされているが、このような方策は多くの人の近視眼的な見地からすれば必要に思えるのだ。安全は自由より大切であり、また自由の境界線は安全によって規定されるという発想が、このような方策を正当化しているのである。

一方、市場に動かされるメディアは、両極化したイデオロギーに煽られ、利潤追求に余念のない独占企業にけしかけられて、われわれの政治的な「対話」をひどく狭めてしまった。主な問題は片方の陣営がもう片方へわめき立てていることではなくて、多くの人が言いたいことを相手に聞いてもらうことすら諦めているということなのだ。われわれはいまや、むき出しの権力という純然たる力の権威に押され、対話の価値、とりわけ相手を尊重したコミュニケーションの価値そのものを喪失しつつある。これは、いかなる民主主義の実験にも必須の問いかけと共感と希望に対する権威主義の典型的な勝利である。

同じことが学校や大学でも起こっている。人の考え方への監視が強まり、意見を異にする者が軽蔑され、相手の言い分に耳を傾け理解するための共通の場が閉ざされていく。この問題の主犯は「政治的な《ポリティカル・》正しさ《コレクトネス》」〔8〕ではない。そもそも、この用語は自分の傷ばかりを取り沙汰して他者の傷を矮小化し、犠牲者の苦しみを軽んじようとする輩の手になる造語である。そうではなくて、むしろ課題となるのは、対話を監視しようとするドグマをどんなかたちであれすべて検分し、声を押さえつける権威主義の戦略すべてを打ち砕く勇気を奮い起こすことである。われわれはひとりひとりの傷と傷跡を尊重することが必要だ。たとえ、ときとして自分たちのほうが間違っていることがあるとしても（正しいときはもちろんのこと！）。

　いまの時代において、民主主義の問題は焦眉の問題である。それは自由市場原理主義、攻撃的軍事姿勢、および増大する権威主義という三つのドグマが、民主主義を深めて世界に広めるのに必須の衝動を消し去ろうとしているからである。つまり、われわれは悲しいことに、アメリカが帝国としてアメリカの民主主義を食いつくすさまを目の当たりにしているのである。いまこの時代に民主主義が消え去ろうとしているという、歴史的にも重大な事態は、アメリカの未曾有のギャング化——権力と富とステイタスをみさかいなく手にしようとすること——を招いている。そして、社会、さらには帝国のもっとも強大な力が民主主義のエネルギーに対する抑圧を強めるなら、ほんものの民主主義の将来そのものが危うくなる。

　九・一一。無辜の市民に対するギャングによるこの非道な攻撃がアメリカの全面的ギャング化に歴史的な契機を与えたとは、なんという皮肉だろう。いまやポスト民主主義の時代となり、帝国アメリカによる「民主主義」レトリックのせいで、民主主義的アメリカの衰退が見えなくされているのだろうか。それとも、帝国アメリカを動かす例の三つのドグマを否定しようもないなかで、それでもなおアメリカ国内にも国外にも、民主主義を勝ち取り、取り戻すためのエネルギーは残っているのだろうか。それとも、アメリカ帝国は、怪物《リヴァイアサン》のごとき過去の帝国、すなわちローマ帝国、オスマン帝国、ソヴィエト帝国、大英帝国と同じ道を歩むのだろうか。世界権力という美酒に酔いしれる誘惑に、帝国支配の可能性という傲慢と貪欲に溺れる誘惑にあらがうことのできる帝国はそもそもあるのだろうか。大帝国はどれも、世界征服——世界をみずからのイメージと利害に合わせて形づくる——というドン・キホーテ的な夢を追いかけるあまり、内側から腐敗して滅んでいったのではなかっただろうか。とすれば、真剣に民主主義に関わるわれわれは、このような世界史のパターンと起こりうる運命を回避することができるだろうか。

そうできるかどうか、その重要な試金石は、九・一一のテロにどのように応答し続けるのかという点にある。しかし、抑圧的なソヴィエト帝国のなごりである北朝鮮とキューバは誇りはあっても国力は弱く、帝国時代を終えた欧州連合はアイデンティティと統一を模索中、アジアの大国は堅実だが及び腰、アフリカとラテン・アメリカ諸国は植民地状態を脱したのにヨーロッパとアメリカに経済支配を受け、その支配といまだに闘い続けていて、そのなかでアメリカ帝国だけが、聖書に出てくる巨獣のごとくこの世界を闊歩している。アメリカは並ぶもののいない軍事力、否定しようのない文化的な力、そして多国籍企業と多国籍金融による覇権を築きあげた。が、国内においては巨額の貿易赤字と財政赤字をかかえ、階級、人種、宗教、およびイデオロギーの闘争は激しさを増すばかりである。冷戦時代には、このような国内の争いごとは多くの場合、共産主義という共通の敵に焦点を当てることで封じこめられていた。その後しばらくのあいだ、アメリカ人は「文化戦争」で争い合っていた。財力の後ろ盾がある右翼は多くの国民に対して、左翼――進歩的な大学教授からネオリベラルなクリントン派にいたるまで、また多文化主義の芸術家から主流派フェミニストにいたるまで、あるいはまたゲイ、レズビアンの活動家から生態系保護の活動家にいたるまで――が、アメリカに危ない橋を渡らせようとしていると思いこませた。九・一一のあとは、国がひとつにまとまることができそうだった。ただし、それが、偏狭な愛国心と復讐心に駆られた対テロ戦争への熱狂という型にはまった場合にかぎりだが。さらに、ブッシュ政権の新しいタカ派による旧式な帝国主義が、巧妙な操作と露骨な嘘を介して姿をあらわすにつれ、戦争好きのあらたなアメリカ帝国はみずからの利害に沿って世界を監視するのみならず、その帝国主義のヴィジョンと政策を、どんな手を使ってでも、夢遊病者のようなアメリカ市民に押しつけようとしている。

皮肉なことに、こうした考え方や政策はこれ以前の政権のやり方を踏襲しており、以前の政権も、自由市場原理主義（クリントンの北米自由貿易協定［ＮＡＦＴＡ］[9]がカナダとメキシコをいかに悲惨な目に合わせたことか）、攻撃的軍事姿勢（国内の貧しい有色人種コミュニティで警察権力が濫用されている）、そしてエスカレートする権威主義（特定の犯罪撲滅に的を絞り、かならず投獄の実刑判決を出す）のドグマを問いにかけることをしてこなかった。とはいえ、ブッシュ政権の帝国主義ががさつに鉄面皮に民主主義をむさぼり食っているこの状況は、アメリカがいまだ発展途上の民主主義の実験を続ける山あり谷ありの歴史のなかでも、谷底と言えるものである。しかもいまは、外部の敵はコミュニズムに代わってイスラムのテロリズムだ。さらに、のさばる保守主義文化によって、左翼は進歩派もリベラル派もふくめ、内なる敵扱いである。この人たちは愛国者の叩く太鼓の音に歩調が合っておらず、ブッシュ政権の帝国主義支配という目的、自由市場政策、保守的な文化観、および個人的な愛国心といったものに従わないとされているのだ。単刀直入に言ってしまおう。われわれはいまやアメリカ史上稀にみる岐路に立っているのだ。

民主主義の問題を考えるには、国内問題と外交政策との密接な関係を把握することが必要である。昔の帝国、とくにローマ帝国や大英帝国などと同じで、国外での行動が国内での行動を形成し、国内での行動が国外での行動を形成する。ここ最近ということで言うなら、アメリカ帝国にとっての中東問題の重要性が、おそらくわが国の民主主義が直面している一番の難題だろう。つまり、世界の安定をはかり、民主主義をより豊かなものにしていこうとすれば、石油で潤うアラブの専制的な体制がイスラエルの存在そのものに向ける反ユダヤ的敵意に直面しつつ、イスラエルがパレスチナの土地を占領して人びとを支配下に置く行為にも対処せねばならない。パレスチナ人の自爆テロリストがイスラエルの罪のない市民を殺すことにも、またイスラエル軍が非武装のパレスチナ難民を非人道的に攻撃していることにも、いま以上に決然たる態度で待ったをかけなければならない。このようなやっかいな問題こそが、あらゆるアメリカ人が相手を尊重した率直な対話にたずさわることができるかどうかの試金石となる。それどころか、こうした問題こそ、アメリカの民主主義の命運を決めるのに決定的に重要な役割を果たすだろう。

反ユダヤ主義という醜悪な落とし穴に陥ることを避けつつ、アメリカの帝国エリートとイスラエルの政界との密接な結びつきを率直に批判するには、どうしたらよいだろうか。イスラエルが中東における軍事大国であり、しかも、アメリカのユダヤ人がアメリカ帝国内で強力な組織を作ってこの軍事力を支えているということを認識しつつも、なお、ユダヤ人のように世界のどこにいても憎まれてしまう民族のつねに危うい状況に置かれている生のあり方に共感を寄せるには、どのようにすればよいだろうか。一部のパレスチナ人グループがイスラエルを海に追いやろうとしているのを知りながら、イスラエルの占領下でパレスチナ人が酷い状況に置かれ、許し難い扱いを受けていることをどのように浮き彫りにすればよいだろうか。ユダヤ人国家が、ユダヤ教を信奉する市民の力を奪うことなく完全に政教分離を果たした民主主義国家になれるだろうか。アメリカ帝国はイスラエルを支援してきたが、それがみずからの経済的な利害と正面からぶつかることになれば、このユダヤ人国家を見捨てるのだろうか。ユダヤ人が信頼すべきなのは誰だろうか。パレスチナ人が信頼すべきなのは誰なのだろう。双方の近視眼的な指導部が、いっさいの公正な和平を阻んでしまうのだろうか。反ユダヤの憎悪と反アラブの狭量な姿勢が、民主主義という選択肢を押しつぶしてしまうのだろうか。

いま述べたような胸の痛むような問いを考えることは、批判的知性とほんものの共感を総動員しなければならない大仕事だが、かといって現状に甘んじているのでは行き着く先は大きな不幸である。地球規模で民主主義を語るには、このような問いは避けて通れない。アメリカをはじめとする各国にテロ攻撃の脅威が高まっているからには、自分たちの安全と正義の意義のためにもこのような問いに取り組むことは必須である。

もちろんこう言ったからといって、アフリカにあってエイズ禍と独裁的な政治家の背信行為に直面している地に呪われたる者〔10〕から目をそむけるべきだというのではない。また、多国籍企業とそれにこびへつらう政治家にいまだ牛耳られているラテン・アメリカの人びとの苦しみから、はたまたあらたな世界秩序に隙間を見つけ、それを維持しようと必死にがんばるアジアの人たちから目をそむけるべきだというのでもない。中東に焦点を当てるのは、特定の体制を選り出して特別扱いをしたり悪魔化の標的にしようとすることではない。そうではなくて、イスラム原理主義者のギャングがアメリカと世界にじっさいに脅威を与えていること、そして、彼らがその力を中東におけるアメリカの外交政策から得ていることを認識することなのである。このような現実の脅威に対し、もしアメリカが帝国主義的な対応をすれば、アメリカと世界にさらなる脅威を与えることになりかねない。しかもアメリカの民主主義の実験は、そのような帝国主義的な対応を取りながらではうまく行きようがない。だからこそ、九・一一に対するブッシュ政権の対応が、国内外で惨禍を引き起こして——さらなる富の格差を生み、仕事、教育、医療や芸術のための資源がさらに減り、以前の同盟国ですら不信と憎しみを募らせているのである。

九・一一の醜悪なできごとは、アメリカ人が自己検証をする機会になるはずだった。テロ攻撃のショックと恐怖をきっかけに多くの人が問うたのは、なぜ自分たちが憎まれているのかということだった。しかし、アメリカは、この問いに対する答えになりそうなものについて真剣に、ねばり強く、深く探りを入れるように吟味することができなかった。代わりに、ブッシュ政権のリーダーたちに煽られて「敵か味方か」という単純かつ攻撃的な態度を取り、同盟国を踏みにじって、ブッシュ政権の上層部が決定した行動方針に対する批判には耳をかたむけようとしなかった。われわれはこの重要な岐路において、また歴史が始まってこのかた、アメリカが世界でどのように振る舞ってきたかということにじゅうぶんな批評の目を向けていない。覇者としての力を増す過程で、これまでたびたび高圧的で帝国的で偽善的な振る舞いをしてきたというのに。

アメリカは世界各地に対し偽善に満ちたギャングのような振る舞いをはたらいてきたが、それだけが九・一一の理由ではない。むろん、だからといって、恐ろしく無神経で暴力的なテロ行為をはたらいていいということにもならない。けれどもわれわれは、帝国主義的な振る舞いゆえに世界の多くの場所で軽蔑をかきたててきたのに、そのことについて深く考察する文化を育むことすらできないできた。ブッシュ政権がイラクへの単独侵攻および虚偽の情報活動を繰り広げ、国内のみならず国外においても権力を濫用したことに対しては、いまや厳しい検分の目が向けられているが、ブッシュ政権の政策に怒りの言葉を浴びせるだけではだめで、この検分の目をさらに深く掘り下げなければならない。われわれに必要なのは、アメリカの深い民主主義の伝統が持つエネルギーとのつながりを取り戻すこと、そして、そのエネルギーをふたたび燃え立たせることなのである。

この重大な岐路にあって醜い頭をもたげている三つのドグマと取り組もうとすれば、このドグマがアメリカの歴史が始まって以来どのように壊滅的にはたらいてきたのか、いままで以上に現実的な理解をする必要があるだろう。ドグマに対してなんらかの批評をするための最初のステップとしては、そのドグマの歴史を明るみに出すこと、つまり、その始まりが必然のものではないことと不名誉な出発をしたことを明るみに出すこと、および、歴史あるドグマを批判することにも伝統と歴史があると示すことである。アメリカには、民主主義の発展が邪魔だてされたときには激しく、痛みに満ち、なおかつ強力な批判を行なう長い伝統がある。その批判は、帝国拡張を狙う人びとがアメリカ先住民《ネイティヴ・アメリカン》の大量虐殺という破壊行為をしてきたことや、行き過ぎた資本主義の非情なしくみが労働者の生活を打ち砕いたことや、女性、ゲイ、レズビアンを全面的に従属させることに向けられてきたが、とくにその中心になるのが、とことん非民主主義的で非人間的な白人優越主義の欺瞞への批判である。

過去と現在のアメリカにおいて白人優越主義が行なってきた残忍非道な行為は、われわれの民主主義には恐ろしい限界があって、掲げた理想とは食い違っていることを雄弁に物語っている。民主主義というアメリカの壮大な実験をとり行なうにあたり、人種は、民主主義のエネルギーがアメリカの帝国主義の現実と衝突する交差点として重要である。虐げられ、力を奪われてきたアメリカ・インディアンやアジア人、メキシコ人、アフリカ人、そしてヨーロッパからの移民の声や考え方を知れば、最初のアメリカ帝国、すなわち、明白な運命《マニフェスト・デスティニー》という拡張主義を標榜する旧アメリカがいかに深く人種差別に根ざしていたかがわかり、その記憶もよみがえる。大英帝国が新世界に置いたこの出先機関が、アメリカ・インディアンの土地で、もっぱらアフリカ人奴隷による労働におおいに助けられながら反帝国の大革命を起こし、民主主義の豊饒な実験へと乗り出すことになろうとは、なんという皮肉なことであろうか。

偶然の条件から生まれたアメリカの民主主義と、帝国アメリカの不名誉な始まりは連動している。他人種の抑圧と民主主義の繁栄はダイナミックかつ複雑に絡み合っているし、帝国（つまりブリテン）への抵抗と（アメリカ・インディアンに害をなす）帝国的な拡張も同様に絡み合っており――これを主に推進したのは、増加する人口と強欲な利得者を満足させようとする市場の力である――このことが、アメリカの歴史の善悪両面が不ぞろいに展開するお膳立てをした。民主主義のエネルギーを維持しようと思うなら、この相反する傾向をたどるすべを知らなければならない。

およそ人間が行なう努力の例にもれず、アメリカの民主主義と帝国的なアメリカにも、さまざまな不調和、矛盾、そして醜悪な支配構造に対する不完全な抵抗が充満している。人種のレンズを通してみたとしても、それで有色人種の汚れなき英雄対白人の汚れた悪人というセンチメンタルな物語を正当化できるわけではないし、有色人種の無辜の犠牲者対悪魔のごとき白人加害者というメロドラマを正当化できるわけでもない。むしろ、アメリカ人が自分を語る場合にえてして陥りがちな「善対悪」、「われわれ対彼ら」といった二元論のごとき発想を打ち砕くことで、いつもの台本をめぐってみずからについてあらたな嘘を重ねるだけにならないようにできるのだ。

民主主義を求める闘争はつねに、抑圧的で人種差別を行なう腐敗した帝国を相手にした闘争だった。選挙をめぐる政治だけが民主主義の場だと考えるのは近視眼的である。これだけに焦点を当てているのでは、この世界において民主主義的な生き方に力と刺激を与えてきた根源的な道徳的な献身や考え方、および人びとの魂が築いた砦が果たしてきた重要な役割を理解しそこねてしまう。また、こうした魂の砦は、世界規模で民主主義をめざす努力をするにあたり、アメリカ帝国の内部のみならず、世界中で民主主義の深い運動を起こすべく活力を与えるものでもある。

この点で嬉しい材料は、アメリカには民主主義に対する人びとの深い敬意――愛――と、深いところに根ざした民主主義の伝統があるということだ。社会のために尽くす偉大な知識人と芸術家は民主主義への愛をこのうえなく強力に表明してきた。アメリカにおける民主主義の伝統は、はるかギリシア時代にさかのぼる、根を深く下ろした民主主義の衝動の上に築かれたものである。本書では多少なりとも、この根深い民主主義の伝統が見せる豊かな洞察と表現について、ソクラテスによるラディカルな因習打破からアメリカ建国の父祖たちが抱えていた悲劇的に分裂した思想、さらにはヒップホップが造った豊かで見事な告発にいたるまで、その跡をたどってみたい。

三つの重要な伝統が、深い根を持つ民主主義のエネルギーに活力を与えている。ひとつは、ギリシアが産み出したものとして、ソクラテスのように問い続けることに献身すること、すなわち、みずからについて、権威やドグマ、偏狭さや原理主義について問うことである。もうひとつ重要なのは、ユダヤ教が産み出した預言者による、すべての民族にとっての正義への献身で、これはヘブライ語聖書（旧約聖書）で形成され、キリスト教とイスラム教の基本的な教えのなかでも繰り返されている。さらに加えて大切なのが、希望に悲喜劇的に献身することによって、内なる強さとそれを守る強い力を得ることである。悲喜劇的とは、笑って、生きる喜びの感覚を保持すること――憎しみと欺瞞を目の当たりにしているさなかにも希望を持ち続けること――で、無気力を呼ぶ絶望のニヒリズムに陥らないための対抗手段である。この悲喜劇的な希望はアメリカにおいては、黒人が自由を求めて闘う時の胸が痛むほど率直で痛みを分かちあう声のなかにもっとも深淵に、ブルースの痛みに満ちた饒舌のなかにもっとも痛切に、そしてジャズの即興の妙においてもっとも豊かに表現されている。

エリートによる巧妙な操作と嘘に対しては、ソクラテス的な問いかけを利用すべきである。ソクラテスのように問うことに深く関わるには、容赦ない自己検分と、制度化される権威に対する批判が必要であり、それには知的な高潔さと道徳的な一貫性の終わりなき探求という動機の裏づけが必要だ。このことが明瞭に表われるのは、恐れを知らぬ弁舌たるパレーシア〔parrhesia 古典修辞学の用語〕においてであり、それは人びとに揺さぶりをかけ、不安を呼び覚まし、安穏とした夢遊歩行から引きずり出す。プラトンの『弁明』で、ソクラテスはこんなふうに言っている。「歯に衣着せぬ物言い［パレーシア］のせいで自分には人気がないのだ」（24a）。ソクラテスは勇気をふるって、魅惑的だがニヒリズムに満ちたソフィスト（巧妙だが、人を惑わせるような詭弁をふるうギリシアの弁論教師のこと）に対抗し、権力欲を正当化するために使う見かけだおしの論理を暴いてみせた。痛みに満ちた知の探求を世に解き放ち、観念や洞察を産み出す助産婦としての役割を果たすという、歴史に残る試みをソクラテスはしたわけだが、その拠って立つところは、精神と魂と社会の腐敗を批判し、それに抵抗するという、すべての人（たとえば利発な奴隷の少年メノのように。彼はその名を冠した有名な章に出てくる）がもちあわせている能力である。現代のように政治のエリートや、メディアに登場する政治家おかかえの学者先生たちが見境なく詭弁を繰り出している時代にあっては、このようなソクラテス的な問いかけがはらむ民主主義の深いエネルギーがどうしても必要である。

アメリカの帝国主義が苦しみをもたらしていることへの鉄面皮なまでに無関心な態度に対しては、預言的な態度で対抗しなければならない。預言的な正義への献身はユダヤ教が創ったものだが、キリスト教、イスラム教どちらにも中心をなすものでもあり、人類の歴史上、すぐれて道徳的な力のひとつだ。しかもこれは、抑圧された人たちの正義に取り組むことだった。これが契機となって預言的なものの伝統が始まったが、それを支えているのは、神はなにより正義を愛しているがゆえにこのような正義への愛をわれわれに授けられたのだという信念である。つまり、ユダヤ教の預言的な正義への献身は神が正義を愛していたことにもとづいている。イスラエルの民——当時もっとも強大だった帝国（エジプトのファラオたち）に憎まれ、奴隷にされていた人びと——が神に選ばれたのは、神が正義を愛していたゆえなのである。また、だからこそ、非人間的な不正に対する批判が預言的なメッセージの要諦をなすのである。「貧しき人をしいたげる者はその造り主を侮辱する。乏しい者をあわれむ者は主を敬う」(「箴言」第一四章第三一節)。預言的な証言は、人に痛みと悲惨をもたらす不正の源に目を向ける、正義と思いやりの行為から成り立っている。預言的な証言は、不当な苦しみと、味わう必要などない社会的な不幸の原因に人びとの注意を促す。ここで強調されるのは個人と制度の悪であり、わけてもそのような悪に対して無関心でいることの悪である。

ユダヤ教の預言的な人物たちはコミュニティとしての世界を変革しようとして、個人としてのわれわれに呼びかける。集団で反旗をひるがえすことへの妨げとなるような個人レヴェルの変心は避けるべきこととされている。あらゆる民族や種族に対して、公正であれ、正しくあれと語るのだ。たとえば、アモスはイスラエルに向かってのみ、預言をしたわけではない。ダマスカス、ガザ、チレ、エドム、モアブに向かっても、あらゆる民族の運命を決める神の名において語った(「アモス書」第九章第七節)。イザヤが語りかけた領域は「すべて世にいるもの、地に住むもの」である(「イザヤ書」第一八章第一三節。また第三三章第一三節、第三四章第一節も参照のこと)。エレミヤの使命は「万国の預言者」となることで(「エレミヤ書」第一章第五節)、そこにはイスラエル、アモン、シドンその他の民がふくまれていた。ストア派の賢人(ゼノン、クレアンテス、クリュシッポス)が普遍主義を唱える一〇〇年以上前に、ユダヤの預言者は神の慈悲と正義への愛の名のもとに国際主義を標榜していたのである。預言的な証言には、部族主義に凝り固まったり、民族主義に陥ったりするところはみじんもない。よその部族を嫌う偏見や帝国主義の実践ははっきりと断罪されている。預言的な証言には、そのような卑小で有害なやっかいごとを容れる余地などないのである。

ユダヤ教の預言的な人物たちはまた、力にのみ頼ることに対しても批判の矛先を向けている。預言者は、攻撃的な軍事姿勢がもたらす安全はまちがっていると言う。「あなたがたの傷を癒す」（「ホセア書」第五章第一三節）ことのできる共感こそが国内で必要な政策なのに、その道からはずれたものだからだ。エスカレートする権威主義は、われわれの首をさらに絞めるようなたぐいの不正である（「人は力をもって勝つことができないからである」、「サムエル記」上、第二章第九節）。帝国に対して預言的な抵抗をしようとすれば、その中心となるのは、権力であれお金であれ、帝国の偶像崇拝をともかく痛烈に批判することであり、これが不正に対する最強の預言的な武器である。富を象徴する金色の仔牛とそれを包む血染めの旗こそ、昔も今もかわらず、まぎれもなく帝国の崇拝する偶像なのだから。

正義への預言的な献身は、キリスト教とイスラム教の双方の基盤である。イエスが教える愛の福音とムハンマドが送る慈悲のメッセージはどちらも、正義への預言的な愛というユダヤ教の発想を下敷きとしている。アメリカ帝国の金権政治のエリートがさまざまな国の貧しく抑圧された人たちの苦しみに平然と無関心でいる事態に立ち向かう闘いの性格づけをし、またその闘いを後押しするのは、この意義深い伝統であるはずだ。この伝統の手を借りれば、アメリカの帝国主義が世界中の貧しい抑圧された人たちにいかなる影響を与えているのかということにも、光があたるはずである。預言的な証言はマーティン・ルーサー・キング牧師が構想した公民権運動の駆動力となり、その運動を動かすさいのユダヤ人と黒人の結束の背景ともなった。だからこれは、われわれが民主主義の炎をもういちど燃え立たせようというときに、われわれに元気と勇気を授けてくれるはずだ。

不信と幻滅ゆえに現状を黙認する状況に対しては、悲喜劇的なものに頼るしかない。悲喜劇的な希望とは生に対する深遠な態度であり、それはローマ帝国のルキアノス、[11]スペイン帝国のセルバンテス、[12]ロシア帝国のチェーホフ[13]のような多様な天才芸術家の作品に現われている。アメリカ帝国で言えば、これがもっとも強力に表現されているのは、白人優越主義の力を前にして黒人が編み出したブルースである。ラルフ・エリソン[14]が「リチャード・ライトのブルース」というエッセイに書いたように、「ブルースは惨たらしい経験の痛々しいエピソードとその詳細を痛みに満ちた意識のなかに生かしておき、そのざらした肌触りに触れ、その経験を超越しようとする衝動である。そのさい、哲学の慰めではなく、むしろその経験から、ほとんど悲劇であり喜劇でもあるような詩情をひねり出すことによって、そうするのである」。ブルースに備わるこの強力な感受性――黒人の解釈による悲喜劇的な希望であり、すべての肌の色の人に開かれてもいる――は、顔には笑いを浮かべ心には深い痛みを感じつつも、敵意や恨みを抱くことなく正当な怒りを表明する。ブルースの感受性はベッシー・スミス、[15]マ・レイニー、[16]ロバート・ジョンソン、[17]リロイ・カー[18]といったブルースの歌い手はもちろんのこと、マーク・トウェイン、[19]テネシー・ウィリアムズ、[20]ユードラ・ウェルティ、[21]トマス・ピンチョン[22]といった白人作家の作品にもある。

白人のなかにも、悲喜劇的な感受性を持ったブルース愛好者はたくさんいるが、白人アメリカにおいては、むしろブルースをエキゾティックな娯楽、一種の原始的なエンターテインメントの場としか考えていない人があまりにも多い。しかし、ブルースはたんに人の心をくすぐる音楽にとどまるものではない。ブルースは苦難の人生そのものであり、だからこそ白人優越主義がいまだに存在することを語り、白人を動揺させ、不安にさせるはずのものなのである。ブルースには今日的な意義がある。なぜなら、時の回廊をはるか昔まで見通せば、人間性を奪うような憎しみと抑圧を前に黒人のアメリカ人たちがかつて見せた悲喜劇的な希望こそが、いまのような圧倒的に野蛮で残酷な世界のなかでは唯一成熟を持ち合わせた希望に見えるからである。この野蛮さは、なにもテロリズムに限ったことではない。世界を見渡せば目につく人間の可能性の浪費という意味での、われわれの生活の空虚さとしても存在しているものだ。この意味でブルースは、黒人が世界史に対して果たした民主主義の貢献なのである。

罪もない市民を標的にした九・一一の醜悪なテロ攻撃は、アメリカ全体をブルースの状態に突き落とした。あらゆる階級、肌の色、宗教、ジェンダー、性的指向のアメリカ人が、安全ではなく護られてもおらず、手当たりしだいの暴力にさらされ、憎まれていると感じたが、そのようなことはそれまでは一度もなかった。しかしながら、アメリカで三五〇年以上にわたってニガーと呼ばれ、そう扱われることはとりもなおさず、安全ではなく、護られず、手当たりしだいの暴力にさらされ、憎まれていると感じることだ。アメリカが行なったこのテロ（ニガー化）に対する黒人の反応の頂点をなすのは、エメット・ティル[23]の母親が上げた苦しみへの共感と勇気に満ちた声だろう。一九五五年、アメリカ人テロリストに殺された一四歳の息子の葬儀の席上、会場となっていたシカゴのピルグリム・バプティスト教会の聖書朗読台に上がるとこう言ったのだ。「私には憎しみを抱く暇などありません。残りの生涯をかけて正義を追求していくつもりですから」。そしてそれこそが、この少年の母メイミー・ティル・モーブリーが二〇〇三年に死を迎えるまでし続けたことだった。彼女は正義に身を捧げたが、それは彼女が素朴だったとかそのようなことではない。ミシシッピの当局は、エメット少年の、頭が通常の五倍にも膨れあがった惨たらしい死体の写真をマスコミから隠蔽しようとしたが、メイミー・ティル・モーブリーは棺の蓋を開けたままで葬儀を行ない、世界中にその惨たらしい姿を見せた。これこそがブルースの真髄である。痛ましい真実を目をそらすことなく分かちあい、皮肉になったり悲観的になることなく耐え抜くこと。

アメリカには、テロ攻撃や臆病ゆえの暴力に立ち向かうなかで、フレデリック・ダグラス[24]のような人たち、キング牧師のような人たち、コルトレーン[25]、あるいはモーブリーのような人たちを生み出してきた民主主義の伝統があり、アメリカと世界の民主主義の将来のかなりの部分が、このような伝統を理解し維持できるかどうかにかかっている。九・一一以来、アメリカ全体がニガー化を味わってきた。そして「われわれ対彼ら」という図式で報復に駆られたブッシュ政権の政策が見せる帝国主義的な傲慢な態度に対抗するにあたって、われわれブルースの国民がブルースの民族から学ばねばならないのは、この暗い時代にあって軍事姿勢と権威主義という心そそられる、より安易な対応に走るのではなく、深いところに根ざす民主主義のエネルギーを生かしておく術である。

金にもの言わせ、帝国のように振る舞う力の腐敗に抗して民主主義が発展するためには、ソクラテス的な問いかけ、預言的な証言、および悲喜劇的な希望という道徳の三本柱を身につけた市民がいなければ無理であり、テロリストの憎しみを前に軍事主義の誘惑に負けないでいることも同じく無理である。ブッシュ政権のタカ派と変節者たちは、みずからをアメリカの民主主義の守護者であると言ってはばからないが、このアメリカには、彼らによるニヒリスティックで民主主義に反するような権力の濫用に強力な抗議の声を上げ、今日、帝国主義と闘うほんものの民主主義者を力づける民主主義の深い伝統があるのだ。このような民主主義に対する熱情は、ラルフ・ウォルドー・エマソン[26]による想像的な自己創造へと導く呼びかけや、ハーマン・メルヴィル[27]が発する迫り来る自己破滅への暗い警告、ウォルト・ホイットマンが感情込めて歌う民主主義の可能性に見受けられるものだ。また、これがのっぴきならない、そしてまた痛切きわまりないかたちで出ているのが、黒人の自由を求める長きにわたる闘争の預言的で力強い声の数々においてである。フレデリック・ダグラスが民主主義を求める雄弁な言葉から、マーティン・ルーサー・キング牧師が一般市民に語りかけた高邁な説教、ジェイムズ・ボールドウィンやトニ・モリスン〔28〕の芸術における身をよじるような誠実さ、はたまたブルースとジャズの伝統の表現力と即興の才にいたるまで、これらすべてはアメリカの闇の側で形成され、白人優越主義がもつ人を貶めるような黒人観を拒絶する。アメリカにある知性、道徳、政治、精神の最高の資源は魂をあらたにし、アメリカの民主主義の未来を守ってくれることだろうが、それはこのような多様な人種からなる、民主主義の豊かな遺産のなかに存在するのである。

騙されないようにしよう。要するに二一世紀最大の民主主義の闘争は、帝国の化けの皮をはぎ、民主主義をさらに深いものにすることなのだから。このヴィジョンと理念をめぐる闘いは、利益とミサイルをめぐる破滅的な闘争に劣らぬどころか、それよりももっと巨大な闘争である。グローバル化を避ける手だてはない。問題は、それが民主主義にもとづくグローバル化になるか、それともアメリカ主導の企業による（浅薄な民主主義のレトリックをともなう）グローバル化になるかということである。だからこそ、われわれが考えること、配慮のしかた、闘い方が、民主主義の問題にとっていま重要な意味を持っているのである。現在は、好機とも言えるが危険な瞬間でもある。というのも、帝国的な統治がもたらす利益を礼賛することが流行し、民主主義の統治の衰退を黙認することが容認されてしまっているからだ。世論の趨勢と圧倒的な消費文化のせいで、過去に深く根ざす民主主義を求めるエネルギーの復興を想像することや、帝国主義に対する闘いで現実の進歩を構想することすら難しい状況だ。

しかし、ここで思い出しておかなければならないのは、民主主義のリーダーシップの基本は、腐敗した金権的で帝国主義的なエリートの手から自分たちの国を奪還したいという、一般市民の強い望みだということである。この望みの基盤となるのは、鎮静作用のある魅力的な嘘と慰めを与えてくれる幻想から人びとが目を覚まし、現状に対して恐るべき脅威となるような、あらたな政治のエネルギーの道徳的な回路を開くことである。これこそが、一八六〇年代、一八九〇年代、一九三〇年代、一九六〇年代にアメリカの歴史に起こったことである。アメリカの民主主義の実験が万事休すと思われたそのときに——つまり、南北戦争、帝国の貪欲、経済不況、人種をめぐる激動に直面したときに——それぞれの時代に民主主義が目覚め、政治活動のエネルギーがわき上がり、民主主義のプロジェクトを沈没させないようにした。そのような目覚めをもういちど起こすために、努力し、また希望を持つことが必要なのだ。

第2章　アメリカにおけるニヒリズム

私の国の病について私は考えなければならない――
人間のもっとも邪悪な罪と結びついた世界のもっとも汚れなき希望へと
時の荒野から吹きつける嵐について。

――ハーマン・メルヴィル〔第一章の訳註27を参照〕「危惧」（一八六〇年）

聖別されていない権力が訪れるかもしれない――
統制が（自由なる者は求めることのない）
そして鋼鉄のドームが、
それは困難と酷使によってこそより強められ、
国を横切ってその巨大な影をはしらせるだろう。
しかし、建国者たちの夢は離れていくだろう

――ハーマン・メルヴィル「信念の争い」（一八六〇～六一年）

> 選挙戦の駆け引きは、いまや市場の手法と同化するまでにいたっている――候補者は製品として売りこまれ、選挙はスローガンと広告へと堕し、有権者は「買手注意」の原則こそがもっとも信頼しうる指針となる立場へと巧みに誘導されている――が、これが示唆しているのはつぎのような結論である。つまり、ポストモダン的な圧制とは、政治の経済学への崩壊と、経済的国家《ポリティ》組織という新しい形態の出現とから構成されているということだ。トクヴィルが示唆したように、この政治形態は温和な性質のもので、そこでは、権力は気遣いへと、人民主権は商業主義へと、相互信頼は投資信託へと、そして市民が支える民主主義は株主民主主義へと変質している。
>
> ――シェルドン・S・ウォーリン〔1〕「ポストデモクラシー」、『二つの世界のあいだのトクヴィル』（二〇〇一年）

帝国アメリカのもっともおぞましい特徴とは、共和党の狭量な虚言癖でも、民主党の無残な腰抜けぶりでもない（とはいえ、ブッシュのあまりの暴走を前に、このところ民主党の腰も据わりつつあるようだが）。そうではなくて、一番恐ろしいのは、年中絶えることのない、卑劣なテロリストたちの脅威をふくめ、死を招くニヒリズム、アメリカの深い民主主義的エネルギーを窒息させるようなさまざまなニヒリズムが、党派を越えてじわじわと力を増しつつあることである。『人種の問題』では、アメリカの黒人たちに広がっているニヒリズムについて考察し、それが「ぞっとするほど、意味も希望も、そしてもっとも重要なことだが、愛もない生に対処する現実的な経験」であると述べた。この意味や希望や愛の途方もない崩壊は、なによりもまず「市場の力や市場道徳が黒人の生活の隅々にまで染みこんでいることと、黒人の指導者が現在危機的な状態にあること」から生じていた。絶望、恐怖、失望という悪魔から身を守ろうにも、生活手段にも事欠く家庭や助け合いのネットワークのないコミュニティからは、貧弱な文化の鎧《よろい》しか生まれない。ニヒリストの凶悪犯たちはしばしばこの隙間に忍びこみ、容赦のない地下経済や恐怖におびえるコミュニティを支配するが、臆病な黒人指導者たちは、いまにも死にそうな思いをしている人びとを元気づけるようなヴィジョンをなにも提供していない。

言うまでもなく、ニヒリズムはアメリカの黒人たちに限ったことではない。精神的な落ちこみ、自分には価値がないという思い、および社会的な絶望はアメリカ全体に蔓延している。一般市民の大多数は、なんとか生計をたて、子どもを育て、人並みの生活を送ろうと奮闘しつつ、自分たちの制御を超えたところにあるように思える社会的な力に幻滅を感じている。黒人コミュニティの場合と同じく、アメリカ社会にも市場の力が充満し、この世には意味やより大きな目的があるという感覚を蝕む市場道徳を生み出している。自由市場原理主義《ファンダメンタリズム》というドグマが荒れ狂い、どんな合法（ないし非合法）の手段を用いてでも利益を追求しようとする態度が、ほとんど、あるいはまったく公的な説明責任を負わないままに、われわれの社会におけるもっとも強力で影響力のある組織、すなわち多国籍企業の行動原理になっている。にもかかわらず、企業エリートたちは、自分たちの益になるよう市場の力を利用しようとしているときでさえ、この力を完全に掌握しきっているわけではない。損得だけを問題にする彼らのなりふりかまわぬ競争によって、小舟が何艘か助かることがあるにはあるだろう。が、その舟が浮かんでいる海が汚染され、国家の舵取りに必要な民主主義的エネルギーが枯渇させられることが多い。実際のところ、こうした競争によって、人びとから寄せられる重要な信頼や運命共同体の感覚が国家という船に欠けたままになってしまうのだ。

上層部に広く腐敗が広がっているという認識は、多くの人間にとってどんな犠牲を払ってでも人生で成功しようと無節操な追求を続けることを正当化しているようであり、わが国の文化にはびこっている不正はこの悲しい真実を反映している。現在幅をきかせている市場道徳の抑圧的な影響のせいで、母親の胎内から出て墓所に横たわるまで一種の夢遊状態で過ごし、大多数の市民は自分の出世だけを問題にし、刺激的な娯楽で気晴らしをすることで満足している。集団としての国民の運命を構想し、具体化するという真の希望を、すでに放棄してしまっているのだ。苦いシニシズム、政治的無関心、それに文化的な現実逃避が大半の人びとにとっての選択肢になっている。

一般の人びとがアメリカの民主主義体制に幻滅しているのも無理はない。市場の力と市場道徳の蔓延は、じっさいのところ、われわれの体制を上の上まで腐敗させてしまっているのだ。わが国の指導者層のエリートはこれら市場道徳の圧倒的な力を前に、民主主義的な原則を堅持することの有効性への信念を失ってしまった。いまや彼らは、市場道徳の腐敗的な影響力に心を奪われてしまっている。わが国の政治家たちはみずからの原則を圧力団体の祭壇に捧げ、企業の指導者たちは彼らの誠実さを利益という祭壇に捧げ、その監視機関であるべきマスコミは反対意見の尊重を視聴率競争という祭壇に捧げてしまったのだ。

わが国の指導者層のエリートは、まだ民主主義的な原則を信じたいと思ってはいるのかもしれない。なるほどそう公言してはいる。が、じっさいには、権力の獲得ないし維持のために、じつに嬉々としてこれらの原則に背を向けてしまっている。絶望のニヒリズムの裏には、この、権力の無節操な濫用というニヒリズムが存在する。原則のもつ力への信念が欠如しているとき、その隙間を埋めるのは市場の力への意志であり、品位や高潔への欲求というよりは、他人を犠牲にしても成功したいという欲求である。このニヒリズムは、貧困に悩む都市のスラム地区ではストリートでのギャング行為へとつながり、一方、エリート権力の講堂ではエリートによるギャング行為へとつながるものだが、これを政治的ニヒリズムと呼ぶことにする。

　宗教的な言葉づかいや愛国的な発言といった、いい加減うんざりするほど演じられる例の身振りにもかかわらず、大半のアメリカの政治家たちは市場の腐敗という、彼らが必要悪と考えるものの前に屈してしまった。市場と化していよいよ放埓さを増すこの政治の場においては、真実、高潔、原則への真剣な関与は、欺瞞、ごまかし、情報操作に道を譲る。いまや政治的ニヒリズムが公共の言説の基調を定め、窒息寸前のアメリカ民主主義の風景を市場道徳が規定している。市場調査（世論調査）が原則にもとづく問題解決にとってかわり、魅力的な嘘が不愉快な真実にとってかわり、裏取引が公の論議にとってかわることがあまりにも多すぎる。多種多様で幅広い市民の声は、市場主導のマスメディアによる発表という狭いトンネル経由で伝えられ、人びとの感情を公の場で示す機会を著しく制限している。じっさいには、熱のこもった反対意見は存在するし、ウェブという驚くほど民主主義的な媒体を介して特別な熱情をもって表明されることも多い。ブッシュに対する道徳的な憤激が相当な規模で吐露されたこともあり、これは民主主義的な言説の精神の復活を示す有望なしるしである。だが、市場の検閲は油断ならない。

　アメリカの民主主義はもっぱら、資本主義的な、市場主導型経済の繁栄を前提としてきたし、わが国の資本主義がつねに反民主主義的な腐敗に陥りやすく、あまりにも大勢の人間を繁栄の所産から締め出してきたのとちょうど同じように、わが国の政治体制も資本主義的な腐敗にさらされてきた。政治的ニヒリズムの顕著な特徴は一般の恐怖と強欲に訴えることであり、今日、アメリカ政治のあまりにも多くがこの下卑た訴えに堕してしまっている。まさにそういうわけで、ブッシュは児童扶養控除の増額という玉虫色の公約とひきかえに無責任な減税を推し進め、テロの恐怖に訴えることで抑圧的な愛国者法を推し進めたのだ。政治的なニヒリストとは、たんに権力の行使に酔っているだけでなく、そうした権力の行使に対するいかなる批判をも押さえつけることに取りつかれている人間である。そうした人間は、権力の追求という観点から世界の方向性を定め歴史を支配しようと、巧妙な議論を用いてみずからの権力への意志を合理化し、巧みな戦略を展開し、自分が引き起こすかもしれない痛みや苦しみを否定するだろう。ニヒリズムという語は強すぎると思われるかもしれないが、ジョンソン大統領がヴェトナム戦争のためにトンキン湾事件があったと主張したり、ブッシュ大統領がイラク侵攻で大量破壊兵器を主張したとき、これを行なったのをわれわれは目の当たりにした。

ニヒリズム的な腐敗の結果として、今日のアメリカにおいては民主主義への敬意や信念、深い献身が著しく損なわれてしまっているため、あまりにも多くの人びとがわが国の政治家に幻滅しているばかりか、政治の有効性それ自体やアメリカ経済全体の誠実さへの信頼を失っている。だが、多くの市民はそれでも、民主主義的な価値観のほんものの表われを耳にしたいと強く願っているし、現在実施されている政策はたんに選挙目的やエリートの限られた利益のためでなく、公益のためだと信じたいのだ。

今日のアメリカにおいて、われわれは福音伝道的《エヴァンジェリカル》ニヒリズム、温情主義的ニヒリズム、および感傷主義的ニヒリズムという三つの形態の特定の政治的ニヒリズムに苦しんでおり、これらはそれぞれ独自の誤った正当化を主張し、有害な影響を及ぼしている。福音伝道的ニヒリズムの古典的な表現は、プラトンの『国家』に登場し、ソクラテスとともに「力は正義なり」と論じるソフィスト、トラシュマコスに見いだされる。トラシュマコスは、権力、力、勢力こそが望ましい政治行動や公の政策を規定すると主張して、真実、高潔さ、原則をあざける。道徳的な原則よりもむしろむき出しの権力のほうが、なにが正しいかを決定するのだ。彼によれば、なにが正当かという条件は、そうした力の行使が国家の安全保障や繁栄を確保するために必要である以上、帝国のエリートによって指示されるべきものである。真の福音伝道的精神を発揮して、こうしたニヒリストたちは戦闘的になりがちで、反対意見には耳も貸さない。ソクラテス的な問いかけの根本的な使命とは、じつのところ、この好戦的態度が道徳的にまちがっており、精神的に空虚であることを示すことである。

このように、共和党の実力者たち、とりわけブッシュ政権のタカ派は、たんに保守派のエリートとか右翼のイデオローグというだけではない。彼らは、権力に酔い、アメリカが世界を支配しているという壮大な思い違いに突き動かされている福音伝道的ニヒリストであるというほうがふさわしい。そして、この支配の追求のためなら、進んで嘘をつき、アメリカの権力の統制を濫用してきた。彼らの偶像であるロナルド・レーガン（いかにも堂に入った保守派の価値観の伝え手であり、アメリカの力の正義を真に信じていた人物）とはちがって、新しいタカ派は、アメリカの強い力こそがなにが正義であるのかを事実上決定するのだと信じているようだ。この考え方の流儀では、正しくなければそれほど強くはないだろうから、強力な力こそが自分たちの正しさを証明する、ということになる。したがって、アメリカは強いのだから、国際連合のかつての同盟国であれ、街頭でデモを行なっている自国の善意の市民であれ、われわれを批判している者たちに耳を傾けたり、答えを返そうとしなくてもかまわないというわけである。傲慢にもアメリカは、自分たちが力を行使すればかならず他者のために力になるはずだと信じているようだ。たとえ他者が異議を唱え、反対し、あまつさえ傷つけられても、われわれの行ないは他者の利益になる力であるにちがいないと。ブッシュ大統領とその取り巻き連中は、いかにも福音伝道的ニヒリスト――現代のトラシュマコス――のお手本のようにふるまい、その立場や行動を問うソクラテス的な問いかけになんの敬意も示さない。いやじつに、そうした問いかけを非愛国的だと評しさえするのである。

とはいえ、目下の政治的ニヒリズムの実態は、ブッシュ政権の福音伝道主義的ニヒリズムの傲慢を指摘すればそれですむほど、単純なわけではない。政治的ニヒリズムは、民主党内部にも温情主義的ニヒリズムというかたちで見いだされる。温情主義的ニヒリズムの古典的な表現は、ドストエフスキーの『カラマーゾフの兄弟』〔邦訳：『カラマーゾフの兄弟』亀山郁夫訳、光文社、二〇〇六年〕に登場する大審問官の姿に示されている。スペイン異端審問下のセヴィリアでひどい幻滅を経験した司祭だ。この大審問官はあまりにもシニカルになってしまったために、異端審問の濫用はキリストの教えの恐るべき曲解であり、これを存続させているのが腐敗しきった教会であることを知りながらも、なおこの濫用に加担し、異端者とされた多くの人びとを死刑に処する。彼は、人間社会はキリストの教えのままに生きることなどとてもできようもないのだから、腐敗した教会こそ人類が望みうる最善のものだと信じるにいたる。われわれは、その実現に向かって懸命に努めるよう神が人類にお教えになった、平等、謙遜、深い思いやりの世界を実現することなどできないのだ。社会の根本的な変革などという大風呂敷を広げて波風を立てたりしないほうがいい。大審問官の信じるところでは、教会のエリートたちのほうが腐敗した体制内で仕事をし、温情主義的な善意をもって一般民衆をあざむき、真実の命令という大変な重荷から社会を守ることで、より多くの善をなすことができるのだ。彼は腐敗と運命をともにすることにしたのである。

民主党のエリートたち、なかでも上下両院の議員は、社会的平等や個人の自由を支持するリベラルないし中道派というだけではない。もっとはっきり言えば、権力欲に満ちた体制の腐敗を受け入れることで無力化した、温情主義的ニヒリストなのだ。彼らは現体制を真の意味でより民主的な目的のために役立てることができたらと願っているかもしれないが、エリートたちの腐敗を相手とした、より真実の民主主義のためのもっと根本的な闘いの大部分はむなしいという確信に屈してしまったのである。そこで、自分たちは少なくとも人びとのよりよい利益のためにそうしているのだ、という誤った信念のもとにゲームに参加したのだ。むろん、共和党員、なかでもブッシュ大統領やその政治戦略上の右腕であるカール・ローヴとくらべれば、彼らのほうが提供できるものははるかに多いし、じっさいアメリカの民主主義復興のための重要な決め手となる反ブッシュ共同戦線において欠くことのできない役割を果たすだろう。それでも、彼らは現在の窮境に対する解決策というより、その問題の一部なのである。

腐敗した体制の内部で仕事をすることで多くの善をなすことができるという温情主義的ニヒリストの考え方は、まるきり見当違いというわけではない。民主党政権によるもっとも偉大な立法措置、すなわちローズヴェルト大統領による一九三三年の「ニュー・ディール政策」とジョンソン大統領による一九六五年の「偉大な社会」政策は、体制を巧みに支配することで通過したのだから。だが、現在の民主党は金権政治との闘いという設立当初の使命について足場を失っている。アメリカ帝国の企業エリートたちは、政府における権力の作用にずっと暗い影を投げかけてきた。ただ、こうしたエリートたちは強大ではあるものの、万能ではない。民主党指導者たちは、組織化された民主主義的勢力の圧力がかかれば彼ら企業エリートたちも譲歩を余儀なくされうる、という信念を失っているようにみえる。が、わが国の歴史をみればわかるように、そうしたことは実際起こりうるのだ。女性たちには一九二〇年まで、先住民には一九二四年まで、そして大半の黒人には一九六四年まで選挙権がなかったが、その主な理由は、裕福な白人男性の権力を制限するのに、組織化された民主主義的勢力を生かせないでいたからだった。けれども、この組織化された勢力を結集したとき、選挙権を手に入れたのである。

アメリカ帝国の歴史のほとんどにおいて、政府は、わが国の白人男性のうちでも少数派でしかない白人男性の企業エリートたちの権力と力の維持と増大の道具になってきた。フランクリン・デラノ・ローズヴェルト（ＦＤＲ）がほかと違った点は、この権力と力に対抗しようとする彼の固い決意であり、進歩主義的な大統領として彼に先立つセオドア・ローズヴェルトとウッドロウ・ウィルソンをはるかにしのぐヴィジョンと勇気だった。ＦＤＲが、今日の帝国の福音伝道的ニヒリストのエリートたちからあれほど激しい憎悪の対象となっているのは偶然ではない。リンドン・ジョンソンがほかと違ったのは、貧乏白人《プア・ホワイト》層の利害がアメリカの大多数の黒人の利害と一致していることを、つまり、マイケル・ハリントンの古典的著作『もうひとつのアメリカ』（一九六二年）〔邦訳：『もう一つのアメリカ——合衆国の貧困』内田満・青山保訳、日本評論社、一九六五年〕で示唆されていた見解を認めた点だった。ローズヴェルトとジョンソンの業績は、このふたりがアメリカ帝国において金権主義ではなく民主主義的な傾向を促進したからこそ、有益なのである。しかも、ふたりがそうした一番の理由は、ローズヴェルト政権下では労働運動からの、ジョンソン政権下では黒人および高齢者による運動からの組織的な圧力があったからだった。

一九三〇年代から一九四〇年代初期にかけてのFDR、および一九六〇年代のジョンソンの例とその遺産は合衆国における民主主義政治と民主党の選挙政策の重要な時期であり、アメリカ政府が帝国の文脈内で労働者や貧困層、ひいては黒人の味方になれることを証明している。ローズヴェルトのもとでは労働者の組織化された力が合法化され、ジョンソンのもとでは黒人および（すべての人種の）高齢者の半数が貧困から脱け出した。こうした功績は熱心で組織的な努力の結果だが、時間と可能性双方の点であまりにも遠く感じられるために、これらをモデルとして掲げるのは的はずれに思われるかもしれない。だが、この力強い民主主義の遺産の再生こそ、今日民主党の前にある使命である。この復興の達成に不可欠なのは、党が黒人の問題により真摯に対応すること、それらを「圧力団体」の問題ではなく公共の利害にかかわる問題として理解することである。そうすれば、精神面でも選挙戦の点からも、党の力の強化につながるだろう。マイケル・ドーソンが『黒人のヴィジョン――現代アフリカ系アメリカ人の政治イデオロギーのルーツ』（二〇〇一年）のなかで、じつに辛辣に述べているように、

驚くべきことではなかろうが、世紀の変わり目においても、アフリカ系アメリカ人たちはアメリカの民主主義は崩壊していると相変わらず信じており――二〇〇〇年の大統領選も、この国が回復の途にあると黒人たちを納得させるのにはなんの役にも立たなかった。アフリカ系アメリカ人はいまだに、公平で平等主義的な社会という黒人のヴィジョンがアメリカのヴィジョンとなるのを待ちつづけている。とはいえ、ますます鮮明になりつつあるのは、黒人たちが抱く自由のヴィジョンはア

メリカが受け入れるには大きすぎるのでは、というマルコムXの懸念は遺憾ながら正しかったのではないかと、多くのアフリカ系アメリカ人たちが感じているということである。

民主党のエリートたちは、自分や共和党の同僚が企業や有力なロビイストたちとどれほどつながりがあるか、アメリカ国民に進んで告げようとしないことが多すぎる。彼らがブッシュのイラク戦争に屈したこと、および最近の相次ぐスキャンダルの原因となった企業への規制緩和の支持は、このつながりを歴然と示す二つの例である。この二件の採決にさいし、大半の民主党議員はみずからの良心に従うことはできず、かわりに世論調査や再選のための戦略に従ったのだ。彼らの偶像であるビル・クリントン（再選戦略という差し迫った問題に良心を従属させながらも、そのご都合主義を持ち前のカリスマ的な才能で隠すことができた、いかにも堂に入ったネオリベラル的な価値観の伝え手）とはちがって、民主党エリートの大多数はその小心のために無力となり、その強欲（寄付をしてくれる財界人のご機嫌とり）のために麻痺している。彼らの無節操な妥協のせいで、財界の影響力とロビイストの威力とが合衆国政府を動かしているという考えが強まっている。

上院議員のヒラリー・クリントンとジョン・ケリーは、温情主義的ニヒリストの好例であり、壮大な民主主義的ヴィジョンを信じたいと切望しながらも、率直に発言したり、現体制の腐敗を心から攻撃したりできないでいる現代の大審問官である。それで、ポピュリズムの言葉づかいや民主主義的な問題を支持しているそのかたわらで、世論調査員やロビイスト、有力な企業の利害に決定をゆだねる。福祉改革、イラク戦争、イスラエル・パレスチナ紛争における正義に関する、その中道ないし保守的な政策は多くのことを語っている。それらは、中道ないし保守的な有権者を満足させようとする、ご都合主義的な試みなのだ。こうして、ふたりともビル・クリントンのお手本に従っているのである。うかつにも、彼らは共和党の先導による保守的な流れに棹さしているのだ。

今日のアメリカにおける政治的ニヒリズムは、なにも党派政治の世界に限られているわけではない。それは、感傷主義的ニヒリズムのかたちでわが国のメディア文化にも浸透している。民主主義における報道機関の本質的な使命は、われわれの政治的、経済的指導者たちの嘘やごまかしを暴くことであるべきであり、多くのメディアの監視機関がたしかにこの仕事にうちこんではいる。が、現在ニュースの名で通っているもののあまりに多くが、じっさいには一種の娯楽である。粗製濫造された実に多くの番組が、ニュースのふりをした刺激的な内容をたれ流している。このまがいものの報道を調達しているのが感傷主義的ニヒリストであり、彼らは「感動的な」番組を提供するために、真実や不愉快な、もしくは人気がない事実やネタを避けたり、攻撃したりさえするのもいとわない。これは、マーケット・シェアを築かんがために真実の報道よりも感情を優先させることである。市場主導型のわが国のマスコミは、不愉快な真実の報道においてはあまりにも抑制的にすぎ、中流および上流階級の白人の関心や見解ばかりに気をとられすぎ、マスコミ界の大御所の政治信条に負い目を感じすぎている。

こんな調子だから、マスコミ倫理がまさに崩壊の途にあるのだ。「いい」ネタを手に入れるためなら、真実を誇張したり完全なでっち上げを黙認することもいとわないほどに。あわせて、「市場第一」の圧力が圧倒的な支配力を持つことで、露骨に党派的なおかかえ知識人の急増をもたらした。マスコミ界では理想家肌と考えられている連中でさえ、広告主や社会の主流派の感情を害さないよう底の浅い分析ですませたり、伝える真実を選んで述べることが多い。

ウェブのおかげで、既存の手段に代わる報道が活況を呈し、種々の問題について実に多くのブログがこれまでよりも幅広い視点を提示している。ただし、なかには、逆にむき出しの主張に走りすぎているものもあるが。じゅうぶんな評判や支持を築いてきたおかげでより核心をついた痛烈な記事を書くことができる一流のジャーナリストたちもまだ多数いるし、中身があって分析の鋭い記事を提供するオピニオン誌も存在する。が、わが国のマスメディアは、低俗な事件屋と露骨に党派的な売文屋に牛耳られており、しかもそのほとんどは右翼である。多くの報道関係者は出版の自由の原則や、それがわが国の民主主義において果たすべき役割を深く信じてはいるものの、その原則に一貫してのっとった行動がとれないでおり、そのせいで、彼らの信念はたいていの場合感傷も同然になってしまう。

私が知っているなかで、近年、そうした原則にもとづいた感傷主義的ニヒリズムのもっとも力ある描写は、トニ・モリスン〔第一章の訳註28を参照〕の小説『ビラヴド』のボドウィン家をめぐる描写にみられる。白人のボドウィン兄妹は、何人もの奴隷が自由を獲得するのに手を貸してきた奴隷制廃止論者である。だが、兄妹は作中の会話で、人種平等への取り組みやこれを求める闘いに対する自分たちの勇気には限界があることを露呈してしまう。快適な生活を享受し、自分たちのことを奴隷制の害悪を忌み嫌う同情心の厚い人間であると考えながら、同じ白人の仲間たちに、また、自由の獲得を助けた元奴隷たちにさえも奴隷制の真のおぞましさについて語ろうとはしない。ふたりには奴隷制が金銭本位の行動であることが骨の髄までわかっているが、仲間からの孤立を恐れるあまり、奴隷制反対について率直かつ明白に発言する勇気が欠けているのだ。社会悪という犠牲を払ってさえも真実を語ろうとはしないこのような臆病な態度は、感傷主義的ニヒリズムの基本的な特徴である。

　ネオリベラルから極右まで、わが国の主流メディアに登場するおかかえ評論家連中のじつに多くは感傷主義的ニヒリストである。彼らはマスメディアと企業や政府の利害との腐敗した関係に気づいてはいるが、その腐敗についてはっきりとものを言ったり、一貫して反対したりすることができない。われわれの文化をめぐる神話において「公平でバランスのとれた」報道や不偏不党性という概念が喧伝されてきたにもかかわらず、わが国の報道機関はつねに理想よりも党派政治的だったし、つねに市場の圧力を被ってもきた。だが、現在われわれが手にしているのは、その俗悪な党派心によってわが国の公的生活を腐敗させつつあるマスコミなのだ。偏った報道に従事している連中は市民間の根深い対立や分断を煽り、意味のある政治的対話に対する民衆の信頼を低下させる大きな原因になる。わが国の民主主義に及ぼす影響などほとんどおかまいなしに、マスコミ界のエリートたちは視聴率やマーケット・シェアというかたちで容赦ない権力の追求にふけっている。

　右派の評論家たちがうわべだけの迎合を公然と行なう一方で、真実を伝える効果的な報道に課される、より巧妙で油断ならない制約も少なくともそれと同じくらい厄介である。大言壮語してやたらと吠え立てる連中が弄する感傷的なごまかしは、比較的あばかれやすい。より節操があって偏りのない自由な言論のもつ特別な役割の信奉者でありながら、市場の圧力にひざを屈することが多すぎる手合いのほうが、より深刻な脅威である。

　感傷的ニヒリズムは、問題の深部まで徹底的に追求するよりも表面にとどまったままでこと足れりとする。論点の複雑さを描き出すよりも、極度に単純化された口先だけの関心をはらう。市場の最終決算ばかりに気をとられ、きわめて野心的ながら従順で丁重であることが多すぎる報道関係者のこうした悲しい姿が一般民衆に伝わらないはずもなく、わが国の政治に対する広範囲におよぶ無関心の一因になってきた。では、効果的で徹底的な調査を行なう雑誌や番組はと言えば、事実存在してはいるものの、大衆にアピールするかたちで提供される娯楽仕立て報道の魅力に押され、マーケット・シェアの点で苦しんでいる。そして、もっとも重要なことは、主流の評論家連中が怪しげな統計や放送用の短いコメントをこれでもかとばかりに押売りするせいで、社会の窮状を引き起こしている制度的な原因を真に見きわめる作業から市民の関心がそらされてしまうという点である。

民主主義は、底の浅さや単純化されすぎた報道にみずからも加担しているという事実もふくめ、われわれの社会をめぐる不快な真実を一般民衆に進んで語ろうとする、自由で率直な言論に多く依存している。民主主義的なパレーシア――エリートの情報操作や虚言癖に反対を唱えようとする大胆で勇気ある言論――なくして、民主主義的なパイデイア――能動的な市民の批判的能力の涵養――はありえない。いわゆる言論の自由が、民主的なエネルギーを鼓舞する自主性や勇気を欠くとき、民主主義の問題は危機にさらされる。

今日のアメリカの民主主義に広くはびこる右のようなニヒリズムは、市場先導型の権力支配の究極的な表われとして帝国主義の再然に道を用意した。ニヒリズム的で市場優先のものの考え方である富と権力の追求は征服欲へとつながり、市場道徳が民主主義的な原則に勝ちを収めるときこそ、帝国主義が覇を唱えるときである。市場に取りつかれたニヒリズム、すなわち絶対的な意志の具現としての企業は、至宝としてひけらかされているアメリカ民主主義のアキレス腱である。自由市場原理主義がきわめて長期間にわたってアメリカ民主主義の前提条件であったせいで、われわれはこれを神聖化し、盲目的な崇拝の対象にしてしまったのだ。

右の三つのニヒリズム的脅威は、精神性を社会性に、個人を政治に、そして存在を経済に結びつける。それらは寝室から会議室まで、ストリートからスイート・ルームまで、われわれの生活のあらゆる次元を形づくっている。民主主義の問題を真剣に考察しようと思えばいつでも、つぎの選挙をめぐる見解だけでは終わらない。アメリカという共和国の将来についても幅広く考えることにならざるを得ず、そして、九・一一以後の世界で取り組むべき最重要課題とは、この台頭しつつある帝国主義の脅威である。わが国の政治文化に蔓延するニヒリズムとこの増大中の帝国主義とは、互いに軌を一にしている。帝国主義的な衝動だけでわが国を定義しきれるわけではないが、そこには、われわれが対峙しなければならない長く残虐な歴史がある。われわれの文化の奥深くに流れるこの帝国主義的ニヒリズムについて理解したいと思うなら、手始めにその歴史に目を向けるべきであり、そして、そのためにはまず人種問題から始めなければならない。帝国の追求と人種差別的な抑圧や排除とは、互いに密接な関連を持っているのである。

先住民、メキシコ系農民、アジア系労働者、なかでもアフリカ系奴隷は、大半のヨーロッパ系移民には――アメリカでの過酷な偏見に対する英雄的な闘いがあったとしても――無縁の、アメリカにおけるさまざまなかたちでの反民主主義的ニヒリズムと闘ってきた。たしかに、反ユダヤ主義、反カトリック主義、反労働組合主義はアメリカ史における汚点ではある。だが、白人優越主義の負の遺産は、アメリカの風景により深い傷を負わせてきた。こうした深い傷は物事を深く見きわめるレンズとなり、これをとおして、アメリカにおける民主主義の限界をめぐる痛ましい真実が明らかになる。

アメリカの民主主義の実験が人類史上ほかとは違うのは、われわれが世界の指導者となるべく神に選ばれた民であるからでも、つねに世界のためになるよき力であるからでもなく、わが国の民主主義的プロジェクトに潜む非常に人種差別的で帝国的な根源について認めようとしないからである。アメリカ民主主義を築いている反民主主義的な礎石を否定しているがゆえに、われわれは例外的なのだ。民主主義国家で、これほどあからさまにそうした自己欺瞞的な無知に耽ったり、みずから麻痺状態に陥ろうとするかのように自国の歴史の暗い側面に直面したがらない国はほかにない。歴史からのこうした逃走、あるいは、自己をめぐるつらい真実からの思春期的な逃避は、たとえ年を重ね、からだが大きくなり、力を増しても、われわれがまだ大人にはなっていないことを意味している。人種と帝国の役割を正面から見据えることは、自分たちが避けたがっているものと取り組むことだが、そうした対峙を避けることでわが国の民主主義の成熟を犠牲にしているのだ。人種と帝国という遺産を探究することは、ソクラテス的な問いかけ、預言的な証言、そして悲喜劇的な希望という、まだ活用されていないことが多いわれわれの民主主義的なエネルギーを解放することである。

アメリカをめぐってこうしたソクラテス的問いかけにたずさわることは、わが国を破壊することではなく、むしろ、われわれがえてして否定しがちな厄介な現実との闘いを可能にしてくれる伝統をわが国の歴史から引き出すことなのだ。このソクラテス的問いかけのねらいは、われわれの民主主義の実験を維持し、深化させるための民主的なパイデイア、すなわち、能動的で情報に通じた市民の養成である。かりに、人種はつねに、アメリカにおけるそうした成熟を試すきわめて重要なリトマス試験紙だった。かりに、わが国の民主主義的プロジェクトに潜む非常に人種差別的で帝国的な根源を認めることが反アメリカ的だというなら、それは、アメリカは純粋で素朴だという幼稚な信念にしがみついている場合か、でなければ、自己破壊的でニヒリスティックな合理化を選んだ場合である。民主主義者として、現在われわれにとってもっとも重要な課題のひとつは、わが国の民主主義内部にある反民主的な衝動をあらわにし、区別することだ。わが国が反民主主義的な傾向を持っているという課題と対峙してはじめて、個人と社会の両方のレヴェルにおいて、もっとも深い民主主義的な関与が生まれる。われわれのうちでニヒリストだけが、そうした見込みにひどくおびえるのだ。

アメリカ史における帝国主義の深い根源を検討するさいに、人類の歴史上、アテネからアメリカにいたるまでの壮大な民主主義的プロジェクトのほとんどに排外主義的で帝国的な根源があることを知っておくのは重要である。民主政アテネでもっとも有名な演説とされる、トゥキディデスの古典『ペロポネソス戦史』〔邦訳：『歴史』〈1・2〉、藤縄謙三訳、京都大学学術出版会、二〇〇〇年〕に出てくるペリクレスによる大追悼演説は、自国の民主政を賞賛する一方で、アテネによる他民族の帝国的支配を賛美している。「というのも、同時代の民族のなかで、アテネのみが」と、ペリクレスは称えて言う、「戦いという試練にさらされたとき、その評判よりも偉大であるとわかったからである……われわれはすべての海陸をねじ伏せてわれらが豪胆の直道となし、良かれ悪しかれ、いたるところに不朽の記念碑を残してきたのである」。彼が称揚する自国の民主政にしても、それが奴隷制、家父長制的家族、および投票権を持たない（偉大なアリストテレスのような）居住外国人の安価な労働力という経済的な利点に根ざしていた以上、その本来の姿からは相当かけ離れたものだった。同様に、ローマ、フランス、イングランド、ドイツの民主主義の実験も、深い帝国的な土台の上になりたっていた。

なかでもアメリカ民主主義の根本的な逆説は、奴隷にされたアフリカ人が人口の二割以上を占め、西部への拡張という独自の帝国的ヴィジョンを抱く一方で、圧制的な大英帝国に対する脆弱な民主主義的な実験として（フランスとオランダという二つの帝国に助けられながら）雄々しく登場した点である。要するにわが国は、かつて抑圧に抵抗した反逆者でありながら、その抑圧の多くをみずからの新しい国家でふたたび創り出した者たちによる民主主義国家なのだ。当時三三歳の革命派トマス・ジェファソン——彼自身、ブリテンの帝国主義に対抗する勇気ある自由の戦士でありながら、愛するヴァージニアで数百名のアフリカ人を働かせていた臆病で貴族的な奴隷所有者として、この逆説を体現する人物だが——を中心に起草された「独立宣言」は、アメリカの民主主義の実験の複雑で矛盾した性格を示す有力な証左になっている。

この「独立宣言」中、先住民のことを「自由の帝国」をめざすアメリカの拡張主義的な支配を受けるにふさわしい「野蛮人」だと述べているくだりでは、この矛盾がいっそう明らかである。ジェファソンはブリテンの圧制に対する植民地の告発を列挙しているが、その最後の告発においてこのテーマを持ち出している。すなわち、「彼［圧制者たるブリテン王］はわれわれのあいだに国内の暴動を引き起こし、辺境の住人に対して、戦いにおいては年齢や性別、状況に関係なく皆殺しを旨とする残虐なインディアンの野蛮人たちをさし向けた」。「宣言」執筆から数年後、ジェファソンは、奴隷の苦しみを思い、神は公正であることを思って、祖国を憂えておののいた、と述べた——奴隷所有者による支配を支持するジェファソンの見解が選挙区民たちに大変な人気だった以上、その奴隷の苦しみこそ、自分の政治家としての経歴を可能にしたものだと本人にはいやでもわかっていたし、彼自身、公的政策と個人的な行動双方の点から、密接かつ直接的にその苦しみに大きく加担してもいた。が、一七八三年、ジェファソンの「宣言」から一〇年もたたないうちに、マサチューセッツ州の首席裁判官は、「すべての人びとは生まれながらにして自由で平等である」国である「アメリカの国民のあいだ」で、「生まれながらにして奴隷であるという考え方」に「真っ向から反対する別の考え方が起こった」ために、自州における奴隷制の終結を宣言するのである[2]。

ジョージ・ワシントンは、祖国のための戦場と彼自身の魂の内部でこのディレンマと闘った。彼が指揮し、ヨークタウンで勝利を収めた大陸軍のうち二五パーセントを黒人が占めていたという状況下で、奴隷所有者的な心性のいくぶんかを捨てようと努力し、最終的には、死去にさいして自分の所有地の奴隷たちを解放した。帝国的ヨーロッパの問題や戦争への関与について同国人たちに警告していたが、それでもやはり、生まれてまもない民主主義の共和国の未来が西部への拡張や先住民の帝国的な征服にかかっていることを認めていた。一七八七年、ベンジャミン・フランクリンは憲法制定会議の閉会の辞において、このままではアメリカは羊のような市民ばかりの専制的な共和国になってしまうだろうと、深刻な警鐘を鳴らした。

かりに、この憲法に欠点と考えられそうな点があるとしても、それでも私はこの憲法に賛同する。なぜなら、われわれには合衆国全体の政府が必要であり、そして、運営さえうまくなされるなら、人民にとって恩恵でないような政府は存在しないと考えるからである。さらに、この政府は長年にわたってうまく運営される可能性が高いと私は信じるし、かりに、従来の他の政府がそうだったようにこれが専制政府に終わることがあるとすれば、それは、国民があまりにも腐敗したために専制政府を必要とし、それ以外は受けつけなくなったときだろう。

とすると、アメリカの民主主義はその誕生時から、自由の領域、平等の適用範囲、そして民主主義的要素と排外主義的な要素とのあいだのディレンマをめぐって、激しい闘いとともにあったのである。

　アメリカの形成における最大の痛みをともなった真実――罪がないという主張のすべてを打ち砕き、否定しようとする努力をすべて骨抜きにする真実――とは、アフリカ人の奴隷化、および先住民やその土地に対する帝国的な拡張がアメリカ民主主義の可能性にとって否定できない前提条件だった、ということである。これら人種差別的で帝国的な土台なくして、アメリカ民主主義における実験といったものなどありえないのだ。建国（一七八九年）から南北戦争（一八六一年）まで、この国における最高位の法の支配者たる最高裁判事の大多数が奴隷所有者であり帝国主義的な拡張主義者だったのは、偶然ではない。そして、この七二年間のうち四九年間は、合衆国の大統領職に就いていたのは、奴隷所有者であり帝国拡張主義者だった。また、再選を果たしたのは、奴隷所有者にして帝国主義的な拡張主義者である大統領だけだった。[3]

　これまでに著わされたもっとも力強く核心をついたアメリカ論である、アレクシス・ド・トクヴィルの古典的著作『アメリカの民主政治』全二巻（一八三五年、一八四〇年）〔邦訳：『アメリカのデモクラシー』全二巻、松本礼二訳、岩波文庫、二〇〇五年〕では、人種、帝国、民主主義というこの破壊的な組み合わせをめぐって、いくつかの暗い結論にいたっている。トクヴィルは、アメリカが世界における新しいかたちの専制政治、すなわち民主主義的な専制政治を生み出すのではないかと恐れていた。ちなみに、これと同じ用語を、およそ一〇〇年後にW・E・B・デュボイスも用いている。[4] トクヴィルは、この専制政治は先住民族の集団虐殺という罪を犯し、多民族が共存するような民主主義を創り出すことはできないとするが、それは、この国では独裁的な多数派が根深い白人優越主義的な行為を繰り返しているからである。上巻の最長にして最後の章は、アメリカが自己の人種差別的で帝国的な根源を否定しようとするのを煽りたてる学者たちからは、読みとばされたり軽んじられたりすることが多いのだが、この章においてトクヴィルは、アメリカの民主主義の実験に対してもっとも困難でやっかいな問題を提示している。つまり、人種と帝国はアメリカの民主主義を徐々に蝕んでいくだろうか、という難題である。

私は、どんな国においてであろうと、白人と黒人が平等な立場で生活をすることなどけっしてありえないだろうと思う。が、その困難は、他のどの国よりも合衆国においてもっとも大きいと考える。孤立した個人なら、宗教や自分の国や自分が属する人種が生み出す偏見を克服することがあるだろうし、かりにこの個人が王であれば、この王は社会に驚くべき変化をもたらすことだろう。けれども、国民全体が、いわば、自分の限界を超越することはありえない。アメリカ人たちとアメリカのかつての奴隷たちを同じくびきに隷属させる専制者でも登場すれば、ひょっとしたらアメリカの各人種を混じり合わせることに成功するかもしれない。だが、アメリカが民主主義を標榜しているかぎり、そんな困難な仕事を引き受ける者は誰もいないだろう。そして、合衆国の白人たちが自由になればなるほど、彼らは今の状況のまま、より孤立の度を深めるだろう……。

かりに、アメリカが大きな革命を経験するとすれば、それは合衆国の大地に住む黒人の存在によってもたらされるだろう——すなわち、そうした革命は、状況の平等ではなく不平等に由来しているだろう。

トクヴィルの批判が預言的な鋭敏さを持ちえた一因として、その部外者としての立場が指摘されることもある。しかし、それ以前からの帝国主義や人種差別のもたらす最終的な結果については、著名な人物から、いまは大部分忘れられている人物にいたるまで、当時の国内からの力強い声も同じ懸念を表明している。この対をなすふたつの暴力の脅威をめぐって、アメリカの建国に潜む逆説と格闘しようと、彼らの言葉は今日のわれわれ以上に力強く語っている。自由黒人のデイヴィッド・ウォーカーと白人の奴隷制廃止論者リディア・マリア・チャイルドという、偉大な民主主義の伝統におけるふたりの社会派知識人は、トクヴィルが述べていた一触即発の危険な問題をすでに提起していた。一八二九年、ウォーカーは激しい非難をこめた『世界の有色市民への訴え』(通称『ウォーカーの訴え』)を出版したが、このパンフレットはアメリカの多くの地域で禁書となり、一八三〇年に彼が殺害される原因になった。ウォーカーはトマス・ジェファソンのことを、「アメリカ独立宣言」の起草者でありながら、悪名高い『ヴァージニア覚書』においてアフリカ系アメリカ人の劣等性をめぐって下劣な分析を提示した人物として、その偽善性を強調しつつ、以下のように書いている。

ジェファソン氏は、われわれが体力、知力ともに生まれながらに白人に劣っていると世界に宣言したのか？　あれほどの学識を備え、くわえてあれほどの天賦の才にも恵まれた人物が、鎖につながれた人間たちについてそのように語るとは、じつに驚くべきことである……。

ジェファソン氏が、白人のなかでこれまでに活躍したもっとも偉大な人物のひとりであることを知っているか？　彼が世のために書いた書物を、アメリカ合衆国のために尽くした努力を見よ。そうした人物の主張が、この国の国民や世界に目もとめられず、忘却されるだろうと思うのか？　そう思うなら、大いなるまちがいである。アメリカ国民がわれわれをどう遇しているかを見よ――われわれの身体に魂は宿っているか？……

「宣言」を起草したアメリカ人たちよ、見よ!!!　自分の言葉がわかっているか？　一七七六年七月四日に世界に布告した自分の言葉を聞け。「われわれは以下の真実を自明のことと考える。すなわち、あらゆる人間は平等に創られている！」

チャイルドはラディカルな奴隷制廃止論者であり、一八三三年、『アフリカ人と呼ばれるアメリカ人のための訴え』を著して、アメリカ国民に奴隷制の害悪について気づかせようとした。

私は、自分が取りかかった仕事の人気のなさについてはじゅうぶん承知しています。が、嘲笑や非難があることを予想はしても、それらを恐れることはありません……。

それが真実と正義の進歩をかならずや推進する手段であるのなら、私は、たとえたった一時間でさえも、この意識をロスチャイルドの全財産やサー・ウォルター[7]の名声と取りかえるつもりはありません。

アメリカ国民が奴隷制によってその炎が灯されている、地下の火の上を歩いていることに気づかない者がいるでしょうか？

アメリカ人によってこれまでに書かれたもっとも偉大な小説、『白鯨』（一八五一年）は、三二歳のハーマン・メルヴィル〔第一章の訳註27を参照〕がニヒリスティックで帝国主義的な権力の害悪を容赦なく批判した作品だが、メルヴィルは、この力がアメリカ的なものの中心に存在するのを認識し、憎悪していた。彼は揺るぎない人種差別反対主義者であり、反帝国主義者であり、民主主義の賛美者——皮肉なことだが、彼の義父は、南北戦争の一因となった、かの悪意ある逃亡奴隷法を支持した判事だった——であり、『白鯨』は、アメリカ民主主義の罪悪への論評としても読むことができる。ニヒリストのエイハブ船長は、権力に酔いしれ、支配と征服を求める絶対的な意志の狂った権化であり、主として傷ついた自我と世俗的なプライドに煽られて、眼前にちらつく白さへの病的な執着とともに、多民族から構成される乗組員たちを底知れぬ歴史の闇へと導くのだ。

エイブラハム・リンカーンの偉大さは、白人優越主義の大嵐がアメリカの民主主義の実験を危うく全滅させかけているときに、深いソクラテス的な問いかけ、正義に対する預言的な尽きせぬ愛着、そして「より完全な連合」[8]への責めさいなまれるような悲喜劇的希望をとおして、アメリカの民主主義の暗黒面に正面から対峙する勇気を持っていたことである。熱烈な奴隷制廃止論者からは距離を保っていたり、南北戦争中には権威をかさに人身保護礼状を撤廃したり、また、多民族共存型の民主主義の容認には抵抗を示してはいたものの、リンカーンは民主主義的エネルギーの本来の姿を体現している。彼には、民主主義の実験には勇気をもって真実を語るだけでなく、実際的な知恵も必要であることがわかっていた。リンカーンは道徳的に奴隷制に反対していたが、それでも、奴隷解放の決定（南部連合諸州の奴隷だけが対象だったものの）は、彼にとってきわめて困難な闘いだった。この闘いはまさしく、この国の核心において民主主義、人種、帝国が途方もなく複雑に絡み合っていることを象徴している。リンカーンは、主要な境界諸州における連邦軍（北軍）の大義への支持は脆弱なもので、奴隷解放を決定すればこれらの州が南部連合軍側に回る可能性が高くなることを知りすぎるほど知っており、したがって、アメリカの民主主義の実験に対するみずからの愛着が深いからこそ、奴隷制というアメリカにおけるもっとも反民主主義的な行為を黙認せざるを得ないのではないかという、恐るべきアイロニーに陥ったのである。

リンカーンは、連邦軍を救うには一五万人の黒人兵の合流が鍵になるだろうとわかってはじめて「奴隷解放宣言」を発布し、これによって、つぎには黒人にも投票権を与えるニュー・オーリンズ案を支持することになった。そして、この決定が、白人優越主義者のジョン・ウィルクス・ブースによる暗殺の直接的な原因となる。リンカーンの再選時の就任演説はわずか三分間の長さだが、アメリカの大統領によるもっとも深遠なソクラテス的な問いかけ、預言的な証言、および悲喜劇的な希望を表明したものであり、人種差別と帝国との共犯関係に真剣に取り組むことによって、民主主義の問題に情熱を抱く人びとからなにが引き出せるかを明らかにしている。

切にわれわれは望み、熱心にわれわれは祈っている。戦争というこの大きな災厄がすみやかに過ぎ去ってくれることを。だが、もし神がその継続を望まれ、ついには二五〇年にわたる奴隷の無償の労働によって積み上げられた富がなくなるとしても、そして、ついには鞭によって流された血の一滴一滴が、こんどは剣によって流された血によって償われるとしても、それでも、三〇〇〇年前に言われたとおり「主の裁きはすべて真で正しい」と言わねばなるまい。

皮肉なことに、戦争が終わるやいなや、合衆国政府は西部へのさらなる拡張という帝国主義的な大義のために軍隊を配備し、先住民との集団虐殺戦争に乗り出すことになるだろう。そして、再建期と呼ばれる一二年間の短い多民族共存型の民主主義の実験のあとに、ふたたび人種差別勢力が台頭し、ジム・クロウ体制[9]という残虐な体制を長期間敷いて黒人アメリカ人たちを服従させるだろう。北軍は一九世紀のもっとも野蛮な戦争に勝ちはしたが、白人優越主義と帝国拡張主義はアメリカの平和に勝利したのだ。一九世紀末までには、先住民には征服と指定居留地が大きく立ちはだかり、メキシコ領は完全に併合された。アジア人労働者たちは国外追放となり、ジム・クロウという合衆国テロリズムが大半の黒人アメリカ人を支配する。北米大陸内での領土拡張が終結してフロンティアが消滅し、「明白な運命《マニフェスト・デスティニー》」[10]論がその国家的使命を全うすると、大陸を越えた外への領土拡張主義が隆盛をきわめた。

南北戦争は最初の近代戦であり、近代的科学技術が用いられ、近代国家の資源たる国民が大量動員された。こうして、人種と帝国をめぐる闘いが、アメリカの民主主義的実験を文字どおり近代性へと駆り立てたのである。だが、この近代性はそれ独自の誘惑や挑戦をわが国の民主主義にもたらした。戦後、産業主義が得意満面に荒れ狂い、自由市場原理主義が跋扈した。アメリカは新しいタイプの金権主義者である「泥棒男爵成金」を生み、彼らはなんの規制もなく独占企業を経営し、いかがわしい資産を蓄積した。皮肉なことに、これらの会社の権利は、黒人アメリカ人の権利を守るために制定された「憲法修正第一四条」の名において保護されていたのである。大陸を越えた領土拡張と金権主義的な富とのつながりは見過ごされてはならない。国内において市民を分断する人種とならんで、帝国と企業エリートの権力は、アメリカにおけるニヒリズムによる支配の常道なのである。

アメリカの民主主義の実験は、海外の属領（ハワイ、キューバ、フィリピン、グアム、プエルト・リコ、サモア、つまり、六〇〇万を超える有色人種）、および国内では、黒い肌や褐色の肌、黄色い肌、赤い肌の人びとに対する人種体制とともに、本格的な帝国として二〇世紀に足を踏み入れた。同時に、一八二三年に中南米諸国に対する合衆国の帝国的な「統治権」を初めて要求した「モンロー主義」をあらためて実行し、中南米に対して地球の半分におよぶヘゲモニーをすでに獲得していた。合衆国の有色人種の大半は、住む場所が貧しい農村地域に限られる一方、ヨーロッパからの移民の波また波が都市を満たし、低賃金労働者として搾取されることになった。人種差別による市民の分断と、企業のエリート主義的な権力の行使が勝ちを収めたかのようにも思われただろう。が、幸いなことに、この手法は行きすぎることも多く、結果として、腐敗や汚職、貪欲、内輪もめ、そして民主主義の側からの強い巻き返しをもたらす。

わが国の民主主義の中心には、民主主義への献身とニヒリズム的な帝国主義との複雑な絡み合いがあり、そして、民主主義への献身は長足の進歩を遂げてきた。民主的な対抗勢力はつねに存在しており、

「独立宣言」で表わされた民主主義的なヴィジョンの実現を後押ししている。アメリカの民主主義の実験において、白人男性が創始した民主主義的ラディカリズムのもっとも根本的な三つのかたち――ポピュリズム、進歩主義《プログレッシヴィズム》、そして労働組合主義――は、金権主義的なエリートや堕落した政治家たちの腐敗や汚職、貪欲を抑えるのに大きな役割を果たした。農場主先導によるポピュリズム運動は、「金ぴか時代」の「富豪王」や「実業王」らの自由市場原理主義《ファンダメンタリズム》に対する反動だった。この運動は、政府の政策や産業界の方針の決定に農業生産者がより民主的に参加できるよう要求した。進歩主義運動は、財界の大立者の制限のない貪欲ぶりや政治家と企業エリートとの腐敗した関係に対する、都市部の中産階級からの巻き返しだった。この運動は、公共政策をめぐって、より民主主義的な運営と官僚の効率性を要求した。労働組合運動は、労働者（新しくやってきた移民であることも多い）主導による、企業主や財界の大立者の自由市場原理主義に対する巻き返しである。この運動は、もっと民主主義的な職場の管理を、わけても労働者に支払われる賃金についての発言権の強化を要求した。

この三つの重要な運動はそれぞれ違ったかたちで、当時のアメリカ帝国の枠内での、その大部分が白人男性であった市民の民主主義的な熱望を表わしている。とはいえ、どの運動も、白人優越主義や帝国の拡張を攻撃目標にすることはほとんどなかった。それどころか、この三つの運動はどれも、きわめて民主主義的であったとしても、排外主義的で帝国主義的な傾向を示しがちだった。これらの運動はわが国の民主主義の深化におけるきわめて重要な業績ではあるものの、人種と帝国という負の遺産に甘んじている点でそれぞれ限界があること、したがって、この三つの重要な戦線すべてにおいて引き続きこの問題に警戒する必要があることも認めなければならないだろう。一九〇四年と一九〇八年に人民党《ポピュリスト・パーティ》から大統領候補に指名された、ジョージア州選出の下院議員トマス・ワトソンは、もっとも勇気ある人民党員のひとりであり、かのジム・クロウ体制の南部で黒人農民たちとともに闘うのをいとわないことも多かったが、最後にはクー・クラックス・クラン[11]の支持者としてその人民主義者《ポピュリスト》としての経歴を終えた。ウッドロウ・ウィルソンは、企業による権力の濫用と真摯に闘った模範的な進歩主義者の政治家だった。だが、大統領就任後に彼がとった最初の行動のひとつは、合衆国の首都全域に白人優越主義的な人種隔離《セグリゲーション》政策を復活させることだったし、外交政策における彼のいわゆる自由憲章（一四箇条の平和原則）は、アフリカやアジア、ラテン・アメリカには適用が拡大されなかった。ユージーン・デブズは、合衆国社会党の指導者であると同時に、もっとも偉大な労働組合員のひとりだった。彼の貧富の差撲滅運動は伝説的である。が、自身は人種差別に反対だったにもかかわらず、有色人種との統合を組織に納得させることはできなかった。

　アメリカの民主主義者たちは束になって精力を注ぎ、自由市場原理主義《ファンダメンタリズム》というドグマに対するすさまじい闘いに勝ちを収めたものの、「万民に民主主義を」という夢を実現する仕事を完遂するには、はるかに及ばなかった。アメリカ帝国は、帝国主義とファシズムというニヒリズム勢力を相手とする世界中を巻き込んだ二〇世紀の戦いに参加するのに乗り気ではなかったが、それは国内にもまだ繰り広げられるべき大きな闘いが残っていたからである。

　一四九二年のヨーロッパによる南北アメリカ大陸発見と、スペインからのユダヤ人とイスラム教徒の追放に始まるヨーロッパの時代は、一九四五年、ナチスがユダヤ人の絶滅を試み、アメリカ帝国が世界史の舞台の中心につくと同時に終わった。第一次世界大戦の口火を切った一九一四年八月の銃声の響きとともに、人種と帝国はアメリカ民主主義の目に見えない外辺部となる。それは大半の白人にはほとんど見えないが、大半の有色人種には過酷な生を強いるものだった。戦争は進歩の神話と安全幻想を打ち砕いたばかりか、帝国ヨーロッパの残酷な現実や野蛮な欲望をさらけ出した。オーストリア゠ハンガリー、オスマン、帝政ロシアなどヨーロッパの主要な帝国が崩壊し、地殻変動さながらの激しい変化が地球全体を襲った。大英帝国は、まず世紀の変わり目にアフリカーナーと呼ばれる南アフリカ共和国の白人による反帝国主義の勝利で揺さぶられ、第一次世界大戦でよろめき、ラテン・アメリカとアジアから財政的・軍事的に撤退した。フランス、オランダ、ベルギー各帝国も、それに合わせて軌道修正を行なった。そして、プライドの傷ついたドイツ帝国は内向きになり、帝国的な排外主義者ヒトラーのもとで、のちの世界制覇の夢をつむぐことになる。三二年間にわたる帝国ヨーロッパの戦争の第二ラウンドに向けて世界が準備しているあいだに、アメリカの帝国的な銀行や企業がブリテンの穴をすみやかに埋めた。ブリテン通貨ポンドが勢いを失い、金本位制が崩壊すると、世界全体が不況に見舞われた。

大恐慌の到来は、アメリカの貧民や非白人たちの社会的・経済的向上の望みに破壊的な打撃をあたえた。カルヴィン・クーリッジが言ったように「アメリカのビジネスは、ビジネス」だとするなら、夢のアメリカはもう存在しなかった。もっとも偉大なアメリカの劇作家にして幻滅した民主主義者、ユージーン・オニール〔12〕による一九三九年の作で、もっとも偉大なアメリカ劇『氷人来る』によれば、アメリカとは夢物語の世界の不毛な風景、すなわち傲慢と強欲と頑迷の残骸が散乱した風景だった。オニールには出口が見えなかった。ソクラテス的な問いかけや預言的な証言さえ、絶望的だった。なかにはなにかしらヒントを得ようと新しいソヴィエト帝国に目を向ける者もいたが、ソヴィエトはヒトラーとスターリンの蛮行とつかのまながら手を結び、そのような希望に水を差した。言うまでもなく、帝国ヨーロッパは長く深いトンネルに突入し、帝国的とはいえウィンストン・チャーチルの勇気ある純然たる意志の力だけが、ナチスの支配に抗してヨーロッパの民主主義の可能性を維持していたのである。ファシズム――とりわけ、(ドイツ国民に選出された)ヒトラーの邪悪な民主主義的専制政治――が、イタリア(ムッソリーニ)やスペイン(フランコ)における盟友とともに、帝国ヨーロッパの多くの地域に不吉な影を投げかけていた。日本では好戦的な軍部の独裁者たちがアジアの領土を奪取し、アフリカでは(イタリアのファシストが、短期間エチオピアを従属させたこともふくめ)全土がヨーロッパの諸帝国のもとにある状態のなかでは、アメリカとソヴィエトのふたつの帝国だけがナチスによる世界征服に抗する力があるかのようだった。そして、まさにこれこそ、アメリカ帝国とソヴィエト帝国との歴史的な同盟が共同で行なったことだった。ジプシー、共産主義者、ゲイ、レズビアンらとともにナチスの強制収容所で命を落とした六〇〇万のユダヤ人をふくめ、五〇〇〇万人の命を犠牲にして地球上のファシスト勢力を打ち破ったのである。合衆国のジム・クロウ政策下の黒人軍の筆舌に尽くしがたい勇気(死者三六万五〇〇〇人)とソヴィエト軍の途方もない勇敢さ(ロシア人死者二〇〇〇万人)によって、世界にもういちど、民主主義の問題のための機会が与えられたのだった。

かつてブリテンの辺境の小植民地であった国が、世界最大の帝国となったのである。ライヴァルとしては、戦争で荒廃したソヴィエト帝国が存在するだけだった。が、人種はいまだアメリカ帝国に取りついており、これはドイツの人種差別的な体制に対するヨーロッパでの英雄的な勝利を考えると、とりわけ皮肉なことだった。帝国日本による支配の野望が挫折したことを象徴するきのこ雲が、広島と長崎の上空を覆い、帝国アメリカは、権力と貪欲に酔いしれた世界のニヒリスティックな狂乱が静まったあとに立つ、最後の巨獣となった。

だが、わが国の悲しい人間喜劇にはよくあることだが、平和は長くは続かず、すぐにトルコ、ギリシア、ドイツ、朝鮮半島においてアメリカ帝国とソヴィエト帝国の冷戦が激しくなる。このとき、アメリカ帝国の民主主義的な要求に対してソヴィエト帝国が用いることのできた主なイデオロギー的な武器は、黒人アメリカ人に人種差別的な扱いをしていることと、植民地化されたアフリカやアジア、貧困に苦しむラテン・アメリカにおける自由のための運動への支持を合衆国が拒否していることだった。現在と同様、当時も、世界を舞台に民主主義の問題を問うさいに、人種と帝国とがアメリカの主張の信用性に大きく立ちふさがった。まともな人間なら誰でも、ソヴィエト帝国および毛沢東の中国における非難すべき抑圧と統制の形態について否定する者などいないだろう。しかし、アメリカは自国における人種と帝国の問題について知らぬ存ぜぬをとおしてしまったために、偏見を捨てていればもっと強く打ち出せたはずの主張も、大幅に弱められてしまったのである。

ちょうど第二次世界大戦によってアメリカ経済が大恐慌から脱け出したように、冷戦は合衆国に軍産複合体を創出し、それは人類史上例をみないほどの巨大な軍事力の集中を生み出した。こうした力は、たとえ全員ではないにせよ、大半の高級官僚を酔わせてしまうものである。このような力を思いのままに操れるということ自体ほとんど非人道的であり、そこで高潔さと謙遜とを保ちつづけるのは不可能に近い。アメリカの官僚たちによってあれほど頻繁に口にされる空っぽの常套句やお決まりの標語の下に力と権勢への執着がのさばっているのを見いだすとしても、驚くことではない。市民に対する説明責任と公正な法の支配を頑固に貫くことのみが、わが国でも、他の場所でも、帝国的エリートたちのニヒリズムをくじくことができるのだ。

わが国の民主主義内部においていかにニヒリズム勢力が強いかという厳しい現実をなかんずくありありと教えてくれたのが、マーティン・ルーサー・キング牧師が率いた黒人の自由のための運動だった。彼には、アメリカのアパルトヘイトを打破するには、途方もない量のソクラテス的な問いかけと、預言的な証言、そして悲喜劇的希望が必要とされるだろうとわかっていた。が、同時に、アメリカの民主主義の実験の持つ帝国的次元を取り除き真の機会平等を万民に与えるには、それよりはるかに大きなヴィジョンと勇気が必要だということも、はっきりと理解していた。彼はヴェトナムに落とされた爆弾はアメリカのスラム街にも、そして、白人の住むアパラチア地方や黄色い肌の人びとの住む街角、赤い肌の先住民の住む土地、茶色い肌の人びとの区域《バリオ》、黒人の居住区《フッド》にも落ちたのだと言ったが、この言葉によって、帝国、階級、人種、つまり、帝国主義的な戦争、貧富の差、人種差別の悪習とのあいだには密接なつながりがあることを強調していたのだ。彼が命を落としたのは、そのヴィジョンと勇気がニヒリストたち、とりわけＦＢＩにとって、どうしても耐えがたかったからである。権力に酔い、貪欲に駆られ、より民主主義的な未来が見えなくなったニヒリストたちの虚偽と偽善にとって、愛と民主主義とが交差する彼の生き方は最大の脅威だったのだ。

キング牧師の声は、密接に絡み合った人種と帝国の害悪に対してアメリカ人の良心を呼び覚まそうとする究極の大きな呼び声であり、それはわれわれに民主主義と帝国のいずれか、民主主義と白人優越主義のいずれか、民主主義と大企業金権政治のいずれかを選ぶよう、要求した。（さらに、民主主義と家父長制、同性愛嫌悪、生態系破壊のどちらかを、と付け加えることができるだろう。）彼がこの世を去ってから、もっぱら人種の論理による要求によって市民生活が保守的に再編されるのを目にしてきた（犯罪、強制バス通学、福祉、アファーマティヴ・アクション）[13]。アメリカの政策の南部化、アメリカの学校や教会、地域コミュニティでの事実上の人種隔離をわれわれは見てきたのである。キングの運動は（法律上の）ジム・クロウをたしかに抹殺はしたものの、（現実の）ジム・クロウ・ジュニアは健在である。そして、グローバルには、アメリカの帝国主義が世界各地を侵略し、支配している――グレナダ、パナマ、ニカラグア、アフガニスタン、イラクにおいて（ただし、インドネシア、パキスタン、サウジアラビア、中国の、合衆国に好意的な専制者たちとは友好的なのだが）。サダム・フセインの危険な全体主義体制の打倒は望ましいものだったが、わが国は長年にわたって彼を支持していたし、イラクの民主化という約束も実質的にはまだなんら果たされていない。このように、わが国の帝国的侵略は、民主主義の原則ではなく、合衆国の利害のパターンに即したものなのである。

アメリカ人は、アメリカが真の意味で帝国になったことを理解しなければならない。世界の軍事超大国、財政的避難所、政治的・文化的な巨人に。合衆国の軍事予算は世界の総軍事費の四割を超える。第二位の国（ロシア）の軍事費の六倍の大きさであり、三位以下の二三カ国の総額よりも多い。アメリカは最大の核保有国（九〇〇〇個の核弾頭）であり、一三二カ国（南極大陸を除く全大陸）に六五〇〇を超える軍事施設をもち、一四五万の兵士を駐留させている。その兵器――ミサイル、戦艦、スマート爆弾、ロボット利用兵器、航空機、戦車――の火力は古今に類をみない。財政においては、アメリカ・ドルは世界的な準備通貨であり、ウォール・ストリートの株は世界の株式市場の価値の三分の二を占める。外国の投資家が経済的保証を考えて貯蓄や積立金をドルで保持していることから、合衆国は世界最大の債務国である。消費者負債とならんでアメリカの貿易赤字や財政赤字は、この外国投資の支えのおかげで持ちこたえているのである。

もっとも強力な国際財政機関である世界銀行、国際通貨基金、国際開発金融機関は、合衆国が牛耳っている。だが、合衆国の国民総生産総額のたった〇・二パーセントしか、対外援助に向けられていない。しかもその五〇パーセント以上が、イスラエルとエジプト向けである。なかでも、アフリカの最貧国はすずめの涙ほども受け取っていない。世界政治においては、合衆国を最大の資金源とする国際連合は、合衆国の利害に不釣合いなほど左右されている。安全保障理事会では（ロシア、中国、ブリテン、フランスとならんで）象徴的な拒否権をもつ。世界の残りの一九〇カ国のいくつかが巧妙な取引、露骨な賄賂、むき出しのいじめを行なうとき、これは合衆国の政治手法を映し出している。文化面では、マクドナルド、スターバックス、ウォルマート、コカ・コーラ、ヒップホップ、ハリウッドが世界中で魅力をふりまいているようすときたら、じつに驚くばかりだ。

アメリカ帝国の時代において、民主主義の問題にいかに真剣にかかわるかという根本的な問題は、マーティン・ルーサー・キング牧師の遺産、および人種や宗教を超えて民主主義を支持するすべての彼の仲間の遺産のために世界を安全にするにはどうすればいいかという問題である。もし、われわれが世界中に民主主義を促進し、中東の中心に存在する難題を解決し、これ以外にもかならず現われてくるはずの民主主義への挑戦に立ち向かうという仕事をよりよく成し遂げたいのなら、その場合には、大多数の自国民だけでなく、世界中の有色人たちにもわれわれが加えてきた人種差別や帝国主義の深さを最終的に考慮に入れる必要があるだろう。

アメリカにおける人種と帝国について語ることは、信じられないほどの希望の消失やいまだかつてないほどの意味の崩壊、そして他者の視点や志のはなはだしい軽視を前にして、民主主義の問題を考え、尊重し、それらのために闘う勇気を奮い起こす方法について語ることである。アメリカでニグロという立場に置かれることはつねに、この国におけるニヒリズムの脅威について考察するテスト・ケースだった。とはいえ、われわれがこのニグロ化をアメリカの重要な構成要素とみなすことはめったにない。ちょうど、ニヒリズムがアメリカに欠かせない要素だと考えることがめったにないように。というのも、ニグロ化はアメリカにおいて長いこと周縁的な問題とみなされてきたし、楽観主義こそが中心的とされてきたからだ。だが、現代においては人種を周縁に追いやってしまうと、たんに有色人種だけでなく、われわれ全員を危険にさらすことになる。今日この国にはびこっている福音伝道的、温情主義的、感傷主義的ニヒリズムの勢力に立ち向かおうとするのなら、こうしたニヒリズム勢力とならんで民主主義の伝統のなかに存在してきたわが国の人種差別や帝国主義の傷跡への洞察の深い泉を、そのよりどころとしなければならない。目下のところ、ニヒリスティックな帝国主義の声や見解がわが国の言説を支配しているかもしれないが、それらはアメリカの民主主義のほんものの声ではないのだ。

わが国の現代のニヒリストたち、すなわち福音伝道的、温情主義的、感傷主義的ニヒリズム勢力の主な欠点は、支持を公言している理想への深い関与にもとづいた、中身のある民主主義的なヴィジョンを出すことができていないということである。ブッシュ大統領やカール・ローヴ次席補佐官ら福音伝道的ニヒリストは、忌まわしい貧富の差が国内で拡大するかたわらで、石油や貿易、投資にますます依存度を高める世界を一方的に取り締まる一匹狼的な保安官という、粗野で強健な帝国アメリカのヴィジョンを提示している。つまり、彼らにとってほんものの民主主義はほとんど問題ではなく、金権主義が幅をきかせ、帝国が支配するのだ。ヒラリー・クリントン、ジョン・ケリー両上院議員のような温情主義的ニヒリストが提出するのは、国内での貧富の差を固定（ないしは、わずかに減少）させつつ、（非軍事的な）ソフト・パワーで世界的な覇権を確保する世界経済の原動力としてのアメリカ像であり、そのテクノクラート的なヴィジョンは、人心に訴えはするものの脆弱である。この見方にもとづけば、民主主義は多少問題とされ、多少のリベラルな良心によって抑制された企業エリートが支配し、帝国とは（セオドア・ローズヴェルトの言葉にあるように）「穏やかに話しながら、手に棍棒を持っている」存在である。つまり、温情主義的ニヒリストは、福音伝道的ニヒリストの提出するアメリカ帝国のシナリオを、あまりにも唯々諾々として受け入れてしまっているのであり、そして、われわれ国民も九・一一後に起こりえた深い問いかけを真剣に行なうことはなかった。皮肉なことに、この問いかけを奨励すべきだったマスコミ界の感傷主義的ニヒリストたちは、かわりに、大量破壊兵器やアル・カイーダとサダム・フセインとのつながりをめぐってブッシュ政権のシナリオをあまりにも喜んで受け入れ、メディアによる戦争の熱狂を満喫したが、かたわら、ブッシュの減税策の真相に注意を喚起したり、ブッシュ政権による環境や社会をめぐる茶番にレンズを向けたりすることはなかった。彼らは、福音伝道的・温情主義的ニヒリストの主人たちへのたんなる寄食者的存在になりかけている。

本書の目的は、貴重なアメリカの民主主義の実験の暗黒面において鍛えられた深い民主主義の伝統――ソクラテス的な検討、預言的な実践、および暗い希望――に根づいた、強い民主主義のヴィジョンと批判を提言することである。このヴィジョンに従えば、アメリカのニヒリストたちのヴィジョンよりもはるかに遠い地点にまで到達することが可能である。それはソクラテス的で、預言中心的で、悲喜劇的な性質を持ち、ブルースの音調をそなえ、ジャズに満ちたヴィジョンであり、アメリカとは国際法と多国間の機関を支えて帝国的な取り決めや植民地侵攻を阻み、自信に満ちてはいるものの謙虚さを失わない、民主主義的な実験であると措定する。この実験はまた、海外の富裕国と貧窮国とのあいだで富を分け合う活動と富を生み出す活動を奨励し、福祉や教育、雇用、環境保護に大規模に投資することで、富裕層から労働者や貧困層への道義的な富の移行を促進する。このヴィジョンに従えば、アメリカにおける人種というレンズをとおして民主主義の問題は尊重され、貧しくとも勤勉な市民こそが支配し、そして、帝国は解体される。そうする勇気とヴィジョンがありさえすれば、すべての国と民族が自由に息をして、民主主義の問題に熱い志を抱けるように。

第3章　アメリカにおける民主主義の豊かな伝統

われわれは希望のレヴェルで民主主義に向かう国民だ。しかしまた別のレヴェルでは国家経済と共和国内のビジネスの帝国、このふたつがその基本前提として恒久的な戦争概念を持っている……けれども、このことの回りに、その下に、その上には別の現実がある。表面には見えない砂漠の水や草花の種のように、砂漠に取り残されて久しくその発露を求める答えのように、民主主義をめざす多くの努力という恵みは、こちらに届いて花を咲かせる。この歴史は可能性の歴史である……われわれにできるのは種の存在を信じること、そしてそう信じつつ生きていくことだけである。

——ミュリエル・ルーカイザー〔1〕『詩のいのち』（一九四九年）

民主主義を信奉する人が抱く第一の希望が、実践的な進歩の条件と個人の解放の条件が重なりあう領域を構築することであるなら、第二の希望は、この営為がごく平凡な人びとが感じる必要性や望みに応えるものになることである。民主主義は、巧妙な歴史が消極的な国家に対してそれとはわからないままに贈ってくれる贈り物として勝手に進歩するなどということはありえないのだ。

——ロベルト・マンガベイラ・ウンガー〔2〕『民主主義の実現——進歩的な代案』（一九九八年）

多くの人にとって、わが国の民主主義のシステムは崩壊しているように見える。結果としてその人たちは政治参加への信念を失い、自分たちが参加したところで意味がないという気持ちになっている。自己の利害ばかりの政治や、特殊利害団体に迎合する政治がのさばっているために、多くの人がこう考える。投票してなにになるのかと。

このような不信感は、われわれの民主主義のシステムが腐敗しているという、残念ながらまったくのところ真実としか言いようのない現実と、さらに深い心理的な幻滅と失望から出てきている。政治の言説はあまりにも紋切り型になってしまい、世論調査とターゲット集団におもねるスローガンへと仕立て上げられてしまってもいて、なんら実質的なことを言うわけでもなければ、生きた経験の核に響くようなこともない。政治言説に権威がないこと——その底流には政治家の側が重厚さや、鋭い洞察や知恵をなくしていることがある——で、われわれは無感覚になっていく。けれども、ここで念頭に置くべきなのは、こんなに多くの人が嫌悪を感じるのは、われわれの生活についてもっとほんものの洞察を聞いてみたいし、生活を向上させるべくもっと真摯に取り組んでいるということを語ってほしいと願っているからだということである。多くの人は、ひとりひとりが生きていくさいの痛みや共通の利益を本当に気にかけていることを誰かに表明してもらいたいと思っていて——だからこそビル・クリントンがわれわれの痛みを感じるという言葉には力があったのだ——それは、下劣な利害や少数のエリート層に露骨にすり寄ることとは対極にある。われわれが望んでいるのは政治のゲームに勝つことではなく、よりよき生活を創り出すことを目的とする政治なのである。

ところが、現実に手にしているのはこれとはほど遠い。そのために、政治のなかにほんものの声を聞きたいと望むのは、ばかばかしいほど単純素朴なことに見えてしまう。とはいえ、そのような誠実な言論を希求する気持ちこそが、二〇〇四年の大統領選の初期段階でハワード・ディーン〔第一章の訳註3を参照〕を後押しした情熱の裏にあったことは確実である。だから、彼がとりわけ比較的若い層に火をつけたのは偶然ではない。若い層は民主主義システムへの幻滅にそれほど打ちのめされてはいないことが多いからだ。だからこそ、ディーンが呈示した反ブッシュの怒りのレトリックはつかのま感情を満足させていたのだが、いかんせんあまりにも貧弱だった。ディーンのレトリックにはより深い洞察もなければ、民主主義をめぐる明瞭な展望もなかったからである。この「展望」については、共和党の「展望」も民主党の「展望」もどちらも深刻な問題を抱えている。国としての焦点は「われわれ対彼ら」という偏狭な言説に牛耳られ、さまざまな問題をめぐるほんものの議論がかき消されてしまっているも同然である。多くの有権者がますます二極化する党派政治に動員されているが、根底のところには政治のリーダーが派閥争いにかまけていることへの嫌悪感がある。

アメリカの政治文化がつまらないせいで、楽しければいいとか気分転換の娯楽があればよいという誘惑が強くなるばかりだ。外に目を向けるのをやめて、他人とは没交渉の狭い範囲に限定された家族と社交の生活に向いてしまっている人があまりにも多い。郊外に住む白人や中流階級の黒人（およびそれ以外にも）は、もっぱら日々の物質的な生活を快適にすることばかりを考えるようになっている。そうした場合、えてして居心地のよいコミュニティに文字どおり物理的にも社会的にも引きこもることになる。そこにいれば、たくさんの人びとを苦しめている醜い現実から目をそらしていても大丈夫だからだ。自分たちは車も買えるし行きたいところに旅行にも行けるから、そのかぎりでは、この国を苛んでいる政治と社会の機能不全に目をつぶっていたいし、薄っぺらな説明をされただけでよしとしてしまおうとするのだ。

黒人コミュニティも、上流・中流階級対弱体化したスラム・コミュニティに二極化して、ますます分断が進んでいる。あまりにも多くの黒人の政治指導者たちが主流派の政治ゲームに巻きこまれ、貧しい黒人の権利擁護により徹底して深く関与することから目をそむけている。そうこうしているあいだに、スラムの市民社会と社会のしくみが劇的に崩壊するのを目の当たりにした世代の黒人は極度に疎外され、つかのまの満足をむなしく求める生活に身を任せてしまっている。

政治文化の空洞化がさらに後押ししているのが、宗教右派の台頭というかたちをとった、一般市民による信仰の盛り上がり現象なのだが、彼らは見当違いの正義感を持ち、自国の社会的な病に対して偏狭で排他的、かつ懲罰的な考え方をする。その信奉者にとっては、道徳的な舵取りを失い堕落した文化と映るものは空虚なのであり、その空虚さを乗り越えたいという望みが、このように大規模に盛り上がる運動に参加しようという衝動の根っこにはあるかもしれない。しかし実のところ、この運動は、行動指針として明言している共感やキリスト教諸教派の協力をめざす世界教会主義の倫理それ自体をみずから冒瀆している。この運動は熱を帯びるあまり、わが国のなかではかえって不和を招き民主主義を妨害する力になってしまっているのである。

したがって、わが国の民主主義をつくづくと考えるにつけ、ブッシュ政権による帝国主義の復活を批判して終わりにすべきではない。ブッシュ政権を否定するだけではじゅうぶんではないのだ。多元主義にたち戻ること、そしてすでに裕福な者ばかりをこれ以上えこひいきすることのない税金政策と社会政策とにたち戻ることこそ、本質的な使命なのだ。ただし、この難局は、われわれがみずからの魂をさらに深く探るチャンスであると考えるべきである。この国の民主主義を苛んでいるのは精神的、社会的な病であり、そちらのほうが深刻度が高い。しかし、深いところに根ざした民主主義の伝統と私が呼ぶものがきわめて重要になるのは、ここなのである。

　民主主義の理想を熱烈に信奉し――そのような理想を目の当たりにしたら、誰だって愛さずにはいられない――、それでいながら、アメリカでの日々の生活にまつわる気の滅入るような事実の数々に対して目を見開いて閉ざすことのない現実主義者であること。この両者であることの不協和音は怒りをもたらすかと思えば、われわれを無感覚にさせ、かと思えばわれわれを打ちのめす。けれども、アメリカの民主主義が失敗したことをめぐって、このうえなく熱烈かつ深遠なる批判が生まれてきたのはこのような不協和音のおかげである。それは、ラルフ・ウォルドー・エマソン〔第一章の訳註26を参照〕が自己陶冶こそ必要だとして、ジョン・ブラウン[3]主導によるラディカルな奴隷制廃止運動を称賛したことをはじめとして、ハーマン・メルヴィル〔第一章の訳註27を参照〕がエイハブ船長の狂ったような帝国主義的ニヒリズムを陰鬱な悲劇として描いたこと、マーク・トウェイン〔第一章の訳註19を参照〕が白人優越主義をあてこすったこと、ジェイムズ・ボールドウィン〔第一章の訳註2を参照〕とトニ・モリスン〔第一章の訳註28を参照〕が人種差別の精神的な傷あとを深く掘り下げたこと、さらには２Ｐａｃ《トゥパック》ことトゥパック・シャクールの雄弁な怒りにいたるまで連綿と続く。アメリカ文化には暴力に取りつかれ、欲に駆られたところがあるが、その部分が世界に強力に、そして攻撃的に投影される。その結果、世界はアメリカに対して愛憎半ばする問題含みの関係を作り上げてきており、われわれはいま、その醜悪の極みに否応なしに向き合っているというわけである。けれども多くのアメリカ人もまた、自国の民主主義の理想が劣化したことに怒っている。

　アメリカにおいては民主主義に対するこのような監視の目を表明してきたのは、圧倒的に芸術家、活動家、知識人が多い。こうした人びとは、アメリカにおける民主主義的な個人、民主主義的なコミュニティ、民主主義社会が持っている可能性と困難を明らかにするのに独自の役割を果たしてきたし、また果たしうる。もっぱらこのような人たちが、われわれの長く厚みのある民主主義の伝統を形成してきた。ラルフ・ウォルドー・エマソン、ウォルト・ホイットマン、ハーマン・メルヴィルやユージーン・オニール〔第二章の訳註12を参照〕、またW・E・B・デュボイス〔第二章の訳註4を参照〕、ジェイムズ・ボールドウィン、ジョン・コルトレーン〔第一章の訳註25を参照〕、ロレイン・ハンズベリー〔4〕、トニ・モリスンらが透徹したヴィジョンを持ち、人の心に火をつけるように真実を語ることは、アメリカの民主主義に深遠な可能性があることを裏づけるものである。

　このような人びとの苛烈な道徳観と民主主義への熱烈な献身は、金にものを言わせる帝国主義エリートに圧力をかけてきたし、またあらゆる人種と階級の市民に対しては民主主義の活動には目的があることを教えてきた。アメリカ人が個人として市民としてより深く民主主義にかかわろうとするさい、それを後押しする生命力となってきたのがこの人たちなのである。

　民主主義の長く深い伝統はアメリカで始まったわけではないし、それが与えてくれるものを独占する権利もない。しかし、民主主義の種がどこよりも深くに根づき、どこよりも元気に芽を吹いたのはこの地である。史上初の民主主義の壮大な実験はアテネで行なわれたが、それを動かしたのは、権力を濫用するひと握りの寡頭政治家にその責任を取らせるべく団結した人民《デモス》——農民市民——である。民主主義とはつねに熱気溢れる人民による運動であり、エリートに責任を取らせようとする。民主主義とは、その核心、かつもっとも基本的な土台のところでは、エリート権力の濫用に抵抗して権力を取り戻すことなのである。この意味で、民主主義はものごとの名前を表わす名詞というよりは、むしろ行為を表わす動詞である。つまり、民主主義とは静止した秩序や動かぬ現状というよりは、むしろダイナミックな闘争であり、集団による運動なのだ。われわれは民主主義のことをたんなる統治システムと考えがちだが、それはむしろ存在の文化様式なのである。だからこそ、真実を語る偉大な人物たちの声が聞こえてくるのである。

アメリカにおける長く深い民主主義の伝統を端的に表わすふたりの人物として、ラルフ・ウォルドー・エマソンとハーマン・メルヴィルがいる。民主主義の熱をまとったこの巨人たちはこの伝統においてそれぞれ違った流れを創り出した。結果として、民主主義を信奉するアメリカの知識人のなかで、エマソンの流れをもっとも汲むのはジェイムズ・ボールドウィン、もっともメルヴィル的なのはトニ・モリスンである。

アメリカにおける深く豊かな民主主義の伝統を発展させた貢献者として誰もが認めるのは、エマソンである。彼は洞察力あふれる劇的な雄弁術をそなえた文学者であり、合衆国で最初に花開いた民主主義の知識人である。エマソンは、広く人びとに訴えることをなにより望んでいた。当時の火急の社会問題（アメリカ先住民《ネイティヴ・アメリカン》の殲滅、奴隷制など）に積極的に関わり、民主主義を信奉する個人には、体制に同調しないこと、勇気を持つこと、自分に誠実であることが必要だと強調した。いまわれわれが生きている限られた自由の枠組みのなかで、個人は自分なりに民主的な個人というありようを創れるし、またそうしなければならないと信じていた。彼にとって民主主義とは、たんに政治システムの作用の問題ではなく、個人が権限を与えられ、啓蒙される（そして権威を疑う）という、より深い面を持つ。それは、ほんものの民主主義のコミュニティを、すなわち人類の歴史上先例のないタイプの社会を創出し、維持するためのものだった。また彼は、そのような使命を実現するには、個人の信条や偏見のみならず、世に幅をきかせているドグマをも問いに付すことが必要だと心得ていた。エマソンにとって、民主主義を信奉する大衆は、新しい姿勢、新しい語彙、新しい展望、新しいヴィジョンを生み出しつづけなければならない。しかもそのすべては、ひとりひとりが真剣に目を凝らし、意志を持つことで支えられる。だから、指導者たちの旧態依然の通念や専門家による偏狭な見解は断固拒否した。有名なエッセイ「自己信頼」で、エマソンはこう述べている。

人たらんとする者、順応主義を奉じてはならない。勝利のしるしを手にしたいと願う者、善の名にその歩みを遮られるのではなく、それがたとえ善であろうと見定めることをしなければならない。つまるところ、おのれの精神の高潔さ以外に聖なるものはないのだから。

また、こうも言っている。

誰しもその学びの過程で、羨望は無知であり、模倣は自殺であること、良かれ悪しかれ分をわきまえねばならないことを確信するにいたるものだ。そしてまた、この広い世界には善が満ちているが、滋養豊かな穀粒は、自分が耕すべく与えられた土地に注いだ労苦抜きには手にはいらないということも。その人に宿る力はあらたな性質をそなえているが、自分にできることはなにかを知っているのはその人自身だし、しかもそれはやってみるまではわからないのだ。

エマソンの洞察はわれわれに力を与えてくれる。それによれば、民主的な個人であるとはすなわち融通無碍になって、仲間の市民と世界に対峙するさいにはみずからを修正し、かたちをあらたにし、居心地のよいドグマや厳密な党派の路線に固執しないことである。民主主義の信奉者の核をなすのは、みずからの力で考え、みずからの力で判断し、みずからを信じ、頼りとして、おだやかにありのままでいることであって、わがままになったり、自己中心的になったり、あるいは自己憐憫に浸ったりしないというこことであるとする。これは庶民に実行しきれない基準ではなかったし、庶民の関心に焦点を当てるのは民主主義の探求として適切なことだった。「アメリカの学者」において、エマソンは以下のように言い切っている。

貧しい者の文学、子どもの感情、街場の思想、家庭生活の意味が今日的な話題である。これは大きな一歩だ。末端が生き生きとし、あたたかな生命が手足に流れこんできたときに新たな活力が生まれる徴候だ――そうではないだろうか。私が要求しているのは、偉大なことや遠くのもの、ロマンティックなものではない。イタリアやアラビアで起こっていること、ギリシア芸術やプロヴァンスの吟遊詩人などを求めているのではない。私は平凡なものを信奉している。私は卑近なもの、卑俗なものを探求し、ついていく。

エマソンの言う民主的な個人は、豊かな個人になる過程に立ちはだかる障害、なかんずく重苦しいドグマ、ごちごちの慣習、息が詰まりそうな先入観に立ち向かう自由の戦士である。個人の階級上昇という強力なアメリカの理想は、ハーバート・フーヴァー大統領が信奉するところでもあった。

機会均等を維持すること、結果として社会を個々の人間が自由に動けるよう完全に流動的なものにしておくことによって、わが国の個人主義はヨーロッパのそれと袂を分かつ。階級の区別は許しがたい。なぜなら、個人は流動性を欠いた階層を上昇することができないし、そもそも構成員が自由に上昇できることで活気にあふれる集団のなかでは、階級の階層化はあり得ないからだ。

だが、これは、深く豊かな民主的な個人のあり方というエマソンの理想の一端を語ったものでしかない。たしかにエマソンは機会均等を讃えてはいるが、物質的な繁栄という狭義のアメリカン・ドリームについては、同調主義と夢遊病の一形態であり、品性や徳性といったより基本的な美徳を見過ごしにしてしまうと批判している。エマソンによれば、

人間はありのままでは、その本性として金銭や権力を追い求めるものだ。権力を求めるのはそれが金銭におとらず良いものだからである……これのどこが悪いのか。なにしろ皆、最高の地位に憧れ

ていて、夢遊病にかかった状態では、これこそ最高だと夢見ているのだから。この人たちを目覚めさせなければならない。そして、偽の美徳を離れて真実に飛躍させなければならない。この革命をもたらすには、教養の概念を少しずつ教えこんでいくことが必要だ。輝きと広がりをめざすこの世の壮大な企てとは、すなわち人を作り上げることなのである。

このように自然が金銭をともなった取引に浸食され……人のバランスが乱れ、バビロンやローマ以上に専制的な普遍君主国が新たにできあがってしまいかねない状態である。

今日、商取引が世の支配者であり――政府はたんにこの風船付属のパラシュートにすぎない。

商業の危険に抗うことほど、人の教養において重要なことはない。

扉の外は一面市場のようだ。

じっさいのところ、エマソンにも元気のないことはあって、「アメリカに言いたいことは、当然のことながら、土地は崇高だが、人間はそうではないということだ」と皮肉まじりに述べている。彼の目には、アメリカはおしなべて「利己主義、ぺてん、陰謀」に毒されていると映っていたのだ。だから、こんなふうに嘆いてみせた。「いまのアメリカ人は、莫大な物質的利害に支配されて、知性は実利的に、モラルは低くなって」しまった。そしてそれを統御しているのが、資本主義の「利己主義……不信、隠蔽、与えることではなく利を得るにすぐれてさといシステム」であると。エマソンはこの文を悲観的に締めくくって「われわれはつまらない脆弱な集団だ」と述べている。しかし、アメリカの暗い面に気持ちが落ちこんでも、それでもエマソンは民主主義への希望を捨てることはなかった。彼もアメリカも「日々負けている」かもしれないが、それでもアメリカ人は「勝利するために生まれた」。この闘いは彼が行なった二つの有名な反対運動でさらに激しさを増している。ひとつは一八三五年、ジョージア州のチェロキー・インディアンの「強制移住」に対する反対運動、もうひとつは、一八五〇年の逃亡奴隷法に対する異議申し立てである。ハーパーズ・フェリーの武器庫襲撃事件を受け、その首謀者ジョン・ブラウンを公の場で称賛したとき、また西インド諸島で奴隷が解放されたことに喜びを表わしたとき（このときかの偉大な奴隷制廃止論者のフレデリック・ダグラス〔第一章の訳註24を参照〕と同じ演壇に立った）、エマソンは誠実に、しかし慎重に政治行動への献身ぶりを示している。

　エマソンは、人生をかけて、民主主義が与えてくれる自己啓発の力について信じるところを人に伝え、同時代の問題に取り組んでもらおうとした。彼は高邁で感情に訴える力を持った弁論術を編み出し、当代随一の人気を誇る雄弁家になった。民主主義を信奉する知識人は説得力を発揮して、人びとの関心を皮相的で実りのない慰みから引き戻し、公人にはより高い水準を維持させる必要があると心の底から信じていた。その目標を達成すべく、エマソンはみずからの芸術的な声を鍛えて響かせ、自分たちが本来の姿になり、アメリカが可能性を実現するための終わりなき闘いにおける勇気と自信と慰めをかき立てようとした。この着想は古代ローマの公人クィンティリアヌス[5]とキケロ[6]から得たもので、ふたりは政府と社会の誠実さを維持し、人びとの関与を促すにあたって、公の場での弁論が持っている力と責務について重要な論考を呈示した人物であった。

言語学者のジョージ・レイコフが論じているように、アメリカの帝国主義的な右翼は、アメリカの一般大衆に魅力的に響く保守主義のレトリックを巧妙に編み出したので、進歩的な民主主義者が盛り返そうとすれば、それよりずっと説得力に富み、やる気にさせるレトリックをもって、機会均等、貧困層へのサーヴィス、公益重視など民主主義に関わる問題に訴えなければならない。

エマソンはこのような弁論の使命を重く見ていたので、人びとに揺さぶりをかけて夢遊状態から揺り起こし、民主主義の道筋にとどまるように促す文章を歌いあげた。エマソンにとって、民主主義を信奉する個人であることは耳障りな真実を語ることに等しい。公共の言説で活発に活動することは、歴史と伝統の重荷、たとえばアメリカの遺産たる人種と帝国という重荷を背負いつつ、生きることの偶然性ともろさに投げこまれることにほかならないのだ。

そしてエマソンは深い民主主義者になる方法をめぐって、みずからの思索を実践した。ユニタリアン教会で牧師の資格を持ち、聖職にもついていたが、教義に異論を唱え、その職を辞した。非正統的な考え方ゆえに聖餐式を取り仕切ることもしなかった。そして文字どおり世俗の知識人牧師のようなものになって国中を旅して回り（齢六二にして年間六〇講演をこなした。飛行機もなければホテルにエアコンもない時代に！）、公会堂《ライシアム》、劇場、広場、コミュニティ・センターなどで講演した。エマソンは三〇年以上にわたって同胞の市民たちの町や都市を訪れて、文学、歴史、習慣、政治その他多様な話題をめぐって語りかけた。面と向かい、直接魂に向かい合って。一八三八年、ハーヴァード神学校でイエス・キリストの神性に疑義を差し挟むという不埒な講義をしたかどで母校ハーヴァードから追放され、その扱いはその後三〇年近く続いた。この演説はすぐれて洞察力に富んだものだったが、そこで彼が提起した問題は、今日のアメリカにおけるキリスト教の危機にあまりにも見事にあてはまる。


われわれの教会の貧困ぶりを憂えるすべての思慮深い人びとの抑圧されたつぶやきを……聞こえるようにすべき時だ。怠惰なまどろみも、日々のお決まりの仕事の喧噪もつきやぶって……。

宗教の停滞ぶりときたら。霊感の時代は過ぎ去り、聖書は閉ざされ開かれることがないという思いこみ。イエスを人間として語ることで彼の徳性を貶めるのではないかという恐れ。こうしたことからすれば、われわれの神学が間違っているということは明々白々だ。神は過去の存在ではなくいまここにおられ、神は過去に語ったのではなくいま語っておられるのだということを示すのは、真の教師の責務である。それなのに真のキリスト教――キリストが信じていたように、人が無限だと信じること――は失われてしまった……。

なによりもあなた方に申し上げたいのは、ひとりわが道を行けということだ。たとえよき模範が人の想像のなかでもっとも神聖なものであっても、それをしりぞけて、仲介者もヴェールも抜きにして神を愛する勇気をもってほしい……。

聖霊を歌うべく、あらたに生まれた吟遊詩人のあなた自身――あらゆる規則への追従を捨て去って、人びとを直接に神と結びつけてほしい……流行も、習慣も、権威も、快楽も、そして金銭もなんの意味も持っていないのだ――そうしたものは目に見えぬ目隠しでもない――このことだけをまずなによりも留意して、無限の精神という特権とともに生きてほしい。

エマソンの率直な物言いにエリートは眉をひそめたが、一般大衆は彼を受け容れた。その後エマソンはその時代でもっとも名高い知識人となり、アメリカの代弁者として国の内外問わずもっとも大きな影響力を持った。エマソンの手になる本、エッセイ、詩、歴史、そして講演の数々は、一九世紀アメリカにおける民主主義の問題の真髄に触れていた。彼はこう考えた。ヒューマニズムの伝統を民主主義のために創造的に流用することになるような文化の独立宣言をせねばならない。「アメリカの学者」において、エマソンは以下のように予言している。

われわれはあまりにも長いあいだヨーロッパの優雅な詩神に耳を傾けてきた。だから、アメリカの自由民の精神は脆弱で、人まねばかりで、従順なのではないかとすでに疑念を抱かれる始末である。一方、公の社会と私人の強欲さのせいで、われわれが呼吸する空気は重苦しく、どろどろしている……。

自分の足で歩いていこう。みずからの手を使って働いていこう。そして自分の考えを語っていこう。

このほとばしるようなアメリカの自己信頼が宣言されたのは、民主主義を信奉し、「不変の知恵のしるしとは、平凡なもののなかに奇跡を見て取ることである」と了解している知識人――「思考の人」――

を擁護するさいのことである。偉大なる民主主義の責務とは、夢遊病者たちの目を覚まさせ、みずからの国を治めるべく力を取り戻すようにさせることである。「運命」と題されたすぐれたエッセイのなかで、彼はつぎのように述べている。

わがアメリカは浅薄だとの悪名が高い。立派な人や立派な国民というものはほら吹きや道化者であったためしはなく、人生の恐ろしさを認識する人であり、勇気を出してそれに立ち向かってきた。

それよりあとに書いた「知性」というエッセイでは、以下のように述べている。

この世でもっとも困難な責務とはなにか。考えることである。

もうひとつ、今日の状況との関係でとくに重要なのは、エマソンによるアメリカの知的解放の呼びかけが、けっして視野の狭いものでも偏狭なものでもなかったことである。エマソンの民主主義への感受性は、世界的視野をともなっており国際的だ。彼は文化をまたいだ視点を受けいれ、世界中の他の伝統を理解し尊重するよう訴えた。

学者とは時代の能力、過去になされてきた貢献、未来をめぐる希望、これらのいっさいを身のうちに取りこまねばならない人間のことである。学者とは知識の総合大学でなければならないのだ。

エマソンによれば、アメリカの矜持は、アメリカのやり方がすぐれていると言って偏狭な愛国主義の主張をすることにあるのではなく、むしろアメリカが世界に与えることができるものを大人の態度で肯定しつつ、「われわれの状況のもっとも醜い部分」を率直に認めることにある。安っぽい愛国主義は未熟さと不安感を映し出しているのみならず、青くさい防衛規制であり、他の国々に積極的に関与して他者から学ぶことに恐れを抱いていることを露呈すると、警鐘を鳴らした。彼によれば、偏狭なナショナリズムは帝国支配に仕える召使いで、そのせいで人びとは黙々と従い、また現状に満足してしまう。だからこそ、このようなナショナリズムは、人びとの安定を揺るがし目覚めさせる批評や反対意見を述べるエマソンのような人物を嫌うのである。民主主義の知識人の見本として、エマソンが示す輝ける模範は、今日われわれに突きつけられた課題である。

この課題には、連綿と続くエマソン的な声——ウォルト・ホイットマンからウィリアム・ジェイムズ、[7] ガートルード・スタイン、[8] W・E・B・デュボイス、そしてミュリエル・ルーカイザーにいたるまで——が長年にわたって取り組んできた。ウォルト・ホイットマンは、エマソンが提唱したようなアメリカの吟遊詩人になった。『草の葉』から『民主主義の展望』にいたるまで、民主主義の個人、コミュニティ、社会の展望を無類の情熱で表現した。民主主義的プラグマティズムの偉大な提唱者であるウィリアム・ジェイムズは哲学を街場に持ち出して、アメリカが巨大さと偉大さを混同していると非難し、当時のアメリカが抱いていた帝国主義の野望を激しく糾弾した。ガートルード・スタインは（『やさしい釦《ボタン》』などの）会話体小説において、文体の民主化を試み、そのために動詞を優先して伝統的な文法における名詞優先のヒエラルキーをなし崩しにしたり、内的独白を編み出して登場人物のうわべの冗談の下に潜むものをあらわにするという手法をとった。W・E・B・デュボイスは『黒人のたましい』で、白人優越主義のアメリカに拒まれて見えなくなっていた黒人の個人、コミュニティ、社会の姿を解き放ち、見えるようにした。ミュリエル・ルーカイザーは名作『詩のいのち』において、搾取された労働者たちの創造力溢れる表現のなかに潜む民主主義への希求をあらわにしてみせた。

ここに挙げた誰もが偉大なエマソンの系譜に連なる人びとであり、民主主義の言葉づかいで、ひとりひとりに価値があり、あまねく自分を創りなおし改善する力があるのだと説いている。このようにエマソンから受け継がれているのは、硬直したイデオロギーのドグマや党派争いの駆け引きにぶつかったとき、そして市場に支配されたアメリカ文化のニヒリズムに麻痺してしまいそうになるときに、深いところから溢れる民主主義のエネルギーを生かしておこうとする深遠なる努力である。ブッシュ政権が金持ち優遇の減税政策を打ち出し、傲慢にも単独行動に走っているのをエマソンが見たらなんと言うだろうかと考えを巡らせるのも一興だ。わが国の帝国エリートが繰り出す「われわれ対彼ら」という、恐怖に駆られたヴィジョンのレトリックを耳にしたなら、エマソンがどれほど嫌悪を抱いたことか、想像できるだろう。

アメリカ政治とアメリカの生活をめぐってエマソン顔負けの洞察に富んだ批評を行なった、わが国の歴史上もっともエマソン的な民主主義知識人は、ジェイムズ・ボールドウィンだ。それは、ボールドウィンがわれわれの文化の抑圧された「他者」——黒人かつゲイ男性——という位置から語り、悲惨な貧困生活のなかからみずからを創りなおして、アメリカが帝国主義と人種差別という犯罪に走ることに対してもっとも容赦なく透徹した批判をする人物へと成長したからである。あの偉大なラルフ・ウォルドー・エリソン（古典的作品『見えない人間』［一九五二年］と『影と行為』［一九六四年］の著者）と同じように、ボールドウィンもまた、ブルースの音調を持ちジャズをその身にしみ込ませた民主主義の人だった。ボールドウィンはエマソンの自己信頼を見事に実現して、アメリカ文明の裏側、すなわち人殺しの場でもあり喜び溢れる通りでもある黒人街、ニューヨークのハーレム地区から身を起こし、二〇世紀のアメリカで最上のエッセイストになった。その芸術的な雄弁ぶり、劇的な洞察力、激しく預言的な口調をもって民主主義をめぐる問題の中心へと躍り出て、そのまま三〇年以上その地位にいた。また、つねに絶望の淵にありながら悲喜劇的希望を捨てないでいる力強く痛切な自己検証からは、彼がたぐいまれな高潔な知性を持ちつつも、みずからは苦悶を抱えた人であったことがよくわかる。

聖書の「創世記」第三二章でイスラエルという名を授かったヤコブのように、ボールドウィンもまた闇夜のなかでもがき苦しむような時期を経て新しい名前を持った新しい男になり――『誰も私の名を知らない』（一九六一年）、『巷に名もなく』（一九七二年）の二作品を見てほしい――皆にあらたな展望を示してみせた。この父なき子（ただし愛情豊かな母はいた）は、あまたの民主主義活動家（マーティン・ルーサー・キングやストークリー・カーマイケルなど）[9]や芸術家（トニ・モリスンやロレイン・ハンズベリーなど）にとって聖なる教父となった。この黒人アメリカ人のソクラテスは、あらたな生命、あらたな考え方、あらたな勇気を産み出すのを手助けする助産師であった。しかもそれをソクラテスと同じようにやってのけた。つまり、アメリカ帝国に蔓延する嘘と欺瞞を前に、品格を失わずにものを考える人間でいようとするさいに彼自身が感じ、向かいあった困惑を他人にも同様に感じさせることによって、である。ボールドウィンを芸術へ向かわせたのは、民主主義を信奉する個人であることへの痛ましいまでの献身であり、彼はその芸術において民主主義にもとづいたタフな誠実さを実演している。「創作の過程」というエッセイでは、以下のように述べている。

芸術家はものごとを当たり前のこととして受け取ってはならない。そうではなくて、あらゆる解答の真髄に突き進み、解答が隠している問いをあぶり出さねばならない。

人の場合で言うなら、みずからの過去について、みずからに対して真実を語ることができない者は、過去にとらわれ、まだ自分でも見いだしていない自分の牢獄で身動きがとれなくなっているということだ。が、これは国家にもまたあてはまる。

エマソン同様、ボールドウィンもまた知的高潔さは神聖なものだと考えていた。だからこそ彼は、民主主義のプロジェクトから黒人を排除する帝国アメリカとの闘いに――「愛ゆえの闘い」に――向かうのだ。ボールドウィンにとっては、アメリカにおいて民主主義を信奉する個人であること、すなわち自分に自信を持ち、自尊心を持ち、ソクラテス的な問いかけを行なう者であることは、「平和を乱す救いがたい人間」になることに等しい。ただしエマソンとは異なり、ボールドウィンの場合は、アメリカ民主主義の人種差別の犠牲者として民主主義的個人になる道にはいった。エマソンは一八三八年八月二五日の日記に、以下のように書いている。

ニグロの歴史は、その全体が悲劇である。いったいこの世に登場したときにどんな忌まわしい罪を犯したから、いつも苦しむことになるのか……どこに行ってもかならず侮辱を受けることになるのか……。

ボールドウィンはまさしくこの悲劇的な境遇を生き、感じ、呼吸してきたのだ。しかもニガー化されることに真っ向から立ち向かっているときですら、アメリカにそなわる民主主義の可能性を見失うことはなかった。彼がこのような可能性を見て取ったのは、白人たちにどれほど人間扱いされずとも、黒人の人間性を自明のものとしたからであり、また白人による黒人に対する扱いがどれほど悪魔のようであろうとも、つねに白人にも人間性があるとしたからである。このことについてボールドウィンは、『次は火だ』（一九六三年）のなかでこう述べている。

いわゆるニグロ問題に注がれる莫大なエネルギーは、白人が心の奥底では白人ではない人から判断されたくないと思い、またありのままの自分を見られたくないと願っているところから生じているが、同時に白人が抱く甚大なる怒りは、そうは言いながらも白人が心の底ではありのままの自分を見て欲しい、鏡に映った自分の姿の横暴から解放されなければと思っているところに根ざしている。認めることができようと、できまいと、鏡は嘘をつくばかりで、そこに待ちかまえているのは溺れ死ぬことでしかないことは皆お見通しのはずである。だからこそ、どうしようもなく愛が求められつつも、それは巧妙に回避されているわけである。なんとなれば愛がはぎ取る仮面とは、それがなければ生きていけないと怯えながらも、それをつけたままで生きることもまたできないとわかっているものだからである。

ここでボールドウィンが語っているのは、民主主義を信奉する個人になろうとすれば、白人アメリカ人はアメリカにおける白人優越主義の重大さに無知をきめこんだり、あえて目をつぶったりするのをやめねばならないという、根本的な真実である。これができてはじめて、アメリカにほんものの民主主義のコミュニティが立ち上がる可能性があり、このようなコミュニティの出現は、黒人によるソクラテス的な問いかけに耳を貸し、黒人と白人が互いを受け容れることをその基礎に置いている。以下もまた、『次は火だ』に書かれていることである。

しかしながら、これまで支配下に置かれていた者たちが持つまだ目覚めていない手つかずの力と手を結ぶためには、そしてこの世界で人間として、動く、道徳のおもりとして生き延びようとすれば、アメリカおよびすべての西洋諸国はすべからく自己を見つめなおし、現在神聖視されている数々のことがらからみずからを解放しなければならない。また、自分たちの生き方や怒り、その犯罪を長きにわたって正当化するのに利用してきた思いこみを、ほぼ全面的に払拭することを余儀なくされることだろう。

ボールドウィンにとっては、白人が黒人に対してはたらいてきた暴力や無礼な態度にすら先立つものが、「この犯罪を作り上げている無知」である。民主主義的な個人であるためには、無知、蒙昧、独善を避けて、現実、歴史、死すべき運命と向かいあい、成熟した自由な人間であることが必要だ。『次は火だ』で読み手の思考をもっとも触発する箇所のひとつが以下である。

おそらくわれわれの苦しみ、人間の苦しみのすべての源はわれわれが生の美しさを犠牲にしようとすること、言い換えるならば、トーテムやタブー、十字架、血を捧げること、尖塔そびえる教会、モスク、人種、軍隊、旗、国家といったもののなかにわれとわが身を閉じこめてしまうことだ。死という事実を否定しようとして……。しかし、白人アメリカ人は死というものを信じない。だからこそ私の肌の黒さが彼らにとっては脅威であり、またこの国におけるニグロの存在がこの国の破壊をもたらし得るのである。しかし、常なるもの——すなわち誕生、葛藤、死は常なるものだし、かならずしもそうとは思われないかもしれないが、愛もまたそうである——を信じて讃えること、そしてものごとが変化するものだという本質を理解し、また自分も変化できるし、そうする意志を持つことは、自由な人間の責務である。ここで言う変化とは、表面的なものではなく深いところの変化、すなわちあらたに生まれ変わるという意味での変化である。けれども、そもそも常なるものではないもの、たとえば安全や金銭、あるいは権力などをそうだと思いこんでいるところでは、再生は無理である。この場合、人がしがみついているのは妄想であり、それには裏切られるしかないし、自由への希望はそっくり——可能性がまるごと——消え失せてしまう。さきに私は破滅と述べたが、それはまさしくアメリカ人が本当の意味で自由になる努力を放棄することにほかならない。ニグロがこうした努力の放棄を促しうるというのは、白人アメリカ人が、その長い歴史のなかでも一度としてニグロを自分たちと同じような人間として見ることができなかったからである……。
彼［ニグロ］はこの国の鍵を握っており、アメリカの未来は彼の未来が明るいなら明るいし、暗いなら暗い。このことをニグロは承知している。ただし暗い未来という方でだが。したがって、問いはこうだ。火のついた家に統合されたいなどと、私は本気で望んでいるのだろうか。

ボールドウィンには、アメリカが民主主義に目覚めるには黒人・白人の進歩的なコミュニティがさらに本当の意味で深く連携することがどうしても必要だということがわかっていた。公民権運動に白人が参加したことは往々にして神話化されているが、実のところそれほど広範囲でも強力なものでもなかった。本当のところは、リベラルな白人グループの主要なもの、たとえば主流の預言者的教会[10]や進歩的なユダヤ人コミュニティなどが運動の背後で後押ししてくれたという程度なのである。さらに言えば、ジョンソン大統領の「偉大な社会[11]」計画のもっとも重要な法案——投票権法——は、ジョンソンが北部の白人リベラルとアメリカの黒人の連携を頼りにすることができなければ可決されなかったことだろう。

ボールドウィンはアメリカの民主主義にあまたのすぐれた貢献をしたが、そのひとつが、黒人の思想や文化（とりわけ黒人音楽）が自己欺瞞と自己称賛の網にからめとられたアメリカを導き、感化しうる方法を深く考えようとする断固たる態度である。黒人は、アメリカがみずからを語り、思考する内容とその振る舞いが酷い矛盾をきたして発する不協和音と三〇〇年以上にもわたって闘ってきた。ボールドウィンは、このように黒人が蓄積してきたものを活用すれば健全な民主主義コミュニティと社会を創り出せる可能性があると信じていたのだ。「あまたの人が逝ってしまった」のなかで、彼は言う。

アメリカのニグロがみずからの物語を語ることができたのは唯一音楽のなかだけだったが、それは、アメリカ人が感傷的にみずからを守ろうとするあまり部分的にしか理解できないために、この音楽を称賛できたからだ。その物語は音楽以外ではまだ語られたことがなく、アメリカ人の誰ひとりとしてそれを聴く心構えができてはいない……。

ニグロの物語はアメリカの物語だ――いや、もっと正確に言うならば、アメリカ人の物語だ。それはとても美しい物語というのではけっしてない。そもそもひとつの国民の物語がとても美しいということはけっしてないのだから。

まさしくそのとおりで、スピリチュアルやブルース、ジャズなどアメリカでもっとも独創的かつ偉大な芸術形態を尊敬して楽しみ、それを通して得られたつながりから、これまでどれほどの白人アメリカ人が黒人問題に関心を持ち、人種差別に目を開いてきたことだろうか。これが歌手のマヘリア・ジャクソン[12]、ジョン・コルトレーン〔第一章の訳註25を参照〕やチャーリー・パーカー[13]、ビリー・ホリデイ[14]やサラ・ヴォーン[15]が遺してくれた偉大な遺産にそなわる大きな民主主義効果なのである。

ボールドウィンの主張はこうだ。アメリカ帝国の道徳的な腐敗に立ち向かう一番の方法は、民主主義をめぐる黒人の決意をよりどころにすることである。つまり、深い根を持つ民主主義のエネルギーをあらたにし、そして生き直すために、アメリカの民主主義の限界を人種というレンズを通して見つめるのである。その眼目は、黒人の自信、自己信頼、他者への寛容、外国文化へのオープンな姿勢、自分だけの声を見つけようとする意志、品格と威厳をもって逆境に耐えること、そしてまた踏みつけにされた人びととの連帯を強調することだった。チャック・D[16]やKRS－ONE[17]などの社会派ヒップホップのアーティストたちの預言的で詩的な声はこの伝統につらなるものであり、今日のどんな政治家、説教師の能力や意志でも及ばぬ力強さでアメリカ文化の黒人と白人双方の偽善をあばき出している。

メドガー・エヴァンズ[18]、マルコムX[19]、マーティン・ルーサー・キング牧師の殺害はボールドウィンに衝撃を与えた。ヴェトナムはさらなる傷であった。傷はアメリカがチリのファシストによるクーデターを陰で支援していたことでさらに増えたし[20]、アメリカの外交政策にパレスチナの人びとの苦しみが見えてこないこともまた傷を増やした。民主主義の知識人でもこれ以上は持ちこたえるのは無理というものだろう。この時代はあまりにも悪意に満ち、狂っていたので、ボールドウィンはこれを正すことが果たして可能なのか、疑いを持ちはじめた。しかし、それでもなお彼は奮闘を続けた。愛してやまないブルースとジャズ、愛する家族からますますの慰めをもらいながら。彼は自身を自由な芸術家として位置づけて、聖霊のごとく誠実になり、魂の行ける限り深いところまで掘り下げた。それでもなお残った疑問は、アメリカには人種差別を克服し、帝国の正体を暴くために必要なものがあるのかということだった。もしあるなら、それはいったいいつそのための構想を打ち立て、勇気を奮い起こすことができるのだろうか。もしないなら、どうすればよいのだろうか。一九八七年、ニューヨークでとり行なわれたボールドウィンの葬儀の会場。彼自身が歌ったトマス・ドーシーの古典的なゴスペル――マーティン・ルーサー・キングの好きだった歌でもある――が流れた。「主よ、私の手を取ってください。私を導き、立たせてください。私は疲れているのです。弱っているのです。くたびれ果てているのです……」[21]。

本書にはエマソンの伝統を現代にまで延ばしてきたという側面がある。この本で示したヴィジョンと分析は、過去のエマソン的な人びとの声のおかげで豊かなものになっている。けれども、深く根ざした民主主義の伝統には、この本がいっそう深く頼りにしているもうひとつの流れがある。エマソンの伝統が、市民ひとりひとりが民主主義に関与することの大切さを強調し、たとえその失敗を批判するときですらアメリカの民主主義がはらむ大きな可能性を際だたせるのに対して、もう片方の伝統は、とくにアメリカの帝国主義と人種差別が民主主義の個人、コミュニティ、社会への障害となっていることを激しく批判することに焦点を当てる。こちらの伝統においては、人種と帝国とがアメリカによる民主主義の実験を制約する主要な二つの原因であることが明瞭に示されている。

この流れの始まりはハーマン・メルヴィルの作品だが、当時も今も、帝国の悪を批判する物語としての真価がじゅうぶん認められているとは言えない。エマソンの系譜が、どん底のときから最高潮にいたる振れ幅のなかで終始アメリカの魂の救いに心を寄せているのに対して、メルヴィルの伝統は、アメリカには魂があるのかないのか、魂を失ってしまったのではないのか、いや、そもそも魂などというものがあったのかと、真剣に問う。この問いかけは、ボールドウィンが幻滅しきって、われわれが（両足とは言わないまでも）少なくとも片足を絶望に突っこんだままにおかれたところから始まる。この流れには、まずロバート・ペン・ウォレン[22]ははずせない。さらに悲劇的なまでの詩情をたたえたユージーン・オニール、ブルースやジャズの不屈の天才アーティストたち、そしてトニ・モリスンの深みのある激烈な証言。

『タイピー』（一八四六年）から『ビリー・バッド』（一八九一年）まで、メルヴィルの作品群は、アメリカの生活において帝国主義と人種差別が民主主義の障害になっていることをめぐる考察として前例のないものであり、またこれらに肩を並べるものもない。ロバート・ペン・ウォレンは、メルヴィルのひそみに倣い、アメリカ草創期にあっては白人優越主義と帝国の現実がいかに根深いものであったかをあらわにしてみせる。『竜のはらから』（一九五三年、一九七九年。どちらの版も、トマス・ジェファソンがずっと抱えていた人種差別と視野の狭い合理主義に対する辛辣な批判となっている）、『ネズ・パース族のジョゼフ首長』（一九八三年。「西部征服をめぐる血まみれの歴史……思いつく限りもっとも耐え難い物語のひとつ」をめぐる詩）といったウォレンの古典的作品は、アメリカ文学のなかで見過ごされたり無視されることが多い。ユージーン・オニールは、アメリカの帝国主義と人種差別とによる支配がはらむニヒリズムに取りつかれていたが、それはみずからもムラトーの水夫役で出演した第一作目の劇『渇き』（一九一三年）から、アメリカの文明と人間の状況を糾弾した最高傑作『氷人来たる』（一九三九年）にいたるまで一貫している。

メルヴィルはアメリカの民主主義の伝統の海に深く潜った。実際このことを『ピエール』（一八五二年）で、絶妙な言い回しで述べている。

人の心の真髄を突きとめようとするなら、深く、深く、まだ深く、もっと深くにまで行かなければならない。心の底へと降りることは、さながら鉱山の縦坑の螺旋階段を、終わりのないままに下りるがごとくだ。そしてその終わりのなさは階段が螺旋を描いて回っていて、縦坑が闇に包まれているために隠されているだけなのだ。

メルヴィルは測りがたい深淵へと恐怖の下降をしていくが、それは存在の無のみならずアメリカの闇の奥へ飛び込むことでもある。

メルヴィルは、子どもっぽい無知を脱ぎ捨ててニヒリズムによる暴力と向かいあう力がアメリカ帝国にあるのかどうか、根本のところから疑念を抱いていた。彼はアメリカが持つ、他者を支配し征服しようとする帝国の衝動という厄介な謎に向かいあい、アメリカが繰り出す平和な言葉遣いや穏和な民主主義レトリックの陰に潜む好戦的な発想や君主制の原理を暴き出した。メルヴィルにしてみれば、アメリカの民主主義のおだやかな表面の下には、アメリカ・インディアン虐殺の破壊行為やアフリカ人奴隷制度の傷がわだかまっていた。みずからを作り直すアメリカの個人主義者、すなわちアメリカのジェントルマンは、奴隷主にしてインディアン殺戮に手を染める者でもあったのだ。以下も『ピエール』から。

ピエールの祖父はアメリカのジェントルマンだった……古い屋敷が火事になったときには一蹴りで樫材のドアをたたき壊し、黒人奴隷がバケツを持って入れるようにした。独立戦争前、荒野で夜の闘いがあったときにはインディアンの野蛮人ふたりの頭を棍棒のようにしてぶつけあって殺した。そしてこのようなことをした人物というのが、この世に並びなき穏和な心を持ち、またこのうえなく青い瞳のジェントルマン……これ以上ない優しい夫だったし、また最高に優しい父親でもある人物だったのだ。彼は奴隷にとっては最高に親切な主人でもあったし……穏和の心で慈悲に溢れたクリスチャンでもあった。

メルヴィルが『白鯨』（一八五一年）で描いたエイハブ船長はニヒリストであり、力と権力に取り憑かれ、二元論（われわれ対彼ら、善対悪）の発想によって悪の枢軸を打ち倒すことに心血を注いでいる。たいせつな船と乗組員は、白鯨を征服したいというエイハブの盲目的な意志のせいで粉々になってしまう。エイハブ自身も破滅するが、それをもたらすのは、独断とニヒリズムに駆られた彼の空虚さと孤独である。が、それはみずからの痛ましい真実に向きあうことができない帝国アメリカのメタファーでもある。多人種の労働者が働く、洋上の鯨油生産工場たる船の「産業の船長」[23]、エイハブは、自分を生きながらえさせつつ身体の自由を奪った張本人、神出鬼没の白鯨を征服することに取りつかれている。彼の最期の言葉――シェイクスピアのリア王や、旧約聖書の「列王紀」上、第二二章に出てきてエイハブの名の由来となっているアハブ王を思わせる――は、「おお、孤独な人生の孤独な死よ！　ああ、わが最上の偉大さはわが悲しみの極みにあるように思える」というものであった。

しかしながら、メルヴィルがアメリカあるいは生そのものに抱いていた絶望は、『白鯨』では絶対のものではない。アメリカの詩的叙事詩（『白鯨』は古典的な叙事詩とは言えないまでも小説にはとどまらない）の幕開けとなる有名な冒頭部分「イシュメールと呼んでくれ」は、奴隷の母を持つ聖書の登場人物イシュメールに注意を向けさせる。イシュメールこそ、わずかな希望の光明、旅の唯一の生存者である。しかもたったひとりの友、有色人種のクイークエッグからもらった棺桶が筏になったおかげで彼が生き延びた事実は、船が白人に支配されていること（その破滅が近づいていたために棺桶が急いで作られたのだが）ときわだって対照的である。つまり、イシュメールが物語の最後で助かるのはクイークエッグの働きがあってこそなのである。棺桶のふたにクイークエッグが施した彫り物は「真理に達する方法をめぐる神秘的な理論」を象徴している。『白鯨』はアメリカの帝国主義を糾弾するものではあるが、同時に多人種の連帯を呼びかけてもいる。

じっさい、イシュメールの旅は、アメリカの暗黒面と出会うところから始まるし、暗黒面のヴィジョンにかかわったことから、彼は無垢で無知な状態を脱して成熟していく。イシュメールの物語は絶望から始まり、彼はそれを「なるたけ早く海に出る」ことで克服しようと思っている。ニュー・ベッドフォードの町で自分が乗り組む船を待つあいだ、寝泊まりする所を求めて宿から宿へと訪ね歩く。そして、一番安い宿を探していると、町の黒人街に入りこんでいた。アメリカの帝国主義と人種差別主義に羽交い締めにされて地獄の苦しみを味わっている人たちのあいだに。メルヴィルはこんなふうに書いている。

> トペテ〔24〕の地に座している暗黒議会さながらだった。百の黒い顔が列になっていて、それが自分のほうを向いた。そしてその向こうには黒い運命の天使が説教壇で本をたたいている。ここは黒人教会だった。そして説教師が読んでいる一節は闇の黒さについて、そしてそこにいる者たちの嘆き、泣き叫び、歯ぎしりについてであった。おやおやイシュメールよ、と私は後ずさってそこを出ながら、ぶつぶつと言った。「罠」という屋号でこんなに酷い出し物にあたるとは！

ニヒリズムとの闘いに破れたこの黒い地獄は、このあとイシュメールがたどることになる旅を映し出している。その旅では帝国的なエイハブのニヒリズムとの闘いが破滅に向かうのだから。その一〇〇年後にラルフ・エリソンが書いた『見えない人間』でも、主人公の見えない人間はこの光景を反復する。

そこでもまた説教師が「闇の黒さ」について説教しているのだが、これもまた人種のレンズをとおして帝国アメリカに足を踏み入れることである。イシュメールも見えない人間も、アメリカの黒い火の流れをくぐり抜けて民主主義的な個人、コミュニティ、社会を求める典型的な人間なのである。

　メルヴィルにとって、この黒い地獄はアメリカの民主主義の実験を見る有利な視点であっただけでなく、アメリカに深く根ざした民主主義の伝統を見きわめるリトマス試験紙でもあった。アフリカ人を奴隷にし、アメリカ・インディアンに「明白な運命」〔第二章の訳註10を参照〕を押しつけた事実は、アメリカの民主主義がきれいごとを語っていることを証明していた。しかもメルヴィルは、このことをもっとも親しい人びとのなかで感じていた。義理の父親レミュエル・ショーが、マサチューセッツ州最高裁首席裁判官として逃亡奴隷法のもっとも有名な判断基準を言い渡したのだった。ショーは、黒人の元奴隷トマス・シムズに南部の所有主のもとに戻るよう命じたのである。のちには、逃亡してきた元奴隷のアンソニー・バーンズにやはり所有主のもとに戻るよう言い渡し、これもまた悪名高い判例になった。奴隷制廃止の立場をとるメルヴィルの感情は彼自身の家族にもアメリカ社会にも逆らっていたわけだが、それでも彼はその気持ちを表に出した。アメリカに対して彼が行なった、愛ある、しかし厳しい断罪は、今日これまで以上に大きく、また真実の響きを持つ。そして、メルヴィルはいつでもアメリカでいちばん先鋭に真実を語る者と共鳴してきた。自分の価値と個人の可能性に心を傾けるエマソン的な流れと深く探りを入れて真実を語るメルヴィル的な流れが合体しているのが、ブルースとジャズというもっともアメリカらしい芸術の形式である。

　ルイ・アームストロング〔25〕とベッシー・スミス〔第一章の訳註15を参照〕、デューク・エリントン〔26〕とマ・レイニー〔第一章の

〔訳註16を参照〕、ジョン・コルトレーン〔第一章の訳註25を参照〕とサラ・ヴォーンらはみな、ブルースとジャズという伝統の草分けだが、彼らはアメリカの暗黒のさなかにあって、深遠なる民主主義の「パイデイア」（批判的な市民の陶冶）〔第一章を参照〕を創り出し、始動させた。ブルースが、苦痛と闘ってそれを乗り越えようとするものなら、デューク・エリントンが言ったように、「ジャズとは、自由」である。彼らブルースやジャズの偉大なミュージシャンたちはエマソンのように、みずからの即興芸術や実験的な生活において個人であることの価値を知る者として雄弁に語った。けれどもエマソンと違うところは、彼らがアメリカの深淵――アメリカというパラダイスに潜む目に見えぬ黒い肌の地獄――のへりに腰掛けていたということである。彼らはメルヴィルのように、一見輝いて見えるアメリカの日の光の下の海に深く潜ろうとした。しかしメルヴィルとは違って、彼らが浮上するときには強烈な血染めの希望をたずさえ、涙に濡れた魅惑的な微笑みを浮かべている。つまり、彼らはアメリカで最高の悲喜劇的なものの実践者なのである。

黒人が、アメリカにおける不条理とアメリカという不条理に、すなわち奴隷制、これに続くジム・クロウによる人種隔離、その後の差別において黒人の精神や尊厳に対しアメリカが加えてきた恐るべき脅威に対峙してきたという世界史上の事実は、アメリカにおける民主主義の伝統を独特なかたちで深めることになった。この深まりは、フレデリック・ダグラスや、A・フィリップ・ランドルフ〔27〕、キング牧師やエラ・ベイカー〔28〕らが指導した社会運動にみられるように、すべてのアメリカ人の権利や自由を拡大するという問題にとどまらない。この深まりは、アメリカにおける民主主義の意味そのもの、すなわち民主主義が構想するヴィジョンの輪郭を描き直し、民主主義的な存在様式の内容を創りなおすことにもかかかわっていた。ブルースとジャズがなしとげたのは人種を個人的で親密なかたちでアメリカに関与させること、そして民主主義的な結果を出せるようにすることだったのだ。白人にして文学における偉大なブルースマン、テネシー・ウィリアムズ〔第一章の訳註20を参照〕は預言的人物であり、最初の戯曲集に『アメリカン・ブルース』というタイトルをつけた。ブルースとジャズの豊かな遺産は最終的には白人が支持するところとなり、とりわけ影響力の大きいロックのビートの背後にいた反体制派の若者の心をつかんだ。この遺産こそ白人と黒人とのあいだの最初の大きな文化的接点であったし、このパターンは、その後白人がリズム・アンド・ブルースとヒップホップを受け入れたときにも見られた。

このようにブルースは影響力と包容力を持ちあわせているが、これが奴隷制という試練とその悪しき遺産のるつぼから生まれたものであり、ひとつの民族が自分たちにも人間として価値があることを語る決意を表わしたものであることは、けっして忘れてはならない。ブルースは、チャンスの土地として神話になっているアメリカの地で黒人が心理的にも物質的にも与えられてきた深い痛みを語るのだ。ブルースの伝統のなかで中心的な役割を担うのは人の声だが、このことは個人の価値と醜い真実を語る価値を大切にしていることの表われである。ブルースが主張するのは、頑固なドグマに対しては活発な対話、それも相手の言うことに耳をすまして聞く必要がある人たちによる対話が必要だということだ。ブルースは忍耐強く痛手から回復することを表現するが、その根っこには、人種差別による醜い支配に辛抱強く抵抗することと、アメリカで社会的、精神的に殺されてもなお消し去り得ない希望をつくることがある。ブルースは精神と共同体の成熟した力を生み出した。ブルースが重きを置く対話、抵抗、希望は、活力ある民主主義的な市民の糧なのである。

黒人による対話と抵抗と希望の創造をもっとも洗練したかたちで演じているのが、トニ・モリスンの堂々たる作品群である。ブルースとジャズから受け継がれた遺産は、モリスンの文学作品でこのうえなく深く豊かに語りかける。モリスンは、現代の民主主義的な芸術家かつ知識人としてそびえ立つ存在だ。アメリカの民主主義がはらむ暗黒面との長い闘いのなかでも、彼女のテクストが体現し演じてみせる民主主義の深いエネルギーの右に出るものはない。

モリスンの作品で際立っているのは、民主主義を信奉する個人の強い意思と将来の可能性である。彼女の芸術的な想像力の中心を占めるのは力を取り戻したごくふつうの人たちだ。傑作に数えられる『ビラヴド』（一九八七年）について、彼女は以下のように語っている。

> 奴隷制の経験が私の想像の範囲を超え、私の力が及ばないなら、奴隷主の勝ちということになる。ユーモアと同じこと。権威を取り戻さないといけない。力のあるところに足場をつくりなおさないといけない。だからその力を獲得したいと思ったわけです。彼らは残酷さにかけては創意工夫に満ちていて想像力豊かだから、私は力を取り戻さなければならなかったのです――私に語り得るやりかたで。

自分の生に対する力を取り戻す――それは芸術家としてのモリスンと彼女の芸術作品の登場人物たちが行なうことだが――というこの深く民主主義的な行為は、のさばる権威に順応することを拒み、抵抗するエマソン的な態度からきている。しかしモリスンはメルヴィルと同様、民主主義的な個人とコミュニティの実現をはばむ手強い障害も鋭く感じ取っている。モリスン作品のなかでももっとも印象的な登場人物、『ビラヴド』に登場するセスは、逃亡奴隷ハンターが自分たちを追ってきて南部の奴隷主のもとに連れ戻そうとしたときに娘のビラヴドを殺してしまうが、その理由をこんなふうに言っている。

> 白人でさえあれば、誰でも私たちの存在を思いつくまま扱おうとして黒人の全人格を奪うことだってできる。ただ働かせたり殺したり身体に障害を負わせたりするばかりじゃない。おまえを汚すのよ。あまりに酷く汚すから自分のことをもう好きになれなくなるくらい。あまりに酷く汚すから自分が誰なのか忘れてしまって、自分が誰なのかを思い出せないくらい。みんなも私もそういうことをくぐり抜けてきたし乗り越えてもきたけれど、わが子にだけはそんなことはあってはならないことだ。私の持っている一番よいものが子どもたちなのだから。白人が私を汚すのは結構だ。でも自分の一番のもの、美しい魔法のような最上のもの――汚れない自分の一部、これだけはだめだ。こんなことは夢想するだにできない悪夢だ。たとえば、首を切られ、足も切られてプラカードをつけられて木にぶら下がっている胴体が夫のものかポールAのものかという夢。愛国主義者が黒人の学校に放った火のなかで泡を吹きながら熱せられている女の子たちのなかに自分の娘がいるのか、という夢。白人の集団がやってきて自分の娘の秘めやかな場所に侵入してその太ももを汚しておいて荷馬車から放り出すという夢。こんな夢にも見られないような悪夢を味わわせるなど、とんでもない。これが自分ならば、屠殺場で働くはめになっても構わない。でも娘はだめ。
>
> そして誰にも、この世界の誰にも、自分の娘の特徴をあの書類の動物の側に書きこませるものか。

だめ。絶対に、だめ。

モリスンによるアメリカの闇の奥の探究は、もっとも本質的なところで民主主義のコミュニティの可能性を探求するものである。ごくふつうの人たちが偏狭な利己心を捨て、アメリカの過酷な状況のもとでケアのネットワークを作っていく様子が思い描かれているのだ。モリスンによれば、

ここに出てくる人たちは、自分になにも価値がないというのでは生きていけなかった。彼らには値段はついていたけれど、白人の世界では価値がなかった。だから自分自身の価値を作ったし、なにに価値があるかも自分たちで決めたのです。それはたいてい慈悲の手を差し伸べること、たいていは他人のためにしてあげることでした。この小説に出てくる人たち、つまり黒人の大人は、誰ひとりとして自己愛やナルシシズムや利己心で生き延びることはありません。彼らはコミュニティの感覚を当然のものと考えているのです。その外で生きていけるなどという発想が一瞬でも思い浮かぶことはなかったのです。

モリスンは、メルヴィルから得たものについて自覚的かつ意図的である。メルヴィルは、アメリカ文学史上初めてイデオロギーとしての白さと、それが黒人と白人にトラウマをもたらすことを探究した。モリスンは画期的な文学批評『白さと想像力』(一九九二年)の土台となった「語られないでいる語り得ないこと」というエッセイのなかで、このように述べている。

もしも白いクジラが人種のイデオロギーだとするなら、エイハブが失ったものは、みずからの身体の一部、そして家族とこの世における人間としての自分の場である。人種差別のトラウマとは、差別する側にとっても犠牲者にとっても、自己の深刻な断片化であり、これは私の目にはつねに精神病の原因（症候ではなくて）であるように映ってきた。

モリスンの洞察においては、エイハブのような帝国エリートの教条《ドグマ》主義とニヒリズムを駆り立てるのは恐怖と不安感であり、帝国の権力と力による攻撃に対して民主主義的なコミュニティを結束させるのは愛と希望である。メルヴィルは芸術家として誠実であり、民主主義を信奉する勇気を持っていたが、そのために彼は一九世紀なかばのアメリカにあって「とても孤独、とても絶望的で、とても呪わしい」状態に陥ってしまった。モリソンはメルヴィルの努力をこのように述べている。

白人の進歩という概念それ自体を問うこと、人種としての白人の優越性という概念や人類の進化の階梯において白人が上であるという考え方それ自体を問うこと、そしてそのような優越性という欺瞞だらけの自己破壊的な思想について思いを巡らし、その思想が「上院議員や判事の衣装の下に隠れているのを引っぱり出し」、「判事本人を被告席に」引きずり出すこと——それは危険で、孤独で、ラディカルな仕事である。とりわけ当時は。そしてとりわけ今は。

けれども、モリスンは復讐や絶望を後押しするのではなく、ボールドウィンと同じように、民主主義的な黒人のアイデンティティのひとつのヴィジョンを打ち出す。それは、すべてを受容するような愛に、民主主義にもとづくコミュニティと社会を結びつける愛と信頼に根ざしたアイデンティティである。自分の作品をなににたとえるかという質問に、モリスンはこう答えている。

愛です。私たちは私たち自身を抱きしめなければなりません……ジェイムズ・ボールドウィンがかつてこんなふうに言っていました。「あなたはすでに買われ、代金も支払い済みだ。ご先祖たちがすでにあなたのために愛を明け渡したのだから。だからあなたがこれ以上愛をあきらめる必要はない。いまやあなたは自分自身を愛することができるのだ」……。だから私たちはこの世にいるのです。私たちは自分たちが大切だと思っている、育む作業をしなければなりません。この世を去る前に。そのことが必要なのです。誰かを愛することはほかのことにもまして興味深く、複雑で、そして知的な要求も多く、道徳的にも大変です。誰かの面倒を見ることは……。

私にとって興味深いのは、私の本に出てくる人たちが生きている状況のもとでは、愛に対することのような切迫感がある、ということです。

モリスンによるコミュニティの描写は力強く、しかも彼女のカトリック信仰によりさらに強さが加わっている。それは市民が民主主義国家のなかで社会に関わり、お互いの生活に関わる必要があることにも及んでいく。民主主義的な愛をめぐる彼女のメッセージは、社会を牛耳るニヒリズムの偏狭な傲慢さと利己主義に抗っている。モリスンはこれまで八編の力強い小説を発表してきたが、もっとも自由で民主主義的な登場人物である、『ソロモンの歌』（一九七七年）のパイロットという女性は、「もっとたくさんの人と知り合いになれていたらよかったのに。その人たちをみんな愛したのに。もっとたくさんの人を知っていたら、もっとたくさんの人を愛したのに」といまわのきわに口にする。このパイロットについてのコメントで、モリスンは、自分がボールドウィン流の愛の倫理を持ち、民主主義を信奉していることを明瞭に打ち出している。

パイロットは完全な寛容さをもった自由な女性です。彼女には恐れがありません。なにを怖がることもないのです。物質的なものはほとんど持ちあわせていません。けれども、少しばかり持っている技術があって、それを用いて自立した生活を送っています。彼女は誰の人生も操ったりしません。むしろ無限と言えるほどの愛のために動きます。あなたが彼女のことを必要とするなら――それに応じてくれるでしょう。そして彼女は自分が誰なのか、一点の曇りもなく自分ではっきりとわかっています。

ふつうの人たちが人としての尊厳を作り上げる能力を持ち、民主主義に根ざしたコミュニティがエリート権力の濫用に抵抗する力を持っていると信じることは、モリスンにとって、アメリカにおける民主主義の深い伝統の核をなすものである。ボールドウィンと同様、モリスンもまたこのような信条はなにより黒人音楽の伝統にストレートに表われていると考えている。音楽家の演奏に埋めこまれた危険な自由は、力を奪われた状態に置かれているように思われるときにみずからの手に力を取り戻すひとつの様式なのである。モリソンによれば、

愛についての私の考え方は……とても密接にブルースと結びついています。いつだって誰かが誰かのもとを去っていて、けれども、そこにはけっして復讐心もなければ苦い気持ちもない……。マジョリティの文化では、愛は激情と考えるでしょうが、それとはまったくの対極にあるものなのです。

モリスンは文学におけるわれわれの最高のミュージシャンだ。そして彼女のテクストはコミュニティの経験である。そこでは、オーディエンスは彼女のパフォーマンスに参加し、それを分かち合う。

モリスンが読者に望むのは、非人間的な存在にされた人たちの人間性の豊かな深みを探究したいという気持ちや、その人たちが社会で味わう悲惨な状況を知るだけではなく、精妙な言語表現を楽しみたいという気持ちを持ってもらうこと、そしてアメリカ帝国が万民にとっての自由と機会を吹聴しながら、恐怖の館になってしまっている欺瞞を知って不安感を抱くことである。だからこそモリスンは作品のなかで人間の声の動きとリズムに、かくも重きを置くのである。ブルースの場合と同じで、声に重きを置くことでモリスンは登場人物に尊厳と個性があるのだと主張する。だからこそわれわれには人物たちの内面が見えるし、その声に耳を傾けなければならないことにもなる。声のニュアンスが聞きとれるというのは、個々人の人間性にいくばくか近づいていくということだ。声の音調に耳を澄ますのは、その人たちの内面に自分の心を開いていくことに等しい。民主主義をめぐるモリスンの使命は、癒しである。

しかし、道徳の麻痺状態を打ち砕き、夢遊状態の心を目覚めさせることには痛みがともなう。いみじくもモリスンがこう書いているとおりだ。「死んでいるのに生き返るものはなんであれ、痛みを与える」。ラルフ・エリソン〔第一章の訳註14を参照〕の言うとおり、そのねらいは「酷い経験の痛ましい詳細やエピソードを、痛みを抱えた意識のなかに生かしておくこと」だが、それはそのような痛みを乗り越えられるようにするためである。モリスンは黒人ブルース・シンガーがステージで行なうのと同じことを作品で行なっている。リフレインの繰り返し、リズミカルな言葉、シンコペーションのかかった音、そして暗い笑いというその戦略もブルースと同じだ。彼女は自分の意図を以下のように書いている。

耳に訴える――そう、耳に聞こえる――文学を作ろうという私の努力がうまくいくのは、私にはじっさいにそれが聞こえるからである……そう、耳に響くようでなければダメなのだ。もし正しい調子に響いていてくれないなら……。

そういうわけで私は執筆中には大量の書き直しをする。印刷されたものとしてしか機能しない部分をその本から取り去るべくそうしているのだ。というのも、私の本にはある種の基本的な特徴がなければならないからだが、そのひとつは他者、つまり聴衆、言い換えれば読者が参加することであり、それは口に出して語られた物語あってこそ可能になるものだからだ。

モリスン作品は巧妙なかたちで黒人音楽の形式を下敷きにしているため、読む方は相当の苦労をする。

モリスンの本は読者の参加を要求する。いつもなら自分の批評にこのうえなく自信を持っているはずのハロルド・ブルームのような洗練され、かつ明敏な批評家ですら、こんなふうに考えこんではばからない。「モリスンは、私がいまだ読んで価値を判断することができないような作品を書いているわけではないと思うのだが……」。

　モリスンの本はことによっては堪え難いほど痛ましいこともある。というのも、モリスンは暗闇の深みに響くブルースの叫びのすがたを「悲しみに次ぐ悲しみの循環」によって変えてしまうからである。けれども彼女はこれについて、いみじくもブルースのアーティストと同じことを述べている。「その調べに身を委ねれば曲に乗ることができるのよ」と。じっさいのところ、読みづらいにもかかわらず、モリスンの本はベストセラーになり、黒人や白人をはじめ熱心な読者を獲得してきた。これは、アメリカの人びとに民主主義の可能性が潜んでいるという立派な証拠である。

　民主主義についてモリスンが持っている基本的な認識は、ひとりひとりの人間性と内面に秘めた人格にこちらが心を開いたときにのみ、民主主義にもとづいた対話が可能になるということだ。ブルースと同じように、モリスンもまた黒人が完全な人間性をそなえているという前提に立ち——黒人差別の文明にあっては、これは革命的な身振りなのだ——それによって白人を優位な立場から引きずり降ろす。このように考えるならば、黒人も白人もともに解放され、アメリカ帝国における生と死、喜びと悲しみ、抵抗と支配、希望と絶望に、たとえ痛みをともなうとしても率直に取り組むことができる。モリスンは、彼女が敬愛するフォークナー[29]と同様、われわれをアメリカというディズニー・ワールドの暗黒世界、地下世界に連れて行き、幻滅に不意打ちをくらい、失望に行く手を阻まれる人たちの生活をあらわにしてみせる。

モリスンは民主主義をめざす過激派だ。というのも、かけがえのない個性の開花を抑圧するような権威は、いかなるかたちのものであれ、いっさい遠ざけるからである。彼女は、叡智と正義を真剣に追い求めるありとあらゆる自由な自己創造を世に広める先触れなのである。モリスンはあらゆる人びとの苦境と価値を理解する必要を説くが、これは、傷ついたアイデンティティの問題で引き裂かれた中東という地域に民主主義を導入しようとするさいにもなくてはならない指針である。

わが国の民主主義は、たしかにおそろしく荒んでいる。あまりにも多くの人が関心を失い、薄っぺらな娯楽や人生の満足に逃避しているのも無理はない。けれども、ここで紹介してきた偉大な芸術家たちが表明したような、民主主義を深く愛して深く関わる姿勢や、アメリカ帝国主義の破壊行為を監視する長い伝統も、強いのだ。

多くのアメリカ人が、ブッシュ政権に対して、とりわけこの政権がイラクとの開戦にさいして行なった不実な情報操作に対して怒りと幻滅を感じてきたが、これはけっして偏狭な党派感情だけで説明できる事柄ではない。党派政治にありがちな二極分化の問題ではけっしてないのだ。ブッシュ政権によってかき立てられた怒りの念は、民主主義の理念への深い献身から出たものである。そもそも政権が民主主義の理念を裏切ったりしていなければ、国民の支持を取りつけるために嘘をつく必要もなかったはずだ。こんなにもおおぜいのアメリカ人がアメリカの現在の軍事姿勢を激しく批判しているという事実は、人びとの民主主義への関与がどれほど活気に満ちた強力なものであるかということの証左である。

アメリカ式の市場主導型文化が世界中に浸透してしまったために、アメリカの生活に民主主義が深く脈々と根ざしているという点が見えなくなっているが、そもそも民主主義を支持する知識人がもっとも深い伝統を持ち、もっとも大きな影響力を発揮してきたのはアメリカである。もっとも深いところから民主主義を信奉する芸術家にして知識人だったアントン・チェーホフ〔第一章の訳註13を参照〕が住んでいたのは、アメリカのような民主主義の実験場ではなかった。だから、チェーホフの民主主義的な才能にわれわれが触発される（このことは今日彼が絶大な人気を誇ることからもわかる）ことはあり得る話ではあるが、アメリカという文脈では（チェーホフがしたように）民主主義の実験を離陸させようと試みる必要はない。むしろしなければならないのは、われわれの実験が墜落しないように維持し、改良を加えていくことである。

アメリカの文明とはなによりもまずビジネス文化であり、市場が動かす社会だから、選挙で選ばれた議員や企業エリートは経済成長と国家の繁栄に心を奪われている。だからこそ、もっぱら政治や経済の支配者層の外部にいる芸術家や活動家、そして知識人の声が、もっとも鋭い洞察や人に元気を与えるヴィジョンを提供し、アメリカにおける民主主義のプロジェクトの発展を後押ししてきたわけである。

民主主義を信奉する芸術家、活動家、および知識人の深い伝統はいまでも健在だ。アメリカにはトニー・クシュナー[30]、オーガスト・ウィルソン[31]、およびアーサー・ミラー[32]といった劇作家がいる。彼らは、民主主義的な個人であることをけっして見失うことなくアメリカ社会の暗部を探った。また、トマス・ピンチョン〔第一章の訳註22を参照〕、ラッセル・バンクス[33]、そしてもちろん、トニ・モリスンといった偉大な小説家たちもいる。彼らは、エリートの権力を前に奮闘する民主主義的なコミュニティの働きを見せてくれる。またチャールズ・バーネット[34]やウォシャウスキー兄弟[35]などのメジャーな映画監督は、情報化時代が民主主義社会にもたらす危機をかいま見せてくれる。またノーム・チョムスキー[36]やスーザン・ソンタグ[37]といった傑出した社会批評家は、ヒューマニズムの伝統を民主主義の理想に結びつけている。マリアン・ライト・エデルマン[38]が子どもの貧困問題を撲滅すべく闘うとき、ウィリアム・グレイダー[39]が年金基金は社会的責任を負う企業の支援に使うべきだと主張するとき、アンジェラ・デイヴィス[40]が刑務所の役割に異議申し立てをするとき、バーバラ・エーレンライク[41]がワーキング・プアの苦境を明らかにするとき、ドロレス・フエルタ[42]が移民労働者の組合作りを後押しするとき、あるいはラルフ・ネイダー[43]が民主主義について企業が責任を負うべきだと闘うとき、アメリカ社会がはらむ帝国主義の傾向には抵抗できるのだということがわかる。なにより大切なのは、洞察力と勇気をそなえた市民が支配者のドグマとニヒリズムを看破し、民主主義を信奉する個人であることをともにめざすなら、われわれのコミュニティと社会に進歩をもたらすことができるということだ。ここで名前を挙げた人びとをふくめ、その他多くの、このうえなく挑戦的かつ預言的な芸術家たちは、アメリカに深く根づいた民主主義の伝統を呼び起こし、それを生かしてきたが、それこそアメリカが世界に与えることのできる最大の贈り物なのである。

ブッシュ政権の傲慢な軍事主義政策、金持ち優遇の減税、行き過ぎた権威主義が引き起こした道義的な怒りは、民主主義への関与を生み出す深い源泉から湧きあがったものであり、民主主義につながる動きが復活してきた明るいしるしでもある。そして、この国の政治経済システムに蔓延する腐敗に抗して民主主義に目覚めよと語ろうとすると、そんなことはナイーヴだとかドン・キホーテ的時代錯誤とか言う人がいるかもしれないが、それはあたっていない。われわれの歴史を見れば明らかだが、民主主義の価値と使命に深く関わる態度を目覚めさせれば、じっさいに変化が起きるのだ。とはいえ、こうした民主主義への関与を、国旗を打ち振るような愛国主義と混同するのはまちがいである。前者がふつうの市民が形成する共通の美徳に導かれるのに対し、後者は、権力の座にあるエリートが推進する好戦的な理想に導かれるものだからである。民主主義に関わるとは、公益の名のもとに行なわれているアメリカの偽善と欺瞞に、つまり、国家の栄光の名のもとに国旗を打ち振るような愛国心がアメリカの汚れのない純粋さを促進するのだという偽善と欺瞞に立ち向かうことなのである。

われわれは、中東に民主主義を植えつけるという大胆かつ多分に問題のある取り組みに乗り出そうとしているが、そのさいには民主主義を語る深い声――そうした声自体アメリカの民主主義の伝統が持つ預言的な声に触発されたものであり、またその声と豊かに交流している――に従わなければならない。すなわち、こうした行為には厳しい限界があり、時としてわがアメリカの民主主義が残酷な傲慢さをはらむのだというきわめて重要な視点と忠告に従って、厚かましくもわれわれが作り直そうとしている社会にはその社会なりの文化的、政治的複雑さがあることを理解しようとつとめなければならない。ほかならぬアメリカの民主主義自体、黒人のみならずアメリカ先住民や、アジアおよび中南米出身の労働者、ヨーロッパからの移民に対して市民権を剝奪するような行為を見逃し、結果として彼らの民主主義の権利を残酷に抑圧する余地を生んできた。こうしたいきさつについて深く見通すこと、そしてまた、そのような扱いが物心両面において長期にわたる破壊的な影響を与えてきたことについて、厳しくその実態を見抜くこと、この二つの洞察に裏打ちされずには世界に民主主義を広めるという目標に向かうことはできない。中東で民主主義を発展させようとすれば、その特異な土壌を理解しないことには、民主主義の情熱どころか、憎しみがかの地に燃えさかるという結果になりかねない。

ブッシュ政権は、アフガニスタンとイラクに民主主義を植えつけねばならないと言うのみならず、さらには中東全体に民主主義を広めると大きなことも言っているが、その単純化した利己的な言い方に惑わされて、まるで民主主義とは外から簡単に、とりわけいかがわしい動機を持った傲慢な大国によって押しつけ可能なものだと思うのはまちがいである。そんなものはアメリカの民主主義の伝統が発するほんものの声ではなく、帝国の伝統の声である。しかし、アメリカの伝統のなかに、民主主義の発展を求める強力な声が過去も現在もあるのと同じように、中東にも賢明な、そして異議を唱える強力な声が存在する。ユダヤ教やイスラム教の世界でも、民主主義のアイデンティティを求める要求が膨らんでいる。そして、ブッシュ政権の傲慢な軍事姿勢に異を唱えるアメリカの民主主義者にとって火急の問題は、アメリカが本来の姿を取り戻して、アメリカに深く根ざした民主主義の伝統が自国の外で民主主義のアイデンティティを形成する手助けをすることができ、世界のなかでもこのような難題を抱えた地域に平和と正義をめざす力になれるようにするには、どうすればいいのかということである。

第4章　民主主義的なユダヤとイスラムのアイデンティティを形成すること

われわれ〔ユダヤ人〕は、世界のあらゆる民のなかで唯一、われわれのなかに生きているものを、死んだものとの共同性から切り離した民族であった。われわれがそうしたのは、大地とは育むものであると同時に、縛るものでもあるからである。ある民族が、その故郷の大地を、その民族自身の命よりも尊ぶとき、その民族は危機に瀕している……民族がその永続性を土地に託すとき、大地は民族を裏切る。

――フランツ・ローゼンツヴァイク〔1〕『救済の星』（一九二一年）

アメリカのユダヤ人が犯している過ちは、もしこういう言い方をしてよいのなら――そして、信じてもらえようともらえまいと、僕は愛をこめて言っているのだが――新世界において彼のホロコーストが終わると信じたことだ。僕のホロコーストはそこから始まっているのだから。僕の国外移住《ディアスポラ》は続いている、その終わりはまだ見えない、そして、あわてふためいた消費社会のこの道徳が、僕のエジプトから、僕を救い出してくれるとはとても思えない。

――ジェイムズ・ボールドウィン〔第一章の訳註2を参照〕『入場券の対価』（一九八五年）

多くの研究者が近年指摘しているが、イスラムの教義とは、社会主義と資本主義、好戦性と敗北主義、協調主義と排他主義のそのどちらをも認めることのできるものだと理解してはじめて、学問の世界におけるイスラムの説明（それは必然的にメディアが戯画化する）と、イスラム世界にじっさいに見いだされる個別具体の現実とのあいだの大きな隔たりに気づくことができるだろう……だが、他者の文化――とりわけイスラム――を解釈しようとするさい、その背後にあるのは、知を権力のために使うのか、それとも、批評と共同体と道徳性のために使うのかという、あらゆる学者と知識人が、個人として向かい合わねばならない選択である。

――エドワード・サイード[2]『イスラム報道』（一九八一年）

良き社会とは、三つの平等のうえに成り立っている。今日では社会主義もしくは富の共有と呼ばれる、経済的平等。それから、日々の生活を左右する政治的判断を共有することとしての政治的平等、言い換えれば民主主義。それから、社会主義もしくは民主主義の結果としてある程度まで実現される社会的平等。これは、社会的な階級、肌の色、信条、人種、性別によって差別されないことである。良き社会においては、公私双方の生活において表現され、あらゆるときにあらゆる方法において公共の福祉の精神として実践される、知的で道徳的な特質において、人は判断されることとなる。社会的平等の目標とは、文化的な改善の均等な機会を提供することを通じて、社会の階級、そして、都市と田舎とのあいだの差異を取り除くことである。

――マフムド・モハメド・タハ[3]『イスラム第二の使命』（一九八七年）

中東の血まみれの紛争が、イスラエル人とパレスチナ人との、もしくは、イスラエルとアラブ世界とのあいだの果てしない衝突であると理解されることのなんと多いことか！　ほとんど認識されていないのは、この紛争がそもそも始まったときに帝国主義の暴走が果たした役割である。この紛争の根底にあるのは、大英帝国が投げかけた影、ソヴィエト帝国とアメリカ帝国の冷戦期の闘争、そして今日では、イスラエル国家ばかりでなくエジプトおよびヨルダン国家に対するアメリカの帝国主義的な援助という核なのだ。事実を言えば、「中東」という語はそれ自体、当時のアメリカの主導的な帝国主義者で合衆国海軍士官だったアルフレッド・セイヤー・マハン[4]が一九〇二年に著わした、オスマン帝国のアラブ地方とインドとのあいだの地域における列強の利害についての論文で、初めて使ったものである。それ以前は、「アジア西部」もしくは「アジアのトルコ圏」といった語が使われていた。第一次世界大戦後、オスマン帝国が崩壊し、『ロンドン・タイムズ』紙が「中東」というこの呼称を人口に膾炙させたことから、この語が広まった。現在では、われわれはこの語をすっかり当たり前のものとしたようだが。

とりわけ合衆国においては、この紛争の一般的な理解ははなはだしく単純化されており、民主主義的な観点から論じられることで市井のイスラエル人、アラブ人、クルド人、トルコ人、イラン人、イラク人の苛烈な状況に焦点が当てられたりすることはめったにない。合衆国政府、イスラム国家、イスラエルのどこにおいてであれ、力の政治に血道を上げる者たちによって、議論のための用語そのものがすでに著しくゆがめられている。そういったエリートたちは、過去と現在両方の不都合な事実を意図的に無視するし、敵が行なう議論なら重要な事実を堂々とねじまげる。かの地域において、深く民主主義的なエネルギーの解放が求められているときがあるとしたら、それはいま現在なのである。

すべてのエリートたちのこの地域への関心の根本になにがあるか、そこから話を始めなければならないだろう。すなわち、原油の獲得の追求である。この基本的事実を無視しては、この紛争は理解しえない。そして、原油を確保しようとするエリートによる力の政策がどのような影響を及ぼしたかを理解しなくては、現在の危機は解決されえない。イスラエルとイスラム諸国の深く民主主義的なアイデンティティを推進しようという試みは、力の政治の影響によって阻害されているのだ。そのような民主主義的なアイデンティティを求め、その実践を求める勇気ある声が、アメリカ、イスラエル双方のユダヤ人コミュニティから、そしてイスラム世界から発せられているのだが、その声はいまだそれが値するだけの力をもって受けとめられてはいない。それらの堂々たる声を聞き入れ、その声が、ここにおいても彼らの土地においても傑出したものとなることを、民主主義の問題は要求している。

この地域における原油へのアクセスを確保しようという帝国主義的な方針がもたらした負の遺産は、三重構造となっている。まずもっとも悪質なのは、原油確保という利益のために、石油権益に依存した根本的に反民主主義的なアラブの独裁体制が恥知らずにも容認されていることである。この体制がイスラエルの存在そのものを敵視しているので、こうした事情は合衆国のこの地域への外交政策のアキレス腱となっている。ふたつ目に、イスラエルは三七年間にわたってパレスチナの土地の非道な占領とその人びとの隷属化を行なってきたが、これは国際法に違反しているのみならず、いかなる人道的な倫理に照らしても正当化されえないものである。この地域についてどのような解決策がありうるにせよ、その成否は、不正で無意味なこの占領にピリオドを打つことにかかっている。そして第三に、罪なきイスラエル市民を殺害するパレスチナの野蛮な自爆兵士に対して、イスラエル全体の完全な安全を確立することが必要である。この三つの根本的な問題、すなわち、アラブ石油富豪国家における民主主義の不在と反ユダヤ的専制の実態、パレスチナ人に対する正義、イスラエルの安全保障を解決できるか否かは、深く民主主義的なアイデンティティをそこで進展させられるかどうかにかかっている。

これは、現在のアメリカがこの地域に示している態度や政策では不可能である。たとえば、ブッシュ政権が提出したイラクの戦後復興計画は決定的に誤っており、かの国の内政状況について、この政権が理解も関心もまったく持ちあわせていないことをあらわにした。ブッシュ政権は、アフガニスタンの体制確立においても、無責任でやる気を欠いていることを示した。この地域において民主主義を鼓舞し涵養するための真の方策は、そもそも中東の体制に対し偽善的で矛盾に満ちた態度を示しているということを合衆国がみずから理解したうえで、その欺瞞と矛盾を解消することである。一方的に独裁者を取り除くのを決めたと思えば、またべつの独裁者を擁立するというのが、わが国にはありがちだ。イスラエルがパレスチナ人を扱うさいの欺瞞については頬かむりをし、和平への道筋を考えるさいにはパレスチナ人の観点を言い訳もできないほど無視している。われわれはほかならぬサダム・フセインを、その前にはイランの独裁的な国王を、その地位に就かせて援助した。こういった無軌道な合衆国の力の政治が逆流し降りかかってきたのが、合衆国に対して強硬化した中東国家の方針であり、この地域におけるより一般的な反米感情である。われわれがこの地域において決定的な役割を果たしてきたことは、否定できない。だからこそ、よりほんものの民主主義を確立し、イスラエル・パレスチナ間の紛争を解決しようとする試みは、合衆国の人びとと政府から始められなければならない。つまり、力の政治を行なおうとするこの地域のエリートとそれに対する世論とのあいだの複雑な関係について、より正しい知識にもとづいて理解する観点を養うことである。いま現在、イスラエルとアラブ世界はどちらも、過激派の思想家と力の政治家たちの圧制にあえいでいる。そうであるからこそ、合衆国は、思慮の浅いエリートたちと取引するのではなく、双方の世界で虐げられている民主主義的な声に敬意をはらい、それを元気づけなければならないのだ。

傲慢で単独主義的なブッシュ政権が、世界政策を優先しながら国内の深く民主主義的な声を周縁に追いやってきたのとちょうど同じように、アラブ世界とイスラエルの腐敗した過激派エリートたちは、彼らの社会における民主主義的なエネルギーを抑圧してきた。しかし、民主主義のエネルギーはそこに存在するのであり、この地域にあらたな民主主義的なアイデンティティを形成するのを助けるさいには、その存在を理解し支援するのを学ぶことが必要である。このアイデンティティは、あらゆる形態の部族主義や党派主義を超えなければならないだけではなく、イスラエルとアラブの市井の人びとに光を当てなければならない。そうした人々は、頑迷を避け、平和を希求し、イスラエル、アラブ、およびアメリカのエリートたちの権力闘争における駒以上のものになりたいと切望しているのだ。中東の二極化した構造、とりわけイスラエル・パレスチナ間の紛争がほとんど対処不能に思えるほど硬直化している現状を考えると、この目標は理想主義的で馬鹿げたものに聞こえるかもしれない。たしかに、和平への障害を取り除くためには超人的な努力が必要だろう。それでも、平和と正義のために献身する民主主義的な社会運動のエネルギーと結びついた、より見識ある合衆国の政策のための行動は起こさなければならない。イスラエルとアラブ世界の内部には、この意識変革を促進する力強い伝統があるのだから。

まず、ユダヤ人のなかに脈々と息づく、預言的なものの豊かな伝統から見てみよう。イスラエルによるパレスチナ人の扱い方の欺瞞性については、アメリカとイスラエル両方のユダヤ人のコミュニティにおいて長きにわたる論争があり、そこで進歩的なユダヤ人たちは、ユダヤの預言的なものの伝統とは、確固たる共感と民主主義的な公正さをそなえたやり方を求めるものであるはずだと論じてきた。『ティクン』誌を主催する師《ラビ》マイケル・ラーナー〔5〕は、好著『イスラエル／パレスチナの癒しに向けて』（二〇〇三年）で、以下のように述べている。

ユダヤ人は、パレスチナ人を抑圧するために父祖の地に戻ったのではないし、パレスチナ人は、ユダヤ人への憎悪からユダヤ人国家の設立に抵抗したのではない。シオニスト〔6〕とパレスチナ人とのあいだで長期にわたって繰り広げられてきたプロパガンダ闘争のなかで、どちらの側も、ときに、相手はつねに誤った理由から誤ったことをしているといったような物語を語ってきた。事実は、どちらの側もひどい過ちを犯したし、犯し続けているということである……双方が彼ら自身の物語に固執し、相手の物語のなかの信用できる部分を信用することができないのであれば、平和は遠き夢であり続けるほかはない。

イスラエルを認めパレスチナを認める者たち、イスラエル国家の正当性を真に信じパレスチナ人民の大多数の品位を真に信じる者たち、そして、アメリカのメディアと政策における下劣な歪曲（つまり、パレスチナ人はイスラエル首相のバラクから供与を受けているとか、パレスチナ人はイスラエルの完全な破壊以外の条件は受け入れないとか）を受け入れない者たちは、メディアが報道する紛争の姿から組織的に排除されているのである。

アラブ国家がまず行ない、自爆兵士が現在行なっている、イスラエルのユダヤ人に対するテロリズムはうたがいもなく野蛮なものであり、けっして、パレスチナ側の狂信者たちがしているようないい加減なレトリックで正当化はされない。しかし、この悲劇の痛みや敵の攻撃にさらされている感覚によって、主流のユダヤ人たちは態度をあまりにも硬化させ、結果としてユダヤ人コミュニティは、彼らの豊かで預言的な伝統から遠く隔たったところに行き着いてしまった。

預言的なものを創造したのはユダヤ人であることを思い出さなければならない。正義とはユダヤの選ばれた民の責務であるとするばかりでなく、人間の苦しみへの思いやりと見知らぬ者への親切をもっとも高貴な人間の使命の基本的な特徴であるとするその教えは、聖書の「アモス書」、「ホセア書」[7]、「イザヤ書」、「ミカ書」、「エレミヤ書」、「ハバクク書」に見いだされる。アブラハムとの神聖な契約、奴隷化されたユダヤ人のエジプトからの神による解放[8]、「アモス書」における不公正に対する神の悲哀[9]、「イザヤ書」における神による救済の約束[10]、こういったものがみな預言的なものの核心とはなにかを告げているだろう。それは、むき出しの力が正義を封じ正しきものを打ち負かすかもしれないことへの拒否であり、そしてこれは、はっきりとユダヤ的なものである。ヘブライ語聖書の核心にあるのは、人間の力という偶像を敬う者に対する告発なのだ。聖書が告げているのは、人間は神聖ではありえないし、それどころかしばしば悪魔のようにふるまうのだから、神が人びとに求めたこと、「正義をなし、慈しみを行ない、へりくだって神とともに歩むこと」(「ミカ書」第六章第八節)を、イスラエルに向けて預言的な声が喚起しなくてはならないということである。法律の契約とも商業の契約ともまったく異なった、イスラエルと神との契約は、「正しきことと正義を行ない、主の道を守る」(「創世記」第一八章第一九節)

というように、神が正義を愛し、イスラエルが責任を負うことから始まっている。エレミヤやミカやアモスやイザヤなど、イスラエル人の歴史のなかの預言的な人物たちは、人間的な思いやりと正義を揺り起こすために、神聖な思いやりと正義に声を与える存在なのである。

不公正なものによって苦痛や苦境をもたらされるところに目を向けた人間が、正義と慈しみをなすということ、それが預言的な証言の意味である。それは、正当化されえない苦しみや、不要な社会的苦境の原因に目を向け、個人と制度のなかの悪を照らし出すものである。その悪には、個人と制度の悪に無関心であるという悪もふくまれている。預言的な発言のもっとも大切な目的は、他者の苦しみを故意に無視し、意図的に見ないようにする態度を打ちくずすことであり、不公正を隠蔽し見ないですますための言い逃れやずる賢い責任回避を暴露することである。預言的な目標とは、われわれの生活とわれわれの歴史的状況を気にかける勇気をかき立て、そのふたつを変える力を与えることだ。

ユダヤの預言的なものの伝統は、民主主義という問いにとって中心的なものである。なぜなら、どのような民主主義国家にとっても、あるいは帝国主義的な国々においてはとくに、われわれの社会のもっとも弱い者の意見がどれだけ公共の利益に汲み上げられ尊重されているかということが、つねに永遠の問題なのだから。ユダヤ人は預言的なものを創造することで、この問題の解決への努力にそれまで考えられなかったような価値を与えたのだ。師《ラビ》マイケル・ラーナーは、彼の師、偉大なるエイブラム・ジョシュア・ヘシェル[11]とともに、この預言的なユダヤ教の伝統の代表者である。

このように偉大なユダヤ教の預言的な洞察の話題から、イスラエルとパレスチナ間の紛争の流血、暗愚、蒙昧、盲目的な崇拝へと移らねばならないとは、なんと悲しいことであろう。いま現在、どちらの民も、傲慢で偏狭な指導者——シャロン[12]とアラファト[13]——のせいで、暴力の悪循環をさらに拡大し悪化させていく苦境にとらわれている。基本的に、どちらの指導者も各々の国民の深い恐怖とパラノイアを操作することで権力を保持している。その恐怖とパラノイアはたしかに理解できるものだ。しかし、そのパラノイアは、双方の側においてニヒリスティックな排外主義者に利用されている。ユダヤ人の側では、熱狂的な植民者たちがパレスチナ人を完全なアパルトヘイト状態に置いて、より強大なイスラエルを形成することを夢見ているし、パレスチナ人の側では、自爆兵士たちがユダヤ人の根絶を求めている。見るからに修復不可能なこの窮状は、あきらかにイスラエル人、パレスチナ人の片方だけの努力では解決されえない。イラエルの帝国主義的な入植を実質的にやめることとや、植民地主義的な侵略を放棄することを、シャロン政府は拒否している。アラファト政府は、悪辣な自爆兵士たちを止めることやユダヤ人を追いつめようとする者たちを実質的に罰することを拒否している。両国で、反アラブの人種差別と反ユダヤの人種差別が民主主義の可能性に縛りをかけている。公正な和平への唯一の希望は、独裁的なアラブの国々が政治介入によってイスラエルの安全保障を確保し、イスラエルの正当性を承認するか、もしくは、アメリカ帝国が、民主主義的で反帝国主義的なゴールに向けた外交・財政上の援助を行なうことである。

アラブ・エリートの専制支配、そして、彼らの直接、間接の反ユダヤ・テロリズムへの支援——自爆兵士の邪悪なテロリズムは和平に対して破滅的な打撃を与えてきた——が、この地域の和平にとって主要な障害であることは明らかだが、しかし、合衆国とイスラエルの特殊な関係やパレスチナ人に対するイスラエルの暴力もまた、あきらかに紛争の深刻化に加担している。

アメリカ帝国とイスラエル国家とのあいだの関係が特殊なものであることについて疑問はない。これは、いつもそうであったわけではないし、これからつねにそうであるという可能性も低いだろう。一九四〇年代後半と一九五〇年代において、アメリカの政治エリートの大多数はアラブ国家を支持していた[14]が、その理由は原油であった。一九五六年、アイゼンハワー大統領は、原油を求めるブリテンとナセルを憎むフランスとともに、侵攻、占領していたガザ地区とシナイ半島からの撤退をイスラエルに求めている。イスラエルはこれに同意した。アメリカとイスラエルのあいだに現在の協調関係が生まれるのは、一九六〇年代中葉になってのことである。エジプトとシリアがソヴィエトと結託したことがジョンソン大統領をイスラエルに接近させ、また同時にイスラエルも、ユダヤ国家の消滅を願うアラブの脅威への恐怖から合衆国の支援を求めるようになっていた。合衆国の攻撃用兵器システムのイスラエルへの最初の売却、すなわちＡ４スカイホーク戦闘機の供与が認められたのは一九六五年である。

　一九六七年にエジプトのナセルがティラン海峡、つまり、紅海に面したイスラエルの唯一の港への水路を封鎖したとき、イスラエルはエジプトとシリアに歴史的な先制攻撃をしかけ、それは六日間戦争[15]にいたることとなる。しかも、それは、作戦行動の前夜にメイア・アミト（イスラエルのモサドの長）を訪問したＣＩＡと国防総省《ペンタゴン》によって承認された攻撃であった。この秋、合衆国はファントム戦闘機をイスラエルに売却する。これはＮＡＴＯ以外の同盟国に対しての最初の供与であり、合衆国兵士が日々命を落としていたヴェトナム戦争で南ヴェトナムに供与するより以前のことである。合衆国のイスラエルへの軍事売却は、一九六八年から一九七〇年で一億四〇〇〇万ドルであり、これは一九七一年から一九七三年では一二億に跳ね上がる。エジプトとシリアというソヴィエト依存国にイスラエルが敗北した一九七三年のヨム・キプール戦争[16]ののち、合衆国の軍事援助はなおいっそう拡大する。一九七四年の総額は二五億七〇〇〇万ドルであった。このイスラエル援助への大規模な方針転換は、合衆国の役人がイスラエル国家の大義に同意したからではなく、冷戦下の政治的、国際的、戦略的な理由からだった。石油が輸入頼みであるということに加え、ソヴィエトがアラブ諸国に及ぼす影響を恐れたゆえに、イスラエルという孤立したあやうい小国が、アメリカ帝国にとって有力な同盟国のように見えはじめたというだけなのだ。

いま人口六五〇万の一国家であるイスラエルは、アメリカ帝国の海外援助予算の全体（年三〇億ドル）の三三パーセントを受け取っている。つぎの二〇パーセントは、ひとつにはイスラエルを攻撃しないことに対する報酬としてエジプトに行き、第三位の受益者はヨルダンだ（インド並みだ！）。簡単に言えば、予算の半分以上が、イスラエルの安全保障に関わっているわけである。アフリカに住む者が合衆国の海外援助から得る平均額は、年一〇セントである。イスラエル人は年五〇〇ドルである。合衆国のGNPのうち海外援助に当てられるのはわずか〇・二パーセントであるが、これは、世界の最富裕国二二カ国のなかで最下位である！

一九四九年以降の合衆国のイスラエル援助の総額は、控えめに見積もっても九七五億ドルとなる。イスラエルは中東における軍事大国（核を保有する）となったわけだが、その巨大な軍事力と、その増強のあらゆる面に関わった合衆国の保護政策が、なんの犠牲もともなわなかったはずはない。イスラエルは対価を支払ったのである。結果として、イスラエルには平和も本当の安全も存在しない。歴史的に言っても、帝国は同盟国に汚れ仕事を手伝わせるものだが、冷戦下の合衆国が行なったもっとも道徳的に弁護のしようがない政策のいくつかで、イスラエルは決定的な役割を果たしている。ニカラグアのソモサ独裁政権に、南アフリカのアパルトヘイト支持のアフリカーナー政府に、アンゴラのＵＮＩＴＡ〔アンゴラ全面独立民族同盟〕の暗殺者たちに、グアテマラの抑圧的な暫定軍事政権に、イスラエルは武器と軍隊の訓練を供与し、情報面の援助を与えてきた。合衆国にとってイスラエルは、トルコやギリシアや韓国と同じような軍事最前線の同盟国となり、この面でイスラエル以上の結果をあげた国は中東には存在しない。

　この戦略的同盟関係がより発展し深まるにつれて、アメリカのエリートとアメリカのユダヤ系指導者たちのなかのある層はイスラエルへの支持を強固にし、パレスチナ人との紛争におけるイスラエルの行動について「いっさい、くちばしを突っこみません」的な態度をとるようになった。そしてその態度こそは、ユダヤ人批評家をふくめたあらゆる批評家たちを効果的に黙らせることになったのである。

　悲痛で皮肉な状況である。イスラエルが窮地にいるというのに、イスラエルの外のユダヤ人のもっとも重要で強力な一団が、イスラエル政府の政策について断固とした議論を自由に行なう機会を奪われているのだから。アメリカに六一〇万人いるユダヤ人（合衆国人口の一・八パーセント）のなかには、正当でソクラテス的な議論を行なおうという預言的な者たちはじゅうぶんに多く存在しているし、彼らが合衆国とイスラエルの同盟関係の強硬路線に疑問をつきつけることは可能なはずだ。だが、彼らの声は周縁化されており、彼らの意図は中傷されている。主流派のユダヤ人指導者たちは、真にユダヤ的で預言的な意見やヴィジョンを封殺している。こうして、アメリカにおいても国外においても、故郷を喪失したユダヤ人のアイデンティティとしてもっとも目につくものは、パレスチナ人を軍事力で植民地的に占領しなければ安全は保証されないと見なす帝国主義のアイデンティティとなってしまったわけである。

ただし、国内政策においては、アメリカのユダヤ人は、アメリカ黒人をのぞけば、公民権および思想と言論の自由を保護することにもっとも忠実な者であり続けた。アメリカのすべての人のための社会正義を護るリベラルな試みにおいてユダヤ人は礎であり続けたのだが、ユダヤ人国家の問題については、おおむね、彼らの民主主義的なエネルギーは押さえこまれたのだった。

はるか昔、ファラオ時代のエジプトに対する戦いのさなかにユダヤ人が創造した預言的なものというレンズをとおして見ると、このような保守的なユダヤ人アイデンティティが示すイスラエルへの態度が帝国主義的な迷妄の悪臭を放っていることが、はっきりするだろう。はなはだしく単純化された二項対立がこの紛争を語るさいに支配的であるかぎり、この状況は変わらないだろう。膠着を引き起こすこの図式によると、アラブに支えられてテロリズムを楽しむ野蛮なパレスチナ人が、教養があって合衆国の支持も受けたイスラエル人を壁際まで追いつめている、となる。複雑な状況がこうして単純化されると、実体のいかがわしいイスラエルの安全保障という名のもと、無慈悲で冷淡な態度が助長され、パレスチナ人の苦しみが無視される。要するに、このような近視眼的な見方においては、パレスチナ人への正義とイスラエルの安全の両方が、あらかじめ放棄されているのである。

マイケル・E・スタウブ[17]が近著『ルーツを絶たれて——戦後アメリカにおけるユダヤ・リベラリズムの危機』(二〇〇二年)で指摘しているように、ユダヤ人コミュニティの内部における、シオニズム、差別廃止、ヴェトナム、ジェンダー間の関係、異族婚等についての激しい論争は、預言的な姿勢を守ろうとするユダヤ人の立場をますます苦しいものにしつつある。

たしかに、急進派の、リベラル左翼の、あるいはより穏健なリベラルのユダヤ人は多くいたし、現在でも少なからぬ数のユダヤ人がそうであると言っていいように思う。けれども、コミュニティ内部におけるこれら個人の立場がどれだけ批判の対象とされ、その批判をする者たちがどれだけ執拗かつ綿密に反リベラルの議論を押し進めてきたのかは、ユダヤ人同士のあいだでの対立を視野にいれてはじめて理解されるだろう。たとえば、ミカ、アモス、イザヤの預言的な伝統に訴え、反人種差別的なアクティヴィズムやその他の社会正義の問題とユダヤ主義を道徳的に結びつけようとしたユダヤのアクティヴィストたちは、一九五〇年代なかばにおいてすでに強く批判されていた。

イスラエル・パレスチナ問題については、一九七〇年代にはすでに「タカ派がハト派に勝利を収めたと結論づけないわけにはいかなかった……右傾化し宗教色を強めたアメリカのシオニズムの、いまここにある勢力を銘記しておくことは決定的に重要だ」と彼は述べている。

紛争に対する近視眼的な観点、二項対立的な単純化された図式を問い直そうとしてきた預言的なアメリカのユダヤ人たちが近年どのように扱われてきたかをめぐる歴史は、衝撃的と言ってもいいものである。[18] ブレイラの経験は熟慮に値する。「ブレイラ」とは、「代替的な選択《オルタナティヴ》」を意味するヘブライ語である。一九七三年から一九七七年にかけて、アメリカの預言的なユダヤ人によるこのグループは、主流のアメリカのユダヤ人指導者たちの偏狭な理解、「エイン・ブレイラ」（主流の同意事項以外の代替の選択肢はない）にもとづいた合意を越えて、イスラエルとパレスチナの未来をめぐって真摯な議論を行なう民主主義的な空間を形成しようと試みていた。

ブレイラは、ユダヤ人の体制派がある種の「イスラエルという偶像の崇拝」に陥っており、平和や正義への民主主義的な関与を軽視し、イスラエル国家を盲目的に崇拝しているだけだと批判した。このグループは、イスラエルの安全保障を強く支持しながらも、パレスチナ国家の樹立も断固として推進しようとしていた。なにより重要なことは、ブレイラのメンバーがイスラエル・パレスチナ問題について、アメリカのユダヤ人による節度ある民主主義的な議論を始めようとしたということである。そして、彼らは徹底的に攻撃され、情け容赦なく潰された。各地域でユダヤ人団体から排除され、ブレイラを去らなければヒレル・ラビ[19]の仕事を失い、自身を愛することのできないユダヤ人として批判された。ユダヤ人主流派が示した反民主主義的反応は、預言的なユダヤ人の心胆を寒からしめた。たとえば、師《ラビ》アーサー・ワスコウが受けた扱いは、非道としか言いようのないものである。彼はイスラエル支持派であると同時にパレスチナ支持派でもあるという預言的な態度をとっていたが、それが、PLO〔パレスチナ解放機構〕支持のテロリスト的な態度だと意図的に言い換えられた。ユダヤ教の価値ある預言的な伝統に則った良心的なラビとは見なされず、「ファタハのユダヤ人」〔ファタハはPLOの最大党派〕と呼ばれた。今日の師《ラビ》マイケル・ラーナーと同じように、師《ラビ》ワスコウは、不当にも、ユダヤの異端者もしくは裏切り者と見なされたのである。しかし、二人は今日でも、そのような攻撃に屈せず、それに耐え抜いている。

現在、より希望を持てる状況になりつつあるのはたしかである。ユダヤ人のディアスポラ[20]のなかでも、イスラエルにおいても、強く預言的な声がじっさいに上げられつつあり、その声は、有事のさいのイスラエルの態度を批判し、より民主的で非暴力的な方法を勇気あるヴィジョンで提示しつつある。ニュー・ジューイッシュ・アジェンダ[21]、ジューイッシュ・ピース・ロビー[22]、ユダヤ平和ネットワーク[23]、アメリカンズ・フォー・ピース・ナウ[24]、雑誌『ヒーブ』[25]、イスラエル政策会議[26]、そして、とりわけ師《ラビ》マイケル・ラーナーの雑誌『ティクン』とティクン・コミュニティ[27]（師《ラビ》ラーナーとスザンナ・ヘシェル[28]と私が長となっている）――これらは、主流派ユダヤ人の帝国主義的な妄信に抗して、少しずつ流れを変えつつある。こういった団体は、イスラエルによるパレスチナ占領は植民地主義的であり、帝国主義的で戦略的なアメリカの利害に従ったところでイスラエルの安全もパレスチナへの正義も生み出しはしないことを、正しく認識している。しかし、預言的なユダヤ人たちは、ユダヤの体制派の権力の恐るべき力に直面してもいる。

　ロビー活動にものを言わせてイスラエル政府の政策を支援し、ユダヤ人の有力な市民団体に経済的な援助を与えて預言的なユダヤ人と非ユダヤ人の声を牽制しているのは、ユダヤ人体制派である。民主主義を信じる以上、組織化された市民が合衆国の内外の政策に影響力を行使する権利は、認めなければならないだろう。しかし同時に、民主的な公共の生活とは責任と説明責任をともなうものであるし、そこには活気ある議論や対話がなければならない。残念ながら、ユダヤ人の圧力団体はとても強力であるにもかかわらず、そういった議論や対話にはほとんど興味を持っていないようである。ブレイラや師《ラビ》アーサー・ワスコウへの攻撃と同様、師《ラビ》マイケル・ラーナーらへの対応は、民主主義的で有意義な対話の可能性をあらかじめ排除している。

　ユダヤ人の主要な圧力団体は、アメリカ・イスラエル公共問題委員会と米国主要ユダヤ組織会長会議のふたつである。ひとつ目の団体は、六万人のメンバー、一三〇〇人の職員からなり、およそ年二〇〇〇万ドルの予算を持っている。ＡＩＰＡＣの呼び名で知られ、米国連邦議会に活動の焦点を定め、キャピトル・ヒル〔米国連邦議会のある場所〕にオフィスを構えている。ほとんどすべての選挙区において強硬派路線のイスラエル支持者を動員する力を持ち、二大政党双方の候補者（共和党保守派のトレント・ロットから民主党リベラルのヒラリー・クリントンまで）に多大な金銭的援助を奨励しており、そして、ジョージア州のシンシア・マッキニーの例のように、イスラエルの政策を批判した候補者を粉砕することもできる。

ふたつ目の団体は、五一のユダヤ系団体の代表者から構成されており、ユダヤ系団体の上位三つ、すなわち、アメリカ・ヘブライ信徒連合（一五〇万人の改革派ユダヤ教徒と九〇〇のシナゴーグ）、保守派ユダヤ教シナゴーグ連合（一五〇万人の保守派ユダヤ教徒と七六〇のシナゴーグ）、正統派連合（六〇万人の正統派のユダヤ教徒と八〇〇の会衆グループ）をふくんでいる。職員は六名で、年間の予算は一〇〇万ドルに満たない。政策とイデオロギー面ではこの団体の内実は多様であるが、過去一八年間この団体の指導者だったマルコム・ホーエンレインは、かつて合衆国の有力な元外交官に「アメリカの外交政策にもっとも影響力を持つ民間人」と呼ばれた人物である。彼の基本的な目標はユダヤ人国家の安全である。しかし、彼がパレスチナ人に対する正義にどれほど重きを置いているかは分からない。彼の団体のなかにいる多くの預言的なユダヤ人が、イスラエルの安全とパレスチナへの正義の両方を求めているのだとしても。こういったユダヤの強力な圧力団体にいる者たちは一枚岩ではなく、いわんや（熱狂的な反ユダヤ主義者が語る邪悪な物語のように）合衆国や世界を支配するシオニストの巨大な陰謀団でもないが、要するに、一般的なアメリカのユダヤ人よりずっと右寄りであるし、しばしば預言的なユダヤの声を蔑視する傾向にある。パレスチナ人への公正さを求める声を犠牲にしてまで安全に執着したところで、イスラエルの安全には実のところほとんどつながらないし、そればかりか、誤った情報で多くのユダヤ人を帝国主義へと導き、預言的な伝統を圧殺することになっているというのに。

この圧殺はマスメディアの中心勢力にまぎれもなく見いだされる。米国主要ユダヤ組織会長会議の新しい指導者モーティマー・ズッカーマンは、『USニュース＆ワールド・レポート』誌と『ニューヨーク・デイリー・ニュース』紙を所有している。『ニュー・リパブリック』誌の編集長であり共同所有者であるマーティン・ペレツは、イスラエルのパレスチナ人への強硬路線の擁護派である。『ニューヨーク・タイムズ』紙を発行するサルズバーガー家はより洗練され開かれたユダヤ人一族だが、彼らが支持するのは、アメリカの外交政策ジャーナリズムの影のドンとでも言うべきベストセラー作家トマス・フリードマン[29]であり、そして、彼が中東の状況を歪めて伝えた例は枚挙にいとまがない（ただしイスラエルの入植者に退去を求めた彼の発言は勇気あるものだ）。付け加えるまでもないが、ユダヤ人でないもののルパート・マードック（『ニューヨーク・ポスト』、『ウィークリー・スタンダード』、フォックス・ニュース・チャンネル）の広大な影響力は計り知れない。彼は、帝国主義的な合衆国とイスラエル関係の圧力団体の名誉会員のような存在である。

アメリカのユダヤ人圧力団体で主流を占める声は、預言的なユダヤ人の声を骨抜きにしただけでは飽き足らず、好戦的なキリスト教保守派の援助を受け入れるまでにいたっている。キリストの再臨への道をユダヤ人国家が開くということでイスラエルを支持してはいるものの、そもそも昔から反ユダヤ主義的で悪名高い福音伝道派のキリスト教右派とユダヤ人の圧力団体が手を結ぶとは、なんとも皮肉なことだ。メル・ギブソンの映画『パッション』[30]についての近年の論争は、聖なるところがまったくないこの連携の馬鹿馬鹿しさをよく示している。ここ二千年間のユダヤ人の歴史のなかで反ユダヤ主義の根本的な原因となったものの継承者たち（その新約聖書の字義どおりの解釈は反ユダヤ主義に満ち満ちている）と手を結ぶことは、ユダヤ人の体制派が、アメリカ帝国の最悪の部分に対してどれだけ深く敗北してしまったかを示しているだろう。

二〇世紀のもっとも偉大なユダヤ人哲学者フランツ・ローゼンツヴァイク〔本章の訳註1を参照〕は、盲目的な崇拝、偶像崇拝への批判をその思考の中心に置いた。レオーラ・バトニツキーの好著『偶像崇拝と表象──ローゼンツヴァイク哲学再考』（二〇〇〇年）は、この点を以下のように説明している。

ユダヤ人のユダヤ性が、ナショナリティと同じレヴェルで扱われるのであれば、それは正当とは言えないだろう……人間性とは、発見され、理解され、経験され、創造されなければならないものであり、それとユダヤ性とのあいだには、どのような「関係」も存在しない……ユダヤ人としてであり、人間としてあるのであり、人間としてユダヤ人なのである……ナショナリストの押しつけがましい耳には奇妙に響くかもしれないが、ユダヤ人であることは、ユダヤ人でないことで限定を受けている人びとからユダヤ人を切り離すような、限定の障壁ではないのだ。

ローゼンツヴァイクの強力なシオニズム批判と、ユダヤ人の安全を無条件に支持する姿勢は、われわれの時代にとってこそ意味あるものである。彼は、土地や権力への盲目的な信仰はあまりにも人間的ではあるものの、それは正義をなそうとする預言的な態度を敗北させ、つまりは真の安全を生み出しはしないということを分かっていた。そのような盲目的崇拝は、帝国主義的な企図と植民地主義的な目的を後押ししてしまうのである。これについて、傑出したユダヤ人批評家アハド・ハアム[31]は、一〇〇年以上前にパレスチナを訪問したときに述べている。

恥ずかしいことに、新しくやってきた者たちのなかには、自身を「未来の植民地主義者」と呼ぶ者がいる……ディアスポラ状態において、彼らは奴隷だった。そして、突然に、無制限の自由を発見した……かつて奴隷であった者には誰にでも起こるように、この突然の変化は、彼らの心に専制主義的な傾向を植えつけてしまった。彼らは、アラブ人たちを無慈悲に冷酷に扱い、正義を無視し、恥知らずにもじゅうぶんな理由もなしに彼らをむち打ち、そのことを誇りにしさえする。災厄を止め、この見下げはてた、危険な流れに終わりを告げることのできる者が誰もいないのだ。

同様の例は、預言的ユダヤ人の巨人であるアルバート・アインシュタインとレオ・ベック[32]にもある。一九四八年、「人類へのユダヤの人びとによるもっとも重要な寄与である諸原則の名のもとに」、彼らはこの紛争の理解のしかたが近視眼的であると激しく非難した。一九四八年に『ニューヨーク・タイムズ』に連名の手紙を寄せ、こう述べている。

アラブとユダヤ双方の過激主義者たちは、愚かにも、パレスチナを無益な戦争に駆り立てようとしている。過激主義者たちは、どちらの側も自分たちの主張の正しさを疑うことなく、互いの術中にはまっている。こうしてテロによる支配が訪れ、パレスチナに住む市井の人びとの必要や欲望は無視されることになる……パレスチナに住むユダヤ人とアラブ人双方の幸福と協調への考慮が礎とならなければ、どのような建設的な解決もありえないとわれわれは信じるものである。

新しいユダヤ人の民主主義的なアイデンティティは、帝国主義的な精神性が完全に破壊され、正義を愛し道理をわきまえたユダヤ人と非ユダヤ人の預言的なエネルギーが解放されたディアスポラ状態においてしか形成されないことを、ふたりは知っていたのである。この民主主義的なアイデンティティは、ユダヤ人の成功と社会的な上昇を可能にしたアメリカの現実を反映しなければならない。それはつまり、民主主義という実験における、さまざまな権利と自由であり、すべての人の功績の評価と尊重である。宗教が異なる者との結婚を禁止し、キリスト教徒の多数派がマイノリティを二級市民として遇することを許し、近隣の者たちから日々財産を横取りして暴力的に支配するようなアメリカであれば、アメリカのユダヤ人たちはここに住むことを選ぶであろうか。ユダヤ人国家は、ユダヤ人と非ユダヤ人の結婚を禁止し、アラブ人市民を差別し、占領下のパレスチナ人を隷属させていないだろうか。

アメリカのユダヤ人たちは、抑圧された人びと、とりわけ黒人の権利と自由の闘争の最前線につねに立ち続けてきた。それなのに、イスラエルのパレスチナ人、イスラエル占領下のパレスチナ人の権利を問うときには、その声はどこに消えてしまうのだろう。進歩的なユダヤ人は、激しい攻撃と厳しい試練にこの瞬間もさらされている。ユダヤ世界の最上のものを声にして発するべきときがあるとすれば、それはいまだというのに。アメリカのユダヤ人の権力のほとんどがアメリカのエリート層のもっとも保守的な部分と結びついてしまった結果、パレスチナの人びとの苦しみは軽視され、その命はユダヤ人やアメリカ人のそれよりも価値のないものと見られるようになってしまった。だからこそ、われわれはイスラエルの安全を無条件に支持すると同時に、パレスチナ人の隷属状態を断固として終わらせるように努めなければならない。預言的なユダヤ人ならば、パレスチナ人を援助する非ユダヤ人と協力しながら、イスラエルの安全保障の要求と占領の終了の両方を求めることができるはずである。きわめて有意義な進歩的運動への可能性を開く力が、彼らにはあるのだ。

悲劇的な皮肉は、アメリカとイスラエルのユダヤ人がアメリカ帝国に置く深い信が、それ自体偶像崇拝的で危険なものだということだ。それが偶像崇拝的であるのは、その結果が、預言者の名の下に建設されたはずのイスラエルという国もまた帝国主義的であることを象徴的に示す、合衆国の援助で作られたパレスチナとイスラエルのあいだの壁や、ヨルダン川西岸をパトロールする合衆国の武装ヘリコプターだからである。その信頼が危険なのは、アメリカを、反ユダヤ的性格をまったく持たない、ユダヤ人の約束の地として見ようとする傾向が見られるからである。ところがじっさいは、アメリカ帝国は政治的、外交的な理由でイスラエルをひいきにしているにすぎないのだし、これと同じ理由でイスラエルを見捨てることもじゅうぶんありうるのだ。もし石油で富んだアラブ諸国が、イスラエルより安くそつなくアメリカ帝国の下請け仕事をこなすことができるようになれば、アメリカはイスラエルに見向きもしなくなるだろう。

スペインでの、エジプトでの、ドイツでの、その長く困難な歴史において、ユダヤ人のディアスポラは、帝国主義的な当局の言うがままに偽りの安全や同化の幻想に翻弄されたことがなかっただろうか。アメリカはそれほどまでに違っているのか。西洋文明やキリスト教に支配された社会における反ユダヤ主義が深くアメリカの心臓部まで到達していないと言えるのだろうか。アメリカの帝国主義エリートがイスラエルと原油のどちらかを選ばねばならなくなったとき、なにが起こるだろうか。自分たちの利益に合わせて他にも外国人排除の偏見を煽っているように、アメリカ市民のあいだの反ユダヤ人感情をエリートたちが利用することはないとどうして言えるのだろうか。民主主義者の使命とは、反ユダヤ主義をふくめ、あらゆる形態の偏狭さを監視し、安寧な生活のなかでまどろむ者を覚醒させることである。だからこそ、われわれはユダヤ人の仲間たちと協力して、新しい民主主義的なユダヤ人のアイデンティティを国内外において立ち上げなければならない。

　民主主義的なユダヤ人の新しいアイデンティティがユダヤ文化の預言的な伝統から生み出されるように、民主主義的なイスラムの新しいアイデンティティは、イスラム教の豊かな預言的伝統から生み出されうるのであり、そうされねばならない。近年アフガニスタンとイラクが民主主義の導入をめざして行なっている試みは有意義なものであるが、しかし、それらが帝国主義的な目的に導かれたり、イスラムの伝統についての単純化された理解に飲みこまれたりしてはならない。さらに言えば、イスラム国家を民主化しようという試み、イスラム教にソクラテス的なものを導入しようという試みは、どのような試みであれ、彼らの帝国主義的な過去をじゅうぶん踏まえたうえでなされなければならないだろう。

　近年のイスラム再活性化の運動（原理主義的なものもそうでないものも）は、非宗教的なナショナリズムの実験が失敗したのを受け、隷属化されたイスラム教徒のあらたなアイデンティティを求める動きである。ナショナリストの実験、すなわち、エジプトのナセル、イランの国王《シャー》、イラクのサダムの行なったことは、帝国主義による征服後のイスラムの国民／主体に対して、意味のあるアイデンティティを創出し維持することができなかった。そして、冷戦期に彼らがそれぞれソヴィエトもしくはアメリカと結びついたことで、彼ら凶悪な統治者とイスラムの国民／主体とのあいだはより解離してしまった。非宗教的で抑圧的な上からのナショナリズムが崩壊するとともに、イスラム教は大衆の支持を得て再生し、国家権力に手が届くようになったのである。この再生は、ある特殊な形態のイスラム教によって導かれていた。それは、聖職者主義のイスラム教であり、人びとの宗教的なアイデンティティに根を持ちながら、植民地支配以降の非宗教的ナショナリズムの失敗をきっかけに蔓延した不安に応えたのである。

この意味において、近年のイスラム教再活性化の運動は、近代性への思考停止的な反抗でも、アメリカ憎悪の衝動的な表現でもない。このような解釈がいま流行の決まり文句だが、現代のテクノロジー（おそらく原子爆弾もふくめて）を貪欲に利用しようとし、アメリカ文化（とりわけ音楽）を選択的に享受しようする彼らの態度を見れば、この決まり文句がまちがっていることが分かるはずだ。およそ一〇億人の人口を持つ現代のイスラム世界の不穏な混乱は、文化的な根を失うことの恐怖と物質的に安定した生活を求める心に焚きつけられている。彼らがイスラム的なアイデンティティを求めるのは、近代西洋社会における文化的な根の欠如と不安定さを嫌い、アメリカ帝国の放縦さと貪欲さに批判的であるがゆえである。これは、近代性のある面に対する原理主義的な反応で、キリスト教にもユダヤ教にも部族主義にも見られるものである。それでも、宗教的な伝統を消し去ることはできないだろう。ここで問題なのは、その伝統のなかに、現代のわれわれがどのように預言的な声を保ち、どのように民主主義的なアイデンティティを形成していくことができるのかということである。

高度に発展した世界においては、アイデンティティは、のんびりとした会話や、アカデミックな冗談の種であることが多い。しかし、発展途上の貧困国においては生死の問題だ。アイデンティティは、私が何者であり、母の胎内から墓場までどのような道筋をたどるのかということ、すなわち冷酷で冷たい世界のなかで、保護と承認と連帯を求める基本的な欲望に関係している。南北アメリカ諸国における数多くの非白人の信仰がそうであるように、中東、アフリカ、アジアにおける抑圧された人びとの宗教の伝統のなかでも、近代西洋とはある種の偶像であり、距離を置き、懐疑の目で眺める対象としてあった。近代西洋に出会い、それにさらされたとき、彼らが見たのはもっぱら西洋近代の持つ帝国主義の顔だった。彼らはそれに首根っこを押さえつけられていた。したがって、近代資本主義のテクノロジーがもたらす利便や快楽を望むにしても、彼らは西洋資本主義の金ぴかのレトリックと実際の抑圧に用心し、物質主義的な個人主義や破壊的な快楽主義が蔓延することを嫌ったのである。これは、近代性の無思慮な拒絶ではなく、むしろ、自身の歩幅で近代世界に参入しようとする賢明な試みである。

近現代の帝国主義的なイデオロギーが人間を非人間化し、企業が労働力を搾取するとき、ポストコロニアルの状況は、「私」の感覚とその文化を主張する契機とならなければならない――それらの人びとを利用してきた者の目には、その試みがどれだけ古臭いものに見えようとも。西洋の単純な模倣は自殺行為である。現代イスラム文学の偉大なる作品群が豊かに痛切に示すように、イスラムのアイデンティティを再形成することは、おそろしく困難な試みであるのだが。チェイク・ハミドウ・ケイン[33]のたぐいまれな小説『曖昧な冒険』(一九八三年)のサンバ・ディアーロ、タイェブ・サリ[34]の力強い『北部への移住の季節』(一九六九年)のムスタファ・サイード、マリエトウ・ムバイエ[35]の古典『捨てられたバオバブ』(一九九一年)のケン・ブグル、ドリス・シュライビ[36]の偉大なる『単純な過去』(一九八三年)のドリス・フェルディ、これらの重要な登場人物たちはみな、イスラムの伝統に向き合うことの避けがたい必然性をはっきりと示している。

これら一群の注目すべき文学作品(その多くがアフリカのイスラム世界に集まっている)はイスラムと近代と民主主義に関心を持つ者たちからいまよりもっとずっと多くの注目を浴びてしかるべきである。サルマン・ラシュディ[37]やV・S・ナイポール[38]といった著名な文学者とは大きく異なり、これらの作家たちは、彼らの現代的なアイデンティティのイスラム的な起源と、イスラム的なアイデンティティの近現代的な起源とに共感を示しているのだから。彼らの作品は、このふたつの起源から深く疎外されていることと、同時に、双方の起源に則ったうえでのアイデンティティの確立の必要性——それはすべて帝国主義的な力としての西洋を背景に持つ——を探求しているのだ。『曖昧な冒険』で、ケインはこのように書いている。

その新しい学校は、大砲と磁石の両方の性質を持っている。学校は、大砲からは、戦闘の武器としての有効性を受けとっている。大砲よりも優れているのは、それが征服を永久のものにするところだ。大砲はからだを従わせるが、学校は魂に魔法をかけようとする。大砲は灰と死の穴を作ったし、そのねばねばする菌に囚われると男たちは廃墟から帰ってこなかったけれど、学校は平和を確立するのである。再生の朝は、新しい学校が持つ、争いを鎮める力の祝福の朝となるだろう。

磁石からは、学校は、四方八方に延びていく力を手に入れている。磁石が磁界のなかにあるように、学校は新しい秩序のなかにある。この新秩序のなかでの人の生活の大変動は、磁界におけるある種の物理法則の転倒に似たものである。人は、目に見えない力によって征服され、その力に沿って自身を作り上げている。無秩序は組織化され、反乱は鎮められ、怒りの朝は普遍的な感謝の歌で満たされる。

現代的なアイデンティティをイスラム的に探求するこの態度は、受難日〔キリストの磔の日、復活祭の前の金曜日〕と復活祭〔キリストの復活を祝う祭日〕のあいだ、帝国主義による過去の深い傷と希望に開かれた復活とのあいだに位置づけられている。西洋の近代を消し去るなら、イスラム世界の現在が背負う苦境が説明できなくなる。イスラムの伝統を消し去ってしまえば、彼らはなんの人間性も複雑性も持たない、西洋近代の虚ろなコピーということになってしまう。イスラムのアイデンティティの危機に、批判と共感の精神をもって民主主義の問題を対置させることが重要なのである。言い換えれば、イスラムのアイデンティティの再形成がなければ、イスラム世界に民主主義はありえない。イスラムと民主主義を融合させた新しい、現代的なアイデンティティを目にした西洋人はほとんど存在しないだろう。だからこそ、われわれは、みずからも批判するような開かれたかたちで進んでいかなくてはならないのである。

西洋の近代とイスラム世界とのあいだの対話には細心の注意を必要とし、それは文明のむきだしの衝突でも、一方を他方に押しつけるようなかたちであってもならない。それはむしろ、過去においていかに豊かな文化の交流が行なわれたのかを見つめ直す、ソクラテス的に開かれたものでなければならない。ユダヤ・キリスト教に長い伝統があるなら、ユダヤ・イスラム教にも長い伝統があるのだ。ユダヤ教の、そしてキリスト教の思想のなかでイスラム教徒が果たしてきた役割の例は、歴史上枚挙にいとまがない。

さらに、ユダヤ教とキリスト教における預言的な力は、数多くの預言的なイスラム教の思想家たちによっても用いられてきた。こういった預言的な力こそが、民主主義のあらたなる可能性への希望である。この困難な道を歩んだイスラムの偉大な知識人たち——ファティマ・メルニーシー[39]、モハメド・アベド・アル＝ジャブリ[40]、アブドルカリム・ソルシュ[41]、モハメド・アルコアン[42]、ナワル・エル・サーダウィ[43]、アヌアル・マジド[44]、タリク・ラマダン[45]、カリード・アブ・エルファドル[46]、そして、なによりも、マフムド・モハメド・タハ〔本章の訳註3を参照〕——は皆、イスラム世界における民主主義の新しいヴィジョンを打ち立てるために、現代における西洋とイスラムの伝統を検討し、問いただした。『ボストン・レヴュー』誌掲載（二〇〇三年四—五月号）の「イスラムと民主主義という試練」において、カリード・アブ・エルファドルは、このように主張した。

> 近代の民主主義は、宗教改革以降の、市場経済志向のキリスト教ヨーロッパという特有の文脈において何世紀もかけて発展してきたということこそが、民主主義を考えるさいの主要な問題である。これとははっきりと異なった文脈から民主主義に接近する地点を探ることは可能であろうか？
>
> 　この点について、私の思考の出発点は、イスラムも民主主義も、その根底にある道徳的価値観と、それを信じる個々人の主体的な関与から——その価値とその関与がどのように利用されてきたかではなく——まず定義されるべきだという前提である。こうした基盤となる道徳的な価値観から考えるならば、イスラムの政治思想の伝統は、その解釈の面においても実践の面においても、民主主義的なシステムに展開可能なものであることが分かると思う。たしかに、教義上そのような可能性が

あるとはいっても、それはまだ実現されていないかもしれない。意志の力、前向きなヴィジョン、道徳的な関与、こういったものがなければ、イスラムに民主主義は実現しないだろう。しかし、民主主義は倫理的な善であり、この善を追求することはイスラム教を手放すことにはならないという認識にいたることは、イスラム教を中心的な思考の枠組みとするイスラム教徒にとっても可能なことである。

イスラム教における法思想（ウスール・アル＝フィクフとフィクフ）、神学（カラーム）、神秘主義（タサッワフ）、哲学（ファルサファ）の複雑な発展について説得力のある系譜を提示することが、イスラムにおける預言的な力を確認し、イスラムの民主主義的なアイデンティティを形成するための第一歩であろう。これは重要で大変な責務である。この系譜においてこそ、イスラム教を民主主義の実践と関連させて考えるさいの多様な解釈や可能性が明らかにされる。たとえば、イスラム法を重視する者たちとイスラムにおける神秘主義を強調する者たちは、しばしば見解が大きく異なっている。今日のイスラム再興運動においては、イスラム法に最大級の価値を置く観点、シャリーアとしてのイスラムが主流である。この観点では、イスラム教の複雑さやその可能性が減じられている。現代のイスラムの女性という重要な問題については、とりわけこれがあてはまる。父権制はイスラム法の不可欠な一部だとされているからである。

しかし、この父権中心的な限界を避けるかたちは、イスラム法以前のイスラム教にも、以降にも、存在する。イスラム教の法学者による反民主主義的な支配を正当化しているのは、たいていの場合、イスラム法を中心としたイスラム教の概念である。この考え方は今日支配的なものとなっているが、しかし、これだけで、過去の、今日の、未来のイスラム教の形態が汲み尽くされるものではない。聖職者の支配するイスラム教と法学者の支配するイスラム教には歴史があり、それはある特定の時代に権力をともなって浮上してくる。聖職者によるイスラム教は、現在は権威主義的な性格を持っており、それは、イスラム世界でそれまでのヨーロッパによる帝国主義が敗北し、そして世俗的なナショナリズムが崩壊したことを受け、イスラムのアイデンティティを確実にし近代的な国民国家を運営しようとしている。聖職者によるイスラム教は、ラビ中心のユダヤ教やカトリックのキリスト教と同様に、本質的でも、唯一のかたちでもない。また、ほかのあらゆる宗教と同じように、イスラム教もつねに、現在ではしばしば純粋なものだと信者に思われてはいるが、もともとは非イスラム的、非宗教的だった要素を取り入れて発展してきた。現代のどのような宗教も、現代の科学、哲学、文化から学ぶことなしには存続不可能である。ニュートンの引力の法則を、ヴェーバーの官僚制度の役割の分析を、現代音楽の楽器をその儀式のなかに取り入れるのが、現代の宗教である。あらゆる宗教は多面的で、変化しつつある状況のなかで複数の解釈に開かれている。イスラム教は、イスラム教徒と非イスラム教徒のどちらからも、人生を支配する教条的な規則ではなく、イスラム教徒としての多様で流動的なあり方の提示として理解されなければならない。べつの言い方をすれば、今日、主流の聖職者によって支持されている教条的な規則は、かつてはそれ以前の教条的な規則に対する挑戦だったのである。

新しいドグマとは、反乱として成立し偶然によってできたにもかかわらず、慣例化し硬直化した結果それが隠されてしまったものである。この意味で、教条的な伝統主義者でさえも、ダイナミックな歴史や変化し続ける伝統の一部なのである。イスラム教徒の聖職者やイスラムの法学者が、支配的な勅令や判決を制度化し固定化しようとする現在、民主主義的なイスラム教徒がその権威に対抗するためには、このような流動性からイスラム教を理解することが不可欠だろう。現在聖職者や法学者がまとっている権威も、聖職者の役割や誰が法学者たりうるかをめぐるかつての闘争の結果生まれてきたのである。現在の権威主義的なイスラム聖職者にしても、その根本的な目標は、近代西洋の襲来と過去のナショナリスト体制や帝国主義体制の自壊を背景に、アイデンティティを獲得し安定した社会を確保することなのだから。

イスラム社会をソクラテス的に開かれたものにするための鍵は、今日の聖職者主義のイスラム教がどのような種類の権力への応答として誕生したのかを正確に理解したうえで、新たな民主主義的イスラム教による聖職者主義イスラムへの応答こそが、精神的にも政治的にもより効果的にイスラム教の理想を推進するのだと示すことである。聖職者中心の現代のイスラム教は、簡単に言えば、ヨーロッパの帝国主義権力がイスラム教を荒廃させ、イスラム世界の資源を略奪し、イスラム的な存在と生活の様式を西洋のそれより劣ったものとして示したことへの対応である。ヨーロッパの帝国主義に対する非宗教的な反応の主流はナショナリズムだった（アラブ、アジア、アフリカのナショナリズムがそうであったように）が、これ自体、帝国主義に対するヨーロッパ内部の抵抗であったヨーロッパのナショナリズムの反復である（一九世紀ドイツのナショナリズムや、ナポレオンに対するイタリアのナショナリストの反抗がそうであったように）。この世俗的なナショナリズムは、イスラム世界では失敗に終わった。また、トルコでの大いなる実験においては、エリート層の奉ずる宗教である世俗的ナショナリズムがイスラム教徒の民衆に、独自に動く抑圧的な軍隊を使って押しつけられているが、イスラム世界はこのような事態を避けたがっている。(一九七九年、アヤトラ・ホメイニの聖職者によるイスラムが、合衆国に後押しされたシャーによるナショナリズムを崩壊させたのも同じ理由である。)なぜか。トルコは、イスラエルと同様、アメリカ帝国の衛星国家だからである。トルコ国内のイスラム教徒のクルド人への残虐な仕打ちをアメリカが見てみぬふりをするあいだに、トルコはアメリカ帝国のために中東における汚れ仕事を基本的に進んで引き受けているのである。

多くのイスラム教徒は、トルコのケースを、合衆国の支援による反イスラム的ナショナリズムと見なし、敬遠もしくは拒否されるべきだと考えている。アメリカ帝国に支えられたトルコの軍事主義的ナショナリズムは、クルド人のナショナリズムを情け容赦なく制圧する。ヨーロッパのナショナリズムのイデオロギーがこのように再演される事態は、イスラム世界にとって危険な兆しである。同様の事態は、パキスタンでも、インドネシアでも、モロッコでも、エジプトでも起ころうとしているが、これらはみな帝国アメリカの同盟国である。イスラエルと同じように、これらの国々が国際法を無視したとき、帝国アメリカが見てみぬふりをするのは偶然ではない。トルコによるキプロスの五分の二の占領や、インドネシアによる東ティムールの、モロッコによるサハラ西部の、イスラエルによるパレスチナの土地の占領はその例である。国連でもその他の場所でも、これらの植民地的な占領について、アメリカ帝国が何か少しでも言ったことは一度もない。クウェートにおけるサダム・フセインの野蛮な行動や金正日の韓国への悪辣な脅威のように、アメリカ帝国の利害が問題となった場合においてのみ、自由をめぐる合衆国の道徳的なレトリックが浮上する。専制的なイスラム諸国の抑圧的な聖職者たちはこのことを知っており、そして彼らは正しいのである。イスラムの多くの国民や民族にとって、失敗した世俗的ナショナリズムにくらべれば聖職者主義のイスラム教のほうがまだ魅力的かもしれないが、この聖職者主義イスラム教はあくまでも容赦なく専制的であり、この地域における民主主義のエネルギーを窒息させつつある。

したがって、現在必要とされる任務は、イスラム的で民主主義的な立場から、イスラム教聖職者の権威を切り崩すことにある。イスラム世界において、西洋型の民主主義に未来はない。ヨーロッパの偽善的な帝国主義エリートとアメリカのニヒリストの帝国主義エリートによって賽は投げられてしまっており、すでに害はなされ、その傷は深い。時計の針を戻す術は存在しない。西洋には修復のチャンスもあったのだが、それは無駄にされてしまった。しかし、発言と権利、コミュニティと自由、エリートの交代と自律的な市民の空間といった民主主義の概念が、イスラムの言葉と伝統のなかで表現されさえすれば、イスラム世界における民主主義の未来は明るいものになりえるだろう。西洋型の民主主義は——現在それ自体補修が必要となっているが——民主主義のひとつのかたちにすぎない。対して、あらゆる形態の民主主義に共通するもの、それは、民衆の声の尊重であり、エリート層の交代であり、宗教、文化、政治における表現の自由であり、どのような強制もともなわない市民生活の空間である。そして、われわれがアメリカにおいて、みずからの帝国性を白日のもとにさらすことによっても、イスラム社会をソクラテス的に開かれたものにし、イスラム教徒の民衆を預言的な存在にすることを、後押しできるのである。

イスラム世界をイスラム教徒自身の手によって民主化するためにできることは、基本的に三つある。

ひとつは、イスラム法における公正さの概念（手続きにおける公正さとしての「アドル」と実体的な公正さとしての「マアルーフ」）が、民主主義的な公正さの概念と両立可能だと示すことである。コーランは民主主義を支持していると解釈できると示すことなのだから、これは先駆的で魅力的な試みだろう。もちろん、神による啓示が公正さとどう関係するかという複雑な問いは、簡単に答えられるものではないだろう。公正さとは神聖な啓示に由来するものなのか、それとも、それは啓示とは独立したかたちで存在するのか。さらに問えば、公正さとは、社会を統制する規則を提案するための抽象的な理想なのか（偉大な政治哲学者であるジョン・ロールズ[47]ならばそう言うだろう）、それともそれは、イスラムの国民や民族の生きた経験において、ほかの徳とのバランスのなかで考慮されるべき種々の徳のなかのひとつなのであろうか。ほかの徳、たとえば信心や節制が、民主主義的な公正さの概念と矛盾したり、それに抵触したり、それを制限したりする場合、どうなるのであろうか。現代イスラムにおけるこのような問いの潮流をもっとも適切に示しているのは、『イスラム教における寛容さの位置』に代表される、カリード・アブ・エルファドルのアメリカでの先駆的な仕事だろう。『ボストン・レヴュー』誌の彼の論文から見てみよう。

イスラム世界の内部から民主主義を擁護するには、神の主権という概念を受け入れなければならない。神聖な主権を人民の主権に置き換えるのではなく、人民の主権――市民は権利を持ち、また、それにともなって慈愛とともに公正さを追求する責任を負うという考え方ともども――が、正しい理解にもとづく神の権威をいかに表現するのかが示されなければならない。同様に、人間の行為に先立って神の法が与えられているという考え方を退けるのではなく、民主主義的な法の制定は、まさに、神の法が先に存在していることを尊重するということを示さねばならないのである。

ふたつ目の試みは、イスラム法へのあらゆる依存を止めることである。それは、シャリーアなきイスラム世界である。すでに述べたように、イスラム法の非常に父権主義的な内容や性質と闘うために、イスラムの女性たちはしばしばこの試みを推し進めている。この考え方によれば、イスラム教とは従うべき一連の規則ではなくて、未来に向かって開かれた生き方の提示である。それは、聖職者主義イスラム教の誕生以前にさかのぼるものでもある。そこにおいてイスラム教は、民主主義的な感性とより自由に連携することが可能になり、それは、預言者ムハンマド自身が六二二年に建国した最初のイスラム国家での寛容さの実現ときわめてよく似たものである。その国家は、ユダヤ教徒とイスラム教徒とのあいだの相互の敬愛と礼節を定めて、預言者ムハンマドがメディナで交わした盟約にもとづいていた。彼は、「ムハージルーン（メッカからのイスラム教徒の移住者）」、「アンサール（もともとメディナに住むイスラム教徒）」、および「ヤフド（ユダヤ教徒）」とのあいだの道義的な同意を基盤に、立憲主義的な治世を行なったのだ。この連邦は、異なるコミュニティ間での権利と義務の平等を正式に認めていた。このように、最初のイスラム国家は、今日の専制主義的なイスラム国家の大半に見られる反ユダヤ的な行ないとは、はっきりと対照的なのである。

三つ目の重要な試みは、マフムド・モハメド・タハの豊かで革命的な著作のなかに見いだされる（彼は、ヌメイリ治世下のスーダンで、その予見的で勇気に満ちた著作ゆえに殺害された）。たとえば、みずからの立場を宣言した『イスラム第二の使命』において、イスラム教とは、賢明で愛に満ちた人生という目標に向けて自由——恐怖の克服——を促進するような全人的な生き方であるとタハは考えている。彼とその教え子アブデュライ・アーメド・アン・ナイムは、先述のふたつ目の試みにおけるのと同様に、シャリーアを放棄し、メッカの啓示をそれに代わるものとしている。また、タハによれば、善き社会の条件とは経済的な平等（富の平等主義的な共有）、政治的な平等（決定の政治的な共有）、社会的な平等（文化的な洗練に向けた機会の平等のための、肌の色、信仰、人種、性別による差別の禁止）である。預言者ムハンマドと同じように、より公正で平等な社会を実現するために差異を享受すること、つまり多様性を促進することをタハは求めている。アヌアル・マジドの素晴らしい著作『伝統のヴェールをとる——多中心世界におけるポストコロニアル・イスラム』は必読の文献だが、そこで彼はこのように言っている。

私は、ポストコロニアリズムの理論と、ナショナリストが帝国主義に対抗するべく作ったアラブのアイデンティティを研究してきたが、これは、進歩主義的に定義されたイスラム——すべての人に民主主義的に接近可能なイスラム——がイスラムの国民や民族にとって望ましい選択肢である理由を説明する助けになるかもしれない。……イスラムの文化は——ほかの多くの世界の文化的な伝統と同じように——西洋を「地方化」し、世界におけるさまざまな存在のあり方を提示するのに役立つのである……。

より大きく言えば、本書の目標は、世俗的な学者たちに、世界のさまざまな非世俗的な表現も世俗的なそれと同じように考慮に値する有効な選択肢であると認めさせ、イスラム教の学者たちには、典拠や正典に執着するあまりイスラム教の平等主義的で有意義な遺産を見えなくさせていることを再考するよう、迫ることにある。

いま現在において、このような意見は荒野のなかの叫び声にすぎない。しかし、それはまた、イスラム世界の内部からわき上がるソクラテス的な問いかけ、預言的な証言、悲喜劇的な希望の新しい波のかぐわしい予兆でもある。これらの預言的な声は、イスラムというパンの酵母である。そして、彼らの民主主義的なヴィジョンを、イスラム世界の社会的な諸力が現実のものにできうるかどうかが重要なのだ。もちろん、ほかにもまだある——諸制度の構造を見直して植民地的な国民国家の荷を軽くすること、ユダヤ・キリスト教的、ユダヤ・イスラム教的、キリスト・イスラム教的、そして非宗教的なものの諸伝統のあいだの豊かな関係を強調するような、よりコスモポリタン的な教育制度を確立することなどだ。世界における民主主義の問題の将来は、相当程度まで、英雄的で想像力に豊む試みにかかっている。それはたんにイスラム地域だけの問題ではない。帝国を切り崩すことは多面的な仕事であり、それを行なおうという勇敢な試みは、アメリカにおいてもそれ以外の場所においても、われわれが奮い起こすことのできるあらゆるヴィジョンと勇気を必要とする。

しかし、ユダヤとイスラム世界におけるアメリカ帝国の巨大な存在が、とりわけこの帝国の石油への依存ゆえに問題を深刻化させている。この帝国は、イスラム国家の専制政治を黙認し、イスラエルの強硬な植民地政策に堂々とゴー・サインを出している。その帝国の監視下に行なわれるイラクの民主化においても、アメリカの戦略と目的に疑惑を感じている者たちは、独裁者フセインの退場を喜びながらも、帝国の手が締めつけてくるのを感じている。アメリカの圧制がもたらす醜悪さは、穏健派のイラク聖職者ガージィー・アジール・アル＝ヤーワルが雄弁に語っている。『ニューヨーク・タイムズ・マガジン』の記事から引用しよう。「合衆国は過剰な力を行使しています。彼らは、たとえば家族の前で顔に袋をかぶせるなど、とても屈辱的なやり方で人びとを拘束していきます。われわれの社会ではこれはレイプのようなものです。親類縁者を投獄して集団的な処罰も行なっています。サダムとどこが違うというのでしょう」。イラクの監獄（とりわけアブ・グレイブ）での合衆国の残虐行為が最近告発されたが、この事件は、アメリカの圧制ぶりを裏書きしている。

強権を行使する無法者のニヒリストの失墜は、言うまでもなく祝福すべきことである。新しい民主主義の可能性がそこに生じる。しかし、イスラム教徒とユダヤ人のための実体をともなった正義と平和のためには、この地域における帝国主義の過去についての明敏な理解と、イスラム教徒とユダヤ人のアイデンティティ探求の複雑さの把握と、深い民主主義へのほんものの関与が必要とされるのである。

イスラム世界の民主主義の問題のもっとも豊かな萌芽が、パレスチナ人とクルド人という、国民国家のないままに生き延び子孫を残すことを強いられ、この地域においてもっとも抑圧された民族の市民生活のなかにこそ見いだされるという事実は、あるいは究極の皮肉と言ってよいのかもしれない。アラファト〔パレスチナ解放機構の初代議長〕の専制のもとで、規範と信頼という重要なネットワークがじつは広がっており、それがイスラエル占領後のパレスチナに民主主義の実践を可能にしようとしているのだ。市井のパレスチナ人は、世界でもっとも民主主義に向かって開かれたイスラム教徒であるかもしれない。彼らは、アラブのエリートたちに、イスラエルを攻撃し帝国アメリカの援助と歓心を集めるために利用されてきた。この同じパレスチナ人が、この地域のイスラムの国民や民族を民主化へと駆り立てる先駆者になるかもしれないのである。

同じように、言語道断な抑圧と冷酷無比な攻撃を前にしながらも民主主義を実践してきたのが、北部イラクとトルコのクルド人たちである。現在のところ、彼らは世界でもっとも民主主義的なイスラム教徒であることがすでに示されている。アメリカ帝国は同盟国トルコによるクルド人抑圧に目をつぶり、ようやく最近になって、北部イラクのクルド人の長年にわたる民主主義の実践に目を向けるようになった。ここから、われわれはなにを学ぶことができるだろうか。パレスチナ人とクルド人の反帝国主義的な志は、世俗的なナショナリズムやイスラム教の再活性化の専制を回避できるだろうか。合衆国からの帝国主義の影響力がなくなり、イスラエルの占領が終了し、クルド人による民族自治が成功すれば、彼らの民主主義のエネルギーは開花できるだろうか。イスラエルがアメリカ帝国主義の影から逃れ、その地域における民主主義の国家の実験を正しく導けば、このユダヤ人国家それ自体が成し遂げた民主主義的な素晴らしい業績は、先駆者であるパレスチナ人やクルド人さえも鼓舞するのではなかろうか。

第5章　アメリカにおけるキリスト教アイデンティティの危機

われわれの行なう解決や決定とは相対的なものだ――というのも、それらは信念という、断片的で脆弱なものさしと関係しているからである。自身の信念によって生活のすみずみまで統制が行きとどいているために、考えのひとつひとつがすべてそれに従い、すべての時と場所とが彼にとっては神の王国にあるような、そんなキリスト教徒は歴史上存在しなかったし、この先も――キリストが再来するまで――見いだされないだろう。動かすことのできないような山や追いはらえないような悪魔に、各人が遭遇してきた……。われわれの信念はすべて断片的である。もっとも、全員が同じ信念の断片を持っているわけではないけれども。

――H・リチャード・ニーバー[1]『キリストと文化』（一九五一年）

私はいかに、いいですか、よく聞いていただきたい、いかに、自分の生とぶつかる力、私の意志や欲望、野心、夢、希望には応じない力――私がここにいることを知らない力に反応するかについて、責任を負わなければなりません。けれども、私は自分がここにいることを知っています。そして、イエスと言うかノーと言うかを自分で決定し、その言葉を守ります。これこそが自由な人間であり、私にとっては人間関係における偉大な実験のなかでももっとも偉大なもののひとつである、アメリカの魂のあらわれとしての自由の原理という精神に期待されていることなのです。

――ハワード・サーマン[2]「魂を求めるアメリカ」（一九七六年）

民主主義的な実践に対する海外の宗教的脅威について語るほうが、国内のそれらについて語るよりははるかに容易である。イスラエルとイスラム教世界の双方において、扇動的で反民主的な原理主義《ファンダメンタリズム》があまりに目立つようになってきたが、同じく、わが国の政治体制や市民の心情においても、キリスト教の原理主義的傾向があまりにも多くの権力を手にしてきた。このキリスト教原理主義《ファンダメンタリズム》は、中東危機と国内政治のいずれの領域においてもわが国の政策に行き過ぎた影響力を行使しており、憲法に記された根本原則を侵している。同時に、帝国の持つ帝国主義的な目的を支持し、その「隠れ蓑」を提供してもいる。アメリカにおける民主主義の帝国的むさぼりにつながる三つのドグマ――自由市場原理主義、攻撃的軍事姿勢、増大する権威主義――は、このキリスト教原理主義の宗教的レトリックによってしばしば正当化されている。さらに、おそらくもっとも皮肉で、そして悲しいことには、この原理主義は、もっとも深遠で有力なキリスト教の教え、すなわち謙遜とともに生き、隣人を愛し、自分にしてもらいたいように他人にもなせという教えを覆しつつある。したがって、中東で進行している原理主義に批判の目を向けながらも、われわれのなかのほんものの民主主義者や民主主義的キリスト教徒は、結束して国内でのこの偽善的で反民主的な原理主義に対抗しなければならない。アメリカの民主主義の魂のための闘いとは、大部分、アメリカのキリスト教の魂のための闘いである。キリスト教原理主義の支配的な形態は、民主主義を支えるのに必要な寛容さや寛大さにとって脅威だからだ。一方、アメリカのキリスト教のうち最善の部分は、この国の民主主義を維持し、拡大するのに多大な貢献をしてきた。コンスタンティヌス的キリスト教と預言的キリスト教とを基本的に区別することは、アメリカの民主主義の将来にとっての要である。

調査によれば、アメリカ人の八〇パーセントがキリスト教徒を名乗り、七二パーセントがキリストの再来を信じ、四〇パーセントが少なくとも週に二回はキリスト教の神に親しく話しかけると答えている。アメリカはまぎれもなくきわめて信仰心の厚い国であり、アメリカの支配的な宗教は圧倒的にキリスト教であり、そして、アメリカのキリスト教の少なからぬ部分がコンスタンティヌス的キリスト教の一種である。アメリカのキリスト教界において、民主主義と帝国との根本的な闘いは、このコンスタンティヌス的キリスト教と預言的キリスト教間の闘いにそのまま繰り返されている。

この預言的キリスト教徒とコンスタンティヌス的キリスト教徒間の闘いは、ユダヤ教からキリスト教運動が発生した最初の数世紀にまでさかのぼる。キリスト教はローマ皇帝コンスタンティヌスによって帝国に組み入れられ、これによって尊敬されるべき地位と正当性が与えられたものの、反面、イエスの預言的熱情や、ユダヤ教からキリスト教徒へのもうひとりの改宗者パウロの黙示録的な炎がキリスト教から奪われてしまった。紀元三一二年にコンスタンティヌス帝がキリスト教に改宗し、三一三年にミラノ勅令によってその信教の自由を認め、そして、彼の後継者のテオドシウス一世によってローマ帝国の国教となるまで、キリスト教運動はローマ帝国人によって激しく迫害されたが、その一番の理由は、謙遜や人間の平等というキリスト教のメッセージの人気が高まり、それがローマ帝国の支配への脅威と目されたからだった。

イエスはローマ帝国によってじつに残虐に処刑された。磔刑は帝国がその支配を侵害した者を罰する、もっとも恐ろしく嫌悪すべき手段だったのである。その理由はほかでもなく、神の王国の到来を説くイエスの説教にはローマという国家の権威主義や軍国主義を転覆させる危険があると、ローマ人にみなされたからだった。皮肉なことだが、愛と正義というイエスのメッセージは、自身の預言的な証言とカエサルの権威とを切り離すよう促していた。「カエサルのものはカエサルに返すべし」とイエスは述べている。だが、ローマ人によるニヒリスティックな帝国主義はどこまでも権力志向であり、高まりつつあったキリスト教諸派の人気を許容することができなかった。キリスト教の伸張を止められなくなると、ローマ帝国はこれを取りこんでいった。コンスタンティヌス帝の改宗とともに、教会と国家の結合という恐るべき事態が制度化され、それ以降今日まで、キリスト教とその犠牲者の多く、とりわけユダヤ人たちの苦しみが続いている。コンスタンティヌス的キリスト教は、イエス・キリストの預言的な遺産とけっして相容れることはなかった。コンスタンティヌス帝自身、その改宗の原因は、なかばは政治上の戦略、帝国の切迫した事情であり、ついで、権力の維持という目的のためにキリスト教を口実として利用することにしたように思われる。

キリスト教教会が国家権力による腐敗の度を深めるに従い、信仰のレトリックは、キリスト教の預言的遺産を隠し、帝国主義的な目的を正当化するためにしばしば用いられた。コンスタンティヌス帝は、改宗するやいなや単一の帝国版キリスト教を創出して権力を強化し、グノーシス派や旧約聖書の各書を問題にした集団など、他の多数のキリスト教派の壊滅をめざした。元来寛容と思いやりに基礎を置いていた信仰が帝国的な権威主義の強権によって腐敗した結果、キリスト教は狡猾で自己分裂した性格を持つにいたり、以来ずっとそれと闘い続けることになる。教会が犯した、キリスト教的な愛や正義に反する最悪の行為の数々の背後には、教会と国家とのこの恐るべき結合がつねに存在している――ユダヤ人やイスラム教徒に対する野蛮な聖戦から、異端審問所の恐怖、女性、有色人種、ゲイやレズビアンに対する忌むべき偏狭な態度まで。

同様の分裂状態は、アメリカのキリスト教に一貫して見られる特徴でもある。アメリカのキリスト教運動の初期の分派である清教徒のメンバーは大英帝国による迫害の被害者たちであり、自由と安全を求めていた。彼らは一方では、大英帝国に対するアメリカの崇高な反帝国主義的な闘いのための土台を築いた。が、その一方、アメリカ先住民の帝国主義的な従属を実行に移しもしたのである。彼らの民主主義的感性は、権威主義的な感情と密接に絡み合っている。アメリカの民主主義の実験は、キリスト教徒の熱情なくしては思いもつかなかったことだろう。けれども、そのキリスト教的アイデンティティの構造には、そもそものはじめからコンスタンティヌス主義的な傾向が織りこまれていたのである。アメリカのキリスト教におけるコンスタンティヌス的な傾向は、奴隷制を独断的に正当化したり、女性の不平等な待遇を偏狭にも擁護するなど、わが国の多くの社会的紛争において間違った側にばかりついてきた。それにひきかえ、預言的キリスト教の伝統こそは、じつに再三にわたって社会的正義を強く要求してきたのである。

今日、政府の支援を受けた宗教学校を保守的なキリスト教徒が正当化しようとするとき、彼らが、憎悪を説く熱狂的な中絶反対論者や、同性愛を嫌悪する改革運動家（なかにはその狂信者の犠牲になって命を落とした者さえいる）を暗に、ないしは公然と支持するとき、その行動はコンスタンティヌス的キリスト教徒のものである。アメリカにおけるコンスタンティヌス的キリスト教は、個人の改宗や個人的な信仰心、慈善奉仕に過大なほど力点を置き、キリスト教信仰の中心である、世俗的な権威を疑ったり、われわれのうちでもっとも傷つきやすい人びとのために正義を行なったりすることへの熱情を失ってしまっている。そのため、これらコンスタンティヌス的キリスト教徒は、自分たちがキリスト教的な愛や正義に違背していても、それがわからない。彼らのキリスト教的アイデンティティにとって、このような熱情は周縁に追いやられてしまっているのだ。

アメリカのコンスタンティヌス的キリスト教徒の大半は、自分の帝国主義的なアイデンティティを自覚していない。イエスを死に追いやったローマ帝国と、自分たちが称えるアメリカ帝国とが同様の性格を持っていることを認識していないからだ。彼らは、自分たちが自由に礼拝ができ、アメリカン・ドリームを追求できるかぎりは、アメリカ政府とは世のためになる善なる力であり、アメリカ帝国主義とはその善を広げるための望ましい力だと考える。星条旗と十字架への忠誠を誇らしげに公言するものの、十字架が、かつて血まみれになってローマ帝国を告発していたのと同様、アメリカ帝国を強力に批判するものだとわかってのことではないし、キリスト教指導者と帝国アメリカの支配者とのなれあい関係が、その昔救い主を十字架にかけた宗教指導者と帝国ローマの支配者との親密な絆を再現している可能性も認めることができない。

こういったアメリカのコンスタンティヌス的キリスト教徒のほとんどは誠実な信仰と敬虔なふるまいの持ち主であることを、私は疑わない。けれども、アメリカの帝国的な目的において自分たちが重要な役割を演じていることに、彼らはまず気づいていないのである。アメリカ史の理解も薄弱なら、キリスト教史の把握にもむらがあるために、キリスト教指導者たちの巧みな操作や帝国の支配者たちのごまかしをいとも無防備に受け入れてしまう。コンスタンティヌス的キリスト教徒は、都市中心部からの資本の広範囲な引き揚げや、公教育や福祉の削減を支持し、イスラエル政府の強硬路線を声高に擁護する。そこにあるのは、身びいきを援護して法人の利益の恩恵を受ける政治的エリートとコンスタンティヌス的キリスト教徒とのあいだのなれあい的な協力関係である。要するに、自分たちはたんに星条旗と十字架に忠実に行動しているだけだという誤った信念から、かけがえのない魂を帝国に売り渡しているのだ。ローマ帝国の崇高な犠牲者イエス・キリストの預言的な遺産に従うのなら、自分たちはアメリカの帝国的な力を批判し、これに抵抗しなければならないということさえ、彼らには思いもつかないのである。

アメリカのこうしたコンスタンティヌス的キリスト教徒は、こう自問すべきなのだ。これほど多くの権力と武力が集中すれば、尊大と傲慢の種となるのではないか？　旧約聖書の預言者たちとイエスの教えは、少なくとも、こうした説明不可能な突出した富や地位には疑いを向けるよう示唆しているのではないか？　帝国とは、偶像崇拝の専横へとつながりかねないものなのではないか？　忌まわしきエイズがアフリカ（現在では患者は三〇〇〇万に達する）や世界中（四〇〇〇万）で蔓延していることに、コンスタンティヌス的キリスト教徒をふくめ、大半のキリスト教徒は震えあがる。なのに、この危機に対するこれまでのアメリカ帝国の対応が救いがたいほどお粗末なのはなぜなのだろう？　製薬会社の利益とその合衆国政府への影響力が、苦しんでいる同胞を救う薬の発見や、それらを安く入手できるようにする方策の実施を妨げているのではないか？　もしエイズ患者が欧米の上層中産階級に属する異性愛の白人男性だったら、合衆国の対応はずいぶん違っていただろうということは、誰の目にも明らかではないか？　この悲惨な非常事態に対して、キリスト教徒たるもの、個人の義援金にのみ頼っていていいのか？　このエイズ危機への対応は帝国の指導者たちの道徳的冷淡さを示す一例にすぎないが、キリスト教徒であれば誰でもこれに対して平気ではいられないはずである。初期のローマ帝国では、支配下に置かれたユダヤ人や、のちに迫害を受けたキリスト教徒が、そうした無慈悲で容認できない扱われ方をされたのではなかったか？

とはいえ、アメリカのキリスト教におけるコンスタンティヌス主義を批判するからといって、預言的キリスト教がわが国の歴史において民主主義のための力として果たしてきた重要な役割を見落としてはならないだろう。キリスト教信仰が生み出した価値観は、初期の宗教的な植民者たちの心にまず民主主義的なエネルギーを、ついで大英帝国の力の濫用に対する怒りをかきたてた点できわめて重要だった。このエネルギーが草創期の民主主義的なプロジェクトの基礎を築き、この怒りがアメリカ革命の原動力となったからである。そして、建国の父祖たちは、市民生活においては宗教がなくてはならない役割を果たすという深い確信から、憲法において信教の自由を保障するのに大変な苦労をしたのである。アメリカにおいて正義を求めるもっとも影響力ある社会運動は、預言的キリスト教徒によって率いられてきた。一九世紀では奴隷制廃止運動、女性参政権運動、労働組合運動、二〇世紀では公民権運動がそうである。今日、コンスタンティヌス的キリスト教が幅をきかせ、民主主義の公的生活において宗教が本来果たすべき役割をめぐって、わが国の民主主義の根本原理が蝕まれつつあるとはいえ、アメリカのキリスト教に流れる預言的な傾向はつねに帝国主義や社会的不正と闘ってきたし、公的生活における宗教の民主主義的な理想を代表してもいる。預言的キリスト教はわが国の民主主義に道徳的情熱を加えており、この情熱はとても貴重なものだ。それは、キリスト教信仰の外にいる者たちを受け入れ、彼らへの共感をもって行動すべきだという主張でもある。預言的キリスト教とは善に向かう全社会的な力であり、われわれの民主主義的エネルギーの活性化を求めるのであれば、公的生活におけるこの預言的キリスト教の重要性と正当性をふたたび主張し、このキリスト教の要求すること、つまり、公的サーヴィス、貧者への配慮、政教分離に関する原則などを求めなければならない。そして、そういった民主主義的原則を著しく侵害してきた、原理主義的キリスト教の押しつけに対抗しなければならない。

アメリカのキリスト教徒の大半は、アメリカのキリスト教における豊かな預言的伝統のなかでももっとも力強い声の多くについて、ほとんど知らないも同然である。『キリスト教と社会の危機』（一九〇七年）〔邦訳：『基督教と社會の危機』友井楨訳、警醒社書店、一九二三年〕をはじめとして数多くの影響力ある著作を著わし、一九世紀から二〇世紀への変わり目に盛んになった社会的福音運動の第一人者である、神学者ウォルター・ラウシェンブッシュの名前を聞いたこともない。アメリカ帝国の産業的原動力が暴走し、「金ぴか時代[3]」の行き過ぎにいたろうとしたとき、この神学運動は、産業資本主義とそれにともなう都市化には社会的不正がつきものであることを見抜いた。道徳か政府の規制かによって経営者にじゅうぶんな抑えがかけられないまま労働者が酷使されている状況に対し、この運動の支持者たちははっきりと反対を表明したのである。ラウシェンブッシュが雄弁に述べているように、

> 個人の思いやりと理解こそ、われわれが階級間格差の克服のための主なよりどころとしてきたもの

である。キリスト教の教えにもとづく感情や原則が、この方面において強力な助けとなってきた。だが、社会の亀裂が広がることでこの思いやりが減ってしまうとしたら、われわれにはどんな希望があるのか。

ラウシェンブッシュは、産業主義が隆盛をきわめるにつれ、アメリカ社会は資本主義的な貪欲によって腐敗しはじめており、キリスト教徒にはこの結果生じる不正と闘う義務があると警鐘を鳴らした。アメリカのキリスト教徒の大半は、ドロシー・デイとカトリック労働者運動《カトリック・ワーカー》の先駆的な仕事を忘れてしまったか、もしくは耳にしたこともない。カトリック労働者運動とは、デイがホームレスと貧民の救済のために大恐慌期の一九三三年に創始したものである。デイは、ニューヨークのスラム街に貧者のためのシェルターを設立し、『カトリック・ワーカー』紙を創刊したが、その理由は、彼女がこう信じていたからである。

> よりよい状況を求めて闘うことによって、労働者の、貧民の、困窮者の権利を——立派であろうとなかろうと貧民の権利を——たえず求めることによって……われわれは、ある程度まで世界を変えることができる。苦境にあえぐ世界における歓びと平和の小さな庵、オアシスのために働くことができるのだ。

こうした預言的キリスト教徒のなかには、急進派の烙印を押され、罪に問われた者もいる。ヴェトナム戦争という国家的なトラウマの時期に、イエズス会司祭フィリップとダニエルのベリガン兄弟は反戦運動の指導者となり、ダニエルは「ヴェトナムを憂える聖俗の会」を設立した。兄弟は、反戦のための座り込みやティーチ・インを組織し、多くの抗議運動を率いたが、わけてもよく知られているのは、徴兵記録を破棄するために二度選抜徴兵局に侵入し、二度目は、それらにナパーム剤をかけて火をつけたことである。「子どもの代わりに、書類を焼くこと」と、ダニエルはこの行動を説明し、「あなたはいつこの戦争にノーと言うのか?」と書いている。兄弟はふたりともこうした侵入罪で何度か服役したが、くわえて、のちには合衆国の軍事介入や核武装競争に反対する市民的不服従抗議運動にもたずさわった。

雄弁なキリスト教行動主義に生涯を捧げたウィリアム・スローン・コフィン牧師は、今日のアメリカ人にもっと知られているべき人物である。ヴェトナム戦争期にイェール大学礼拝堂の牧師だった彼は、この侵略の不正に早くから強い反対の声を上げ、平和と正義のための合衆国最大の組織「セイン／フリーズ」[4]の会長、およびマンハッタンのリヴァーサイド教会の牧師となった。『愛する勇気』〔邦訳：『愛する勇気』持田克巳訳、新教出版社、一九八八年〕や『可能性への熱情』をふくめ、多くの力強い著作があるが、かつてインタヴューでこう語ったことがある。

　われわれアメリカ人には、言わばこの世という墓地になにか貢献すべきこと、なにかこの世をもっと安全な場所にするためにできることもあるのではないでしょうか。われわれにはある特徴があると思います。それは、考えというより態度です。アメリカ人の頭というより、皮膚の下に息づいているものです。それは、わが国が世界でもっとも強力な国家であるだけでなく（たしかにそれはそうなのですが）、もっとも有徳でもあるという考えです。思うに、この自負こそがわれわれの破滅のもとであり、そして、それはあまりにも深く根づいているので、これを取り除く手術にはキリストの真実という剣が必要になるでしょう。

彼はまた、先見の明を示す以下のような言葉も口にしていた。「わが国であれ、ほかのどこであれ、自分こそ正当であるという幻想がその国のためになったりすることはありません。どの国もみな利己心にもとづいて決定を行ない、ついで、道徳性の名においてそれらを擁護するのです」。

マーティン・ルーサー・キング・ジュニアのことはよく知られているものの、道徳的台座の上の孤立したイコンと見なされていることが多く、長い伝統をもつ黒人の預言的キリスト教徒という大海が生んだ大波のひとつという認識はうすい。こうした黒人キリスト教徒のひとりに、奴隷制廃止論者として抗議運動を展開した自由黒人デイヴィッド・ウォーカー〔第二章の訳註5を参照〕がいる。彼は一八二九年に有名な『ウォーカーの訴え』を出版したが、正義を求めるこの激烈な呼びかけにおいて、敬虔なキリスト教徒として以下のように書いている。

キリスト教徒を公言している人びとに、博愛主義者に、そして、専制者その人に要求する。聖俗を問わず、以下のように主張する一節のある歴史書を一頁でも示すがいい。すなわち、エジプト人は、イスラエルの子らが人類の家族の一員ではないと言って、彼らに忍びがたい侮辱を加えたと。白人たちはこの責めを否定できるのか？　彼らは、われわれを奴隷という悲惨な状況におとしめて踏みつけにしたあとで、われわれのことをそもそもサルやオランウータンの種族の子孫だと言っているのではないか？　おお、神よ！　感情をそなえたすべての人に私は訴える――これこそ忍びがたいことではないか？　これこそわれわれの苦難にもっともひどい侮辱を重ねることではないか？　というのも、彼らはわれわれを意のままにし、われわれにはなすすべもないのだから。おお！　われわれを哀れみたまえ、主イエスよ。

ほかにも、深い宗教心の持ち主、アイダ・B・ウェルズ＝バーネットがいる。彼女は黒人に対してしばしば行なわれたリンチの反対論者として活動し、パンフレット『赤い記録』（一八九五年）のなかで、私刑というアメリカ特有のテロリズムの形態について身の毛もよだつような真実を衝撃的に伝え、ついでアフリカ系アメリカ人女性のための最初の市民活動組織、ウィメンズ・クラブ運動を立ち上げた。ベンジャミン・E・メイズも、もっと多くのアメリカ人に記憶されるべき人物である。彼はバプティスト派の牧師に任命されると、解放奴隷のために一九世紀に設立されたハワード大学で宗教学部長の任につき、モアハウス大学[5]では学長を二五年間務め、ここでマーティン・ルーサー・キング・ジュニアにも影響を与えた。メイズは、アトランタのレストランでの座り込みに参加して公民権運動の開始を助け、人種隔離教育反対の闘いを率いたひとりだった。ハワード・サーマンは抜きん出た神学者だが、彼もバプティスト派の牧師で、ハワード大学のランキン・チャペル主任司祭と、合衆国初の影響力ある人種混合教会の牧師をサンフランシスコで務め、インドに渡ってマハトマ・ガンディーと会見した。著書『イエスと権利を奪われた人びと』（一九四九年）は、非暴力による公民権運動の哲学的基盤の一部となった。

この黒人の預言的キリスト教の伝統の正義あふれる熱情は、皮肉に満ちている。読み書きや自由な礼拝が違法とされていた状況のなかでアフリカの奴隷たちがキリスト教運動を創造的に借用したとき、アメリカのキリスト教に潜む分裂状態はさらに強まった。預言的な白人キリスト教徒のなかには元奴隷と協力して奴隷制廃止運動の創始者となった者もいたが、一方、ほかの白人キリスト教徒たちは、コンスタンティヌス主義をたよりとして奴隷制の永続を正当化した。奴隷制に対してどのような立場をとるかが、アメリカにおいては、預言的キリスト教かコンスタンティヌス的キリスト教かを判断する重要なリトマス試験紙になった。悲しむべきは、アメリカのキリスト教と民主主義内部でのこの最悪の偽善をめぐって、大半の白人キリスト教徒および彼らの愛する教会が、預言的基準からすると合格点にはるかに及ばない落第者だったという事実である。

アメリカの白人キリスト教徒の大多数は、奴隷制という害悪を支持した。それも、しばしばイエスの名においてそうしたのである。エイブラハム・リンカーンが、深い識見にみちた第二回就任演説において、南北戦争のどちらの側も同じ神に祈っている——「どちらの陣営も戦争がこれほどの規模に拡大したり、これほど長く続くとは予想していなかった……。どちらも同じ聖書を読み、同じ神に祈っており、そして、それぞれが相手を倒すために神の助けを祈願している」——と宣言したとき、彼は、この国における宗教的な分裂状態の恐るべき皮肉を表現していたのだった。

フレデリック・ダグラスからマーティン・ルーサー・キング・ジュニアにいたるまで、預言的な黒人キリスト教徒は、預言的キリスト教徒とコンスタンティヌス的キリスト教徒間の根本的な亀裂をまざまざと思い出させるが、キングの感動的なキリスト教信仰と預言的なレトリックは民主主義化運動を燃え立たせ、運動は皮膚の色による狡猾で頑迷な差別についに立ち向かうこととなった。じっさいのところ、アメリカの預言的キリスト教の大部分は、預言的な黒人教会の伝統に由来している。白人優越主義というドグマに対するソクラテス的な問いかけ、愛と正義への預言的な証言、そして、自由を求める長い闘争を支えるための貴重な希望は、預言的な黒人教会の豊かな遺産である。だが、コンスタンティヌス的キリスト教もじつに強力で、この熱意あふれる黒人の預言的キリスト教にさえ食いこもうとしている。悲しいことだが、アメリカ帝国の時代に黒人教会がその預言的な熱意を失いつつあるのは事実である。コンスタンティヌス的キリスト教連合の力を見くびってはならない。

あらゆる人種のキリスト教徒を誘惑するアメリカ帝国の利益と見かけの栄光は、看過することができない。金銭を偶像化し、富を盲目的に信仰する自由市場原理主義は、あまりに多くのキリスト教徒を惑わしている。そして、預言的キリスト教のすぐれた手本である黒人教会の伝統がこの誘惑や巧言に屈するとき、アメリカの民主主義の未来そのものが危機に瀕する。アメリカにおけるキリスト教アイデンティティの危機は、民主主義の問題の中核を占めている。

教会と国家の分離は、ほんものの民主主義体制のための柱である。すべての非キリスト教徒は、キリスト教徒の市民と同じ権利と自由を法のもとに所有しなければならない。だが、民主主義の文化や政治の形成において、宗教はつねに根本的な役割を演じるだろう。すべての市民は、他の伝統に対する寛容の精神、さらには敬意をもって、各自の伝統について自由に忌憚なく発言できなければならない。そして、キリスト教徒が大多数を占める社会において、われわれキリスト教徒は、数に劣る少数派に対する多数派の専制をイエスの名において助長することがあってはならない。皮肉なことに、イエスが迫害を受けたのは、専制的な多数派（服従を強いられたユダヤのエリートと手を結んだローマ帝国の支配者たち）から現状に対する預言的な脅威と見なされたからだった。アメリカのニヒリスティックな帝国的支配者と彼らを支持するコンスタンティヌス的キリスト教徒たちは、われわれを似たような道へと導いているのではないか――現状に異議を申し立てる預言的な声や見解の圧殺へと？

預言的なキリスト教運動にふたたび力を与えることなくして、コンスタンティヌス主義に対する闘いはありえない。というのも、コンスタンティヌス主義者たちの政治力や修辞的な熱意はあまりに脅迫的で、純粋に世俗的な闘いでは勝ち目はなさそうだからである。プリンストンでのわが同僚ジェフリー・スタウト[6]が圧巻の書『民主主義と伝統』（二〇〇三年）で論じているように、この世界をキングの遺産にふさわしい場とし、民主主義の伝統を活性化するためには、コンスタンティヌス主義者たちの独断的な前提だけを問いにかけるのではふじゅうぶんで、宗教的な言説を公共の場からまるごと追放することを望み、現状に幻滅を感じている預言的キリスト教徒たちの声や見解が公共の場にあふれ出てくることに待ったをかけようとする多くの非宗教的なリベラル派たちの前提をも、批判しなければならない。影響力のある哲学者のジョン・ロールズ〔第四章の訳註47を参照〕のリベラリズムや哲学者リチャード・ローティ[7]の世俗主義（わが国の法廷や法科大学院で今日広く大きな影響力をふるっている人物たち）は、キリスト教の教えを恐れるあまり、民主主義の問題に関して非宗教的な公共の言説しか求めていない。この急進的な世俗主義は、あいだに壁をつくって公共の場における宗教的な言葉づかいを封じ、宗教にもとづいた議論を規制し、非宗教的な議論しか許そうとしない。彼らは、宗教上の争いは社会的混乱や権威主義につながると考えているのだ。

ジョン・ロールズにとって、公共の言説における宗教的な言葉づかいは、分裂をまねく、危険なものである。宗教の言葉は、理性に訴えることでは解決できない宗教的信念の要求を展開させる。理性的な説得ではけっして克服できない不和を焚きつける。そこで、彼は、憲法上および市民的な理想にだけ訴える根本的な問題に関してのみ、公の対話を求める。これなら、聖俗いずれのアメリカ人にも働きかけ、アメリカの民主主義的な実践への忠誠という点でわれわれがひとつになれるからである。ロールズの提案には賢明な点もおおいにあるが、憲法上および市民的な理想に対するわれわれの忠誠には宗教的な動機づけもあることを認識できていない。マーティン・ルーサー・キングのような預言的キリスト教徒にとって、民主主義的な理想への訴えはキリスト教の信念に立脚したものだった。自身の政治的見解を主張するとき、彼は、あるいはわれわれは、こうした信念について口をつぐんだままでいるべきだろうか。われわれがより自由で民主的なアメリカを求めて語り合うとき、個人としての誠実さとは、自分の手のうちすべてを明かすことではないか。このように、宗教に対するロールズの恐れは、市民を分断した忌まわしい過去を考慮に入れたとしても、われわれに不可能なことを求めている。ただし、彼の懸念はきわめて重要な警告ではある。

リチャード・ローティにとって、宗教的な訴えは会話をストップさせてしまうものだ。それらは批判的な対話を打ち負かす。政治的な討論をそもそも排除してしまう。彼は、神への訴えについては、わけてもその大半が宗教的右派に勢いを与えるという理由から、公的生活においてはいっさい排除したいと考えている。ローティは徹底した世俗主義者であり、市民的言説における宗教の役割にはほとんど、あるいはまったく、公共的な善や利益はないと考える。ロールズと同様、彼も宗教的な市民の権利や自由を擁護してはいるが、公の場での言葉づかいは、民主主義、平等、自由といった非宗教的な用語に限定したいと望んでいる。彼の世俗的なヴィジョンは、宗教的右派の教条主義や権威主義に対する深い憂慮の念に発している。ローティの見解から学ぶ点は多いし、その懸念の多くにはじゅうぶんな根拠がある。けれども、公的生活をめぐる彼の世俗的な規制はあまりに厳格すぎ、その世俗的な信念はあまりに純粋すぎる。対話を打ち砕き、討論を締め出すような、非宗教的な衣をまとった教条主義や権威主義にも憂慮すべきではないか。民主主義の実践は、そして公共の言説における対話や討論は、つねに乱雑でさまざまなものが入り混じっているものだ。そこでは、世俗的な規制も、宗教的な規制と同じように傲慢で高圧的になりうるのである。

著名な宗教思想家たちも、アメリカの公共的な言説から宗教を遠ざけるために熱のこもった議論を展開してきた。神学者スタンリー・ハワーワス〔8〕の預言的な教会中心主義とジョン・ミルバンク〔9〕の急進的な正統信仰（神学校や神学部で大きな影響力をふるっている考えである）は、アメリカ帝国による汚染を恐れるあまり、公共の場から逃走するよう宗教に求めている。ハワーワスは、腐敗したアメリカ帝国では世俗の公共的言説は強固なニヒリズムの貧弱な隠れ蓑にすぎず、そこではキリスト教徒は「在留外国人」でなければならないと主張する。彼の目的は、コンスタンティヌス的キリスト教徒の偶像崇拝をあかるみに出し、愛と平和の福音の証人となることによって、預言的な教会の本来の姿を保持することである。ハワーワスは、残虐と暴力が支配する世界のなかで思いやりと平和主義を奉じる預言的な教会に深く関わることで、ロールズやローティの世俗的な規制を退けつつ、コンスタンティヌス的キリスト教が帝国アメリカに捕らわれた宗教であることを浮き彫りにしている。だが彼は、来たるべき神の王国を予示する預言的教会に逃げこみ、そこにのみ慰めを見いだしている。彼の預言的感性には私も共鳴するし、そのコンスタンティヌス的キリスト教批判や帝国アメリカ批判には賛同する。けれども、彼は、預言的キリスト教が正義に関わることの価値や、アメリカをもっと自由で民主的にするための市民としてのわれわれの役割を不当に軽んじている。彼にとって、社会的正義の追求はキリスト教徒を世俗的な言説という偶像におびき寄せ、キリスト教徒としての明確なアイデンティティを奪ってしまうものであり、キリスト教徒にとってはよくない理念なのだ。この私にとって、キングの遺産を擁護するとは、正義がキリスト教的な理想であることを強調し、世俗の偶像や帝国の物神《フェティッシュ》に屈することなくアメリカを変革する、より能動的な市民たることをわれわれに求めることである。預言的キリスト教徒であるとは、教会の純粋性の名のもとに世界に背を向けることではない。それは、この世での正義の王国の到来を宣言する情愛深いキリストの名において、この世のニヒリズムの一部となることなく、この世の一員であることである。

世界を否定せよというハワーワスの急進的な命令は、ミルバンクの提唱する、商品化や世俗主義という罪人をキリスト教社会主義と対置させる通俗的キリスト教正統信仰のあと押しとなっている。世俗的自由主義と現代資本主義に対するミルバンクの高度かつ大規模な攻撃をみると、アメリカ帝国の時代において預言的キリスト教がいかに周縁に追いやられているのかを、あらためて思い出させられる。だが、ハワーワスと同じくミルバンクも、聖俗の伝統を背景とする現代の市民が英雄的努力によって成し遂げた道徳的な進歩や政治的進展、そして、精神的な自由を正当に評価できていない。預言的な宗教心を持った市民や進歩的で非宗教的な市民によって獲得された近代性の収穫を見逃すのは、コンスタンティヌス的キリスト教徒や帝国的な世俗主義者の無分別を見逃すのと同じくらい、危険なことである。そして、この収穫は、教会中心主義に逃げこんだり党派的な正統信仰へと後戻りすることで維持したり深めたりできるものではない。そうではなく、ここで必要なのは、コンスタンティヌス的キリスト教と帝国アメリカへの批判や抵抗につながる宗教的高潔さや民主主義的なアイデンティティについて、われわれが率直であることなのだ。

この四人の傑出した人物——ロールズ、ローティ、ハワーワス、ミルバンク——の誰もが、教えるべき多くのものを持っているし、四人とも多くの点で世のためになる力である。けれども、彼らは、預言的キリスト教徒による社会運動という遺産の上に築かれた、確固たる民主主義的キリスト教のアイデンティティを排除している。対して、ジェフリー・スタウト——彼は、今日のアメリカにおける世俗の作家のうちでもっとも宗教的な音楽性をそなえ、神学に造詣が深く、哲学的に鋭敏な作家である——は、アメリカの民主主義者たちは、マーティン・ルーサー・キングに体現されるキリスト教的異議申し立ての遺産と力を合わせるべきだと論じてきた。彼には、アメリカの民主主義の実験の行く末はこの遺産の活性化にかかっているだろうと分かっているのだ。預言的キリスト教の遺産は、ある人が所有しているモノの多寡よりも、その人がどのような人間になることを選ぶかに重きを置く。それによって、ニヒリズム（ありとあらゆる形態のニヒリズム）に対する大規模な猛攻撃をしかけ、良識と高潔さの側に加勢するのだ。民主主義的な目的のために宗教的エネルギーを結集しながらも、偶像としての民主主義それ自体をふくめ、あらゆる形態の偶像崇拝には疑いの目を向ける。他者を強制したり、教会と国家という異なる二領域を一緒にしたりすることなくキリスト教のアイデンティティを維持し、その民主主義に深く関与し続けるのである。

帝国的現実を認め、預言的な遺産がふたたび活性化されてはじめて、アメリカにおけるあらたな民主主義的キリスト教のアイデンティティが可能になるだろう。そして、帝国エリートが莫大な資源にものを言わせてコンスタンティヌス的キリスト教を煽り、焚きつけている現状に抗しつつ、民主主義者と預言的キリスト教徒による資金も人気もない努力がもっと目に見え、耳に聞こえるようにならなければならない。世界教会協議会[10]、市民活動団体ソージャナーズ[11]、黒人の預言的教会のような預言的キリスト教組織は、公共の言説における重要性を回復するよう闘わねばならない。これらの団体が優位を失ったのはなにかの偶然によるものではなく、言わば、コンスタンティヌス主義者たちの攻囲下にずっと置かれてきているのだということを認識しなければならない。

皮肉なことだが、今日の帝国的キリスト教徒の強力な政治的プレゼンスは、マーティン・ルーサー・キングによる、民主主義的キリスト教徒が主導した運動の成功にインスピレーションを得たものである。公民権運動という世俗の事柄にキングが関与したことで、コンスタンティヌス的キリスト教徒はさらに組織化を進めて、アメリカ帝国のパワー・エリートと手を組もうと考えるようになったのだ。キリスト教原理主義が政治に関与するようになったのは、キングが遺した預言的キリスト教の遺産への直接の反応としてだったのである。それは、アメリカの公的生活におけるキングの遺産に対する白人の巻き返しとして始まり、その底にはつねに人種差別的な流れが存在している。最近まで異人種間のデートを禁じていたボブ・ジョーンズ大学[12]は、その一例である。

アメリカにおけるコンスタンティヌス的キリスト教の興隆は、共和党による政治の再編と手に手をとって進んだ。共和党は、南部の保守派や都市部の白人中道層に訴えるべく、人種的メッセージをふくんだ問題（強制バス通学〔第二章の訳註13を参照〕、犯罪、アファーマティヴ・アクション〔第二章の訳註13を参照〕、福祉）を利用したのである。この政治的変化は、イスラエル国家の安全保障の脆弱さと国際的孤立をなによりも案じる有力なユダヤ人ネオコンへの呼びかけと同時期に起こった。なかでも、第四次中東戦争時にユダヤ人たちがなんらかの策を求めて必死の思いになったこと〔13〕──ヨーロッパにおける忌むべきホロコーストからわずか三〇年でユダヤ人壊滅の脅威にさらされたことを考えると、まったく無理もないが──が、アメリカ共和党、キリスト教福音派、ユダヤ人新保守派という、神聖ならざる同盟関係の原動力だった。

国内では、入学・採用枠をめぐって激しい争奪戦が展開され、アファーマティヴ・アクションに対して、ユダヤ人ネオコンと白人保守派からのすさまじい巻き返し《バックラッシュ》が起こった。コンスタンティヌス的キリスト教徒とユダヤ人ネオコンの右派連合が、一九八〇年のロナルド・レーガンの大統領選出に手を貸した。非白人のなかでもっともリベラルな集団であるアメリカのユダヤ人の三五パーセントがレーガンに投票したという事実は、その後のなりゆきを予測させる前触れだった。「モラル・マジョリティ」のジェリー・フォルウェル牧師〔14〕がイスラエルでジャボティンスキー賞を受賞したとき〔15〕、コンスタンティヌス的キリスト教は国際的舞台に到達したが、それを支持したのがユダヤ保守主義だった。莫大な財源を有する企業エリートをふくめ、帝国エリートたちは、組織化されたコンスタンティヌス的キリスト教がいかに自分たちのニヒリスティックな目的の役に立つのか、国内外で気づいたのである。

わが国の民主主義におけるコンスタンティヌス的キリスト教勢力の興隆は、段階を経て進んだ。まず、世界教会協議会、全米教会評議会といった全教会的な団体やリベラルな主流宗派（監督教会派、長老教会派、ルター派、および会衆派）が、有色人、労働者、女性、ゲイやレズビアンの権利を擁護する発言をしていたとして標的になった。キリスト教原理主義者は（莫大な資金をバックに）、預言的キリスト教徒の声を悪意とともに激しく攻撃し、「リベラル」の烙印を押して、穏健派の声の信用を落とすべく力を尽くした。貧困層の窮状に光を当てる解放の神学運動を、マッカーシズムさながらのやり方で、ソヴィエト共産主義と同一視した。リベラルな神学校（なかでも、わが愛するニューヨーク・シティのユニオン神学校）を、変態、ゲイ、レズビアン、黒人の過激派、憂うべき現状をもたらした意気地なしの白人たちの罪深い隠れ場だと見なした。こうした中傷戦術はキリスト教左派を広くおびえさせ、その姿を公の地図からほとんど消し去らんばかりだった。

キリスト教原理主義はまた、ホワイトハウスや連邦議会、州議会議事堂、市庁舎、およびテレビにおいてより多彩で多様な顔ぶれを帝国エリートに提示するために、有色人のコンスタンティヌス的キリスト教徒を勧誘しようとした。人びとを操ることにたけたこの運動のエリートたちは、多様な人びとを受け入れたこうした同盟であれば、全国の帝国的な教会で草の根の組織化キャンペーンを継続するために必要な資金援助を、いっそう多く大企業から引き出せるだろうと承知していたのである。今日では、帝国支配を正当化するには、うわべは多様性を装うことが必要なのだ。

コンスタンティヌス主義者たちの興隆の最終段階は、「キリスト教連合」〔一九八〇年代後半にできたキリスト教の圧力団体〕や「モラル・マジョリティ」を筆頭に、組織化のいきとどいた政治活動団体に顔をきかせることで、権力強化をはかることだった。この政治的連繫によって、アメリカ帝国の黄金の門の内側での政治的影響力、権力、正当性、それに表向きの栄光を手に入れた。富豪階級やその政治家たちの私的な会合において、無視できない強大な大立者であり、実力者であり、黒幕だと認められたのである。帝国エリートたちは、コンスタンティヌス的キリスト教徒が自分たちのニヒリスティックな目的にどれほど役に立つかに気がついた。コンスタンティヌス的キリスト教徒にとって、一九八〇年のロナルド・レーガンの選出から二〇〇〇年のジョージ・W・ブッシュの選任までは大成功の道のりだった——世俗のニヒリスティックな基準からすると、であるが。

アメリカ共和国史上、組織化されたキリスト教徒の集団が、今日のアメリカ帝国におけるほど目立ったことはない。そして、この世俗的な成功（来世への志をあれほど抱いているはずの原理主義的集団にしては、少々意外ではある）は、アメリカのキリスト教世界に巨大な波紋を広げた。権力、勢力、規模、地位、そして物質的な富は、どれもアメリカ帝国のニヒリズムにはつきものだが、それらがアメリカのキリスト教の主要テーマになった。現在では、じっさいにはアメリカのキリスト教におけるコンスタンティヌス派の声が大きすぎて、預言的な声がすっかりかき消されているのにすぎないのに、全キリスト教徒が同じひとつの声で話しているように思えてしまうことすらある。帝国キリスト教、市場的な精神性、金銭に取りつかれた教会、繁栄の福音、「神と取引しよう」や「私に運が向くようお助けください」という祈りが、アメリカのキリスト教の支配的な声になってしまった。この手のキリスト教では、十字架の足元の貴重な血でさえ、権力と力を競うニヒリスティックなアメリカのゲームをやる気まんまんでプレー中の上昇志向者たちが一息つくために口にする、たんなる清涼飲料にすぎなくなる。そして、制度的な悪に対する抵抗や社会的正義、あるいは時の権力者と対峙する勇気については、つぶやく声すらほとんど聞こえない——中絶という目立った例外を除いては。

言うまでもなく、キリスト教の商品化は昔からある現象であり、それも、アメリカ社会においては昔もいまも中心的な現象である。ただ、キリスト教の商業化がこれほど深く恐るべき範囲で起こったことは、これまでにない。われわれの社会や世界におけるより大きな市場主導のニヒリズムが、教会にそのまま、あるいはかたちを変えて映し出されるのはつねにあることだ。だが、恐ろしいのは、愛、正義、思いやり、見知らぬ人への親切といった非市場的な価値観が、ほぼ全面的に衰微していることである。貧困のうちに暮らす何百万もの子どもたちを横目に企業エリートが貪欲にふけるのを憤るキリスト教徒の声は、どこにあるのか。アメリカのキリスト教徒は、世界の富豪の上位三人が下位四八カ国の国内総生産の総計よりも多くの富を所有していることや、上位二二五人の個人資産が世界の全人口の下位四七パーセントの年収に匹敵することをそもそも知っているだろうか。慈善も結構である、が、正義や、制度の公正さや、構造的な説明責任はどうなっているのか。

しかしながら、キリスト教右派の興隆に立ち向かうという挑戦に応じ、その強力な組織に自分たちの組織で対抗する必要性を認識している預言的キリスト教徒たちもいる。活動家団体の「ソージャナーズ」を率いるジム・ウォリスに、ニューヨーク・シティのリヴァーサイド教会のジェイムズ・フォーブズ牧師[16]、ハンプトン伝道者会議のスジェイ・ジョンソン・クック[17]、デトロイトのハートフォード記念教会のチャールズ・アダムズ牧師[18]、シカゴのトリニティ教会のジェレマイア・ライト牧師[19]、チャーチ・オヴ・ゴッド・イン・クライスト、ウェスト・エンジェルス教会のチャールズ・E・ブレイク主教[20]、オークランドのアレン・テンプルのJ・アルフレッド・スミス牧師[21]、シカゴの聖サビーナ教会「信仰のコミュニティ」のマイケル・フレガー神父[22]らである。ほかにも、じつに大勢の人たちがいる。

とはいえ、アメリカ帝国の時代において預言的キリスト教運動の活気と力強さを保つという課題にまだほとんど応えられていない事実は、否定できない。社会的正義という点で、アメリカの教会に蔓延する夢遊病は恐るべきものだ。マーティン・ルーサー・キングの率いた運動（その遺産は帝国的キリスト教徒によって乗っ取られてきたが）は、現代におけるもっとも深遠で重要な民主主義的キリスト教のアイデンティティを創り出した。それが、いまや瓦礫と化しているのだ。預言的キリスト教徒は、これをもういちどよみがえらせることができるだろうか。

ブッシュ政権のコンスタンティヌス的キリスト教――とりわけ、ブッシュ大統領、ジョン・アシュクロフト司法長官、〔23〕トム・ディレイ下院議員〔24〕――は、ほんものらしい敬虔さをどれほど装っていても、アメリカのキリスト教アイデンティティのモデルとなってはならない。謙遜や思いやりを本人がいかに謙虚に口にしていても、ニヒリスティックな政策や権力と武力の探求がそれらを意味のないものにしているからである。一見敬虔そのものに見える者でも、その装いのもとで大変な害を与えることがあるのだ。コンスタンティヌス帝自身も、諸民族を支配し征服し続けながら、偽りの敬虔さを見せていた。だが、宗教的な狂信に打ち勝つには、純粋に世俗的な活動を行なうだけではけっしてじゅうぶんではないだろう。すべての人種の預言的キリスト教徒、預言的なユダヤ人やイスラム教徒に仏教徒、それに民主主義を奉じる世俗主義者が連携してはじめて、アメリカの民主主義の実験を維持することが可能なのである。

メル・ギブソンの映画『パッション』〔第四章の訳註30を参照〕をめぐる最近の論争は、保守派連合の底流に流れるニヒリズムと、その内部に潜在する亀裂をあらわにしている。過去一八〇〇年間のキリスト教の悪しき反ユダヤ教主義と反ユダヤ人主義が生じたのは、一番には、イエスの磔刑という、ユダヤ人の責任とローマ人の無垢を強調する聖書の物語が、コンスタンティヌス帝によるキリスト教の帝国的権力への組み入れと結びついたことによる。初期のキリスト教徒（大部分がユダヤ人だった）がローマ帝国において迫害を受けている少数派であるかぎりは、イエス殺害に関するユダヤ人の責めとローマ人の無関心をめぐる聖書の主張は、紀元一世紀にユダヤ人植民地エリートやローマ帝国の権力者たちに異議を唱えた、イエスという預言的ユダヤ人についてのユダヤ人内部での論争であり、比較的害のないものだった。たとえば、「ユダヤ人」という語はマルコ、ルカ、マタイによる福音書では一六回、ヨハネによる福音書では七一回用いられているが、このとき、これら共観福音書〔25〕の書き手たち（彼ら自身もユダヤ人）がかかわっていたのは、自分たちと非キリスト教徒のユダヤ人とのあいだの、仲間内での論争だった。どちらの集団も、帝国ローマの権力者たちから迫害を受けていた。そして、誰もが皆、五〇年前の総督ピラトによるものもふくめて、そうした権力者たちの殺人行為のことを知っていた。紀元七〇年にローマがユダヤ寺院を破壊したことにともない、ユダヤ人率いるキリスト教運動と並んで、ラビに導かれたユダヤ教が現われた。ローマ帝国においてキリスト教徒とユダヤ教徒はどちらもいまだ弾圧下にあったものの、ユダヤ人の魂をめぐって激しい戦いを繰り広げた。

紀元四世紀にキリスト教がローマ帝国の国教として公認され、他の全宗教が迫害されると、仲間内の論争だったものは死をまねく破壊的な性格のものになった。そして、福音書の「ユダヤ人」という語句は、ユダヤ教を奉じるユダヤ人を非難し、攻撃し、傷つけ、殺害する、キリスト教徒の悪しき反ユダヤ主義や残忍な帝国主義政策の根拠となったのである。そこに人種の概念が導入され、キリスト教徒の反ユダヤ教主義（宗教的偏見）はキリスト教徒の反ユダヤ人主義（人種的偏見）となる。キリスト教徒に改宗したユダヤ人は前者を避けることはできたものの、ユダヤ人なら誰も、後者の犠牲になった。いずれの偏見の歴史も、人間性に対する犯罪である——その当時もいまも。

キリストの殺害を描いた、暴力についてのポルノグラフィとでも呼ぶべき、メル・ギブソンの凄惨な映画は、アメリカ帝国における誠実なコンスタンティヌス的キリスト教徒の無知蒙昧と深く共振しているが、この陣営による反ユダヤ主義の起源の理解は底が浅く、反ユダヤ主義が帝国的傲慢と共犯関係にあることは無視されている。ユダヤ人の責任をあげつらい、ローマ人を無垢に描こうというギブソンの試みは、何世紀もの歴史を持つキリスト教徒による反ユダヤ主義のパターンに——それが彼の意図ではなくとも、その効果において——ぴったりはまっている。

コンスタンティヌス的キリスト教徒と積極的に手を組み、帝国アメリカとイスラエル国家の植民地政策を擁護しようとしたユダヤ人たちは、手を組んだ相手のキリスト教原理主義者がそもそも根深い反ユダヤ主義に染まっているという皮肉な巡り合わせに、いまとなっては気づいている。そして、彼らのこの認識は正しい。だが、このユダヤ人保守派たち、すなわちコンスタンティヌス的ユダヤ人は、当の自分たち自身が、イスラエルの保守派エリートの植民地政策と人種差別的な反アラブ感情を支持し黙認している帝国アメリカのエリートと共犯関係にあることはわかっていない。預言的なキリスト教徒、ユダヤ人、イスラム教徒、仏教徒、世俗的な進歩派によって推進される民主主義の問題には、道徳的な一貫性と倫理的高潔さが必要である。われわれは皆力不足ではあるかもしれないが、それでも、あらゆるかたちの偏見と闘うことを忘れてはならない。とりわけ、人種差別的なプロパガンダが権力と武力へのニヒリスティックな探求と結びついている場合には。キリスト教徒の反ユダヤ主義の根深さは、いつかは帝国アメリカの保守派連合を分裂させることになるだろうか。ハリウッドのユダヤ人エリートたちは、いまや人種差別的なステレオタイプが自分たちに対して使われるようになったからには、これまで黙認してきた他集団についての人種差別的なステレオタイプに疑義を唱えはじめるのだろうか。

私はキリスト教徒として、つまり、民主主義に非常に深く積極的に関与するが、キリスト教徒としての信念のほうがさらにずっと深い人間として、発言している。民主主義は私の信仰ではない。そして、アメリカの民主主義は私の偶像ではない。イエス・キリストの福音が帝国的キリスト教徒によって歪曲され、コンスタンティヌス的信者によって粉砕され、ついでアメリカ帝国のニヒリストのエリートたちによって利用されているのを見ると、私の血は煮えくり返る。キリスト教徒、イエス・キリストの信徒であるということは、知恵を愛し、正義を愛し、そして、自由を愛することである。この愛とは、ソクラテス的な問いかけ、預言的な証言、そして、悲喜劇的な希望の価値こそを信じる、キリスト教的な自由がもつ根元的な愛であり、そしてまた、キリスト教的な愛が持つ根元的な自由でもある。もしキリスト教徒がこの愛と自由を身をもって示さないのなら、それは、イエスを屈辱的な死に追いやったローマ帝国のニヒリストたち（臆病なエリートのローマ人と支配されたユダヤ人）の側につくことになる。それでは、自由のなかにあるイエスの愛を生の輝きを増す恩寵の贈り物として受けるかわりに、彼を十字架に磔にした帝国の偶像を信じることになってしまう。私は、聖書のエピソードにあるような、目先の利のために魂を売り渡した者のひとりに数えられたくはない――アメリカ帝国の食卓で心地よい場所を得ようと、民主主義的なキリスト教のアイデンティティを明け渡した者のひとりには。かたわらではもっとも小さき、ラザロのような者たちが叫んでいるのに、世俗的な権力や力に酔いしれるあまりに、彼らの叫びを耳にし、こちらへと招く合図を送って、その叫びを受けとめることもできない者になりたくはないのである。キリスト教徒であるということは、危険で、誠実で、自由な生を生きることである――まるで足下にはなにもないかのように、愛の名においてステップを踏むことであり、しかしまた同時に、どのような帝国にも与えることができず、どのような帝国にも取りあげることができないなにかに支えられて、ステップを踏み続けることである。アメリカ帝国の時代において預言的で民主主義的なキリスト教アイデンティティを再生させるために必要なのは、このようなヴィジョンと勇気なのだ。

第6章　若者文化に関与することの必要性

すべてか、しからずんば無かを求め、活動が部分的であればどんなものでも妥協だと見なすのが、若者の過ちである。革命と変革を一息にもたらすなにかに関われるのでなければ、なにもしないとでもいうような。しかし、妥協とはまさしく、両立不可能なものを両立させようとする必死の試みの謂いなのだ。己の住む世界を理解しようと努力し、みずからの内的生活を表現する道を探し、それを調和させ、完全なるものにしようとすることは妥協ではない。また、ある小さな領域で、社会生活の調和や共に働く人びとどうしの関係のために奮闘すること、つまり、生活のあらゆる領域に民主主義をもたらすような調和のために奮闘することは、妥協ではない。

――ランドルフ・S・ボーン〔1〕『青春と人生』（一九一三年）

パブリック・エネミーが最初に出てきたとき、「俺たちパブリック・エネミーは、黒人の精神を保護するエージェントだ。俺たちがやるのはメディア・ハイジャックだ」と言ったものだ。メディアを乗っ取って、それを俺たち自身のかたちにしようとしたんだ……ニュースが俺たちのことをどう言ってるかチェックするたびに、あいつらは俺たちを結局閉じこめようとしていた。だから、ラップで言ってることの意味は誰にでもはっきりしてた。俺がラップを黒人のCNNだと言うのはそういう意味なんだ。
いまじゃラップは、世界的な現象だ。ラップは、世界中の若者のためのCNNになったんだ。

——チャック・D with ユスフ・ジャー〔第三章の訳註16を参照〕『ファイト・ザ・パワー——ラップ、人種、そして、現実』（一九九七年）

「ヒップホップの状況はどうなのか」と訊かれれば、すぐ出てくる答えは、ヒップホップ（のコミュニティ）は自治が可能なところまで成熟しなきゃなんない、自身の要素、資源、知的財産を創造し、管理し、そこから利益を得るようになんなきゃいけないということだ。アメリカのレコード産業からヒップホップは搾取されてるし、レコード産業はラップのイメージを操作し、ヒモだとか、悪党だとか、売春婦だとか、裏社会だとか、成金だとか、乱交パーティだとかの幻想を、そういった幻想に反応する若い白人が圧倒的に多いラップ・ファンに売りつけようとしている。それが、ヒップホップの状況だ。一方では、若者たちをラップに引きつけるのは、反抗的なイメージだ。だが他方で、ヒモや悪党や売春婦やドラッグ・ディーラーやらなにやらに囲まれて暮らしてるやつらの現実の生活っていうのは、セクシーやらマッチョやらの気分を求めようと、気分しだいで点けたり消したりできるような単なる反逆者のファンタジーとはまったくほど遠いもんなんだよ。不正、法の無力、腐敗によって歪められたやつらの実際の生活が、抑圧から抜け出るための道のひとつとして、ヒップホップを作ったんだ（そしていまも作り続けている）。

——KRS－ONE〔第三章の訳註17を参照〕『沈思黙考』（二〇〇三年）

過去にこの国が分裂の危機に陥ったとき、若い人びとは、アメリカの民主主義の実験の深化に非常に重要な役割を果たしてきた。一九六〇年代、黒人の自由のための闘争と反戦運動は、おもに若者のヴィジョンと勇気によって支えられていたのである。上の世代が倦み、失望し、疲れたときでも、民主主義へと向かう流れを進めるのに大きな力を発揮したのは、自己を見つめる力と共感する力を持った若い人びとの活発な道徳的エネルギーだったのだ。だが、気を紛らせるような娯楽で若者市場を制圧し、平和や正義の問題に参加することから心を離れさせる楽しげな誘惑の数々に若者を浸すことは、大企業の商人たちにとってもっとも効果的な戦略のひとつでもある。テレビや映画や音楽での〔猥褻な身体や精神性のない暴力の〕イメージによる間断なき攻撃のせいで、多くの若者は、欲望充足の文化――飽くことなき快楽と終わりのない興奮と性的な刺激の追求――が、人間の唯一の存在様式だと信じている。快楽主義的な価値観とナルシシスティックなアイデンティティが、情緒的に発育不全で、成長を拒否し、民主主義的で責任ある市民になろうとしない若者を生み出している。市場に牛耳られたメディアは、人生で基本的に重要なのは、金で買える玩具と社会的ステイタスだと信じさせようとしている。世界をより公正なものにしよう、あるいは、品格と共感する力を持った人間たろうとする民主主義的な理念は、簡単に失われ、無視されてしまっている。

メディアによる攻撃は、民主主義的な個性に代わって所有に価値を置く個人主義を賞賛することで、成熟に向けて努力する権利を若者から奪うばかりでなく、終わりなき快楽の追求のその後に待ちうける精神的な栄養失調に対処するために必要な備えをも奪っている。魂の空虚さという感覚は、ヴァニラ色の〔白人の〕郊外住宅地に住む金持ちの子どもと同じように、チョコレート色の〔黒人の〕都市部に住む貧困層の子どもにも広がっている。商品を所有し崇拝しても、若者の愛と自己信頼への飢餓が満たされることはない。そこに見えるのは、心の鬱が、精神の痛みが、個人の孤独が、メディアの影響をうけた逃避主義を煽っている姿ばかりである。たとえば、コカインやエクスタシーといったドラッグの使用の増加であり、「イケてる」からと言って女子中学生が男子中学生にフェラチオをするといったような、信じられないような若年層でのセックスの流行であり、ネット空間でのメッセージのやり取りやブログで架空の人格をまとうことに中毒になった多くの子どもたちの姿だ。感覚の恐ろしい麻痺、知性の鈍化、生を永遠の現在に封じこめようとする試みは、すなわち過去とつながりを失い、異なった未来へのヴィジョンを失うことであり、これは、狡猾極まりないかたちをとった魂の殺人だ。そしてわれわれは、なぜ、われわれのかけがえのない子どもたちのあいだで絶望が力を増し、自殺が増加しているのかと戸惑っている。

この攻撃に対するもっとも危険な対処法は、中毒である。ドラッグ、アルコール、セックス、そして、狭い意味での人気や成功への中毒。こういった中毒は、成熟し、他人を思いやり、社会的な変化に政治的に関与するという民主主義的な努力をする余力や時間のない人間を作り上げる。痛みや空虚さから逃れようとして、自分ひとりでそれを解決しようとして、多くの者がつい自身になにかを投与してしまう——それは自分自身への暴力、自己破壊の第一歩なのに。こうして多くのアメリカの若者、あまりにも多くの若者が、根を失い、土地から切り離され、人間性を剝奪されて漂っている。彼らには歴史感覚がほとんどなく、みずからがなにによって形づくられたのかを知らず、人間としての自身の可能性について必要なヴィジョンを持っていない。彼らの多くは、アメリカの商業主義の標的となり、消費のための欲望の束程度の存在になってしまっている。生きていくために彼らが手にしている鎧《よろい》はあまりにも脆弱なので、行く手に立ちふさがる資本主義社会のめまぐるしい消費文化が生み出すトラウマに対抗するのはえてして難しい。要するに、彼らの多くは、失望、病、死といった人生における試練や危機に対処するのに必要な、人生を航行していく技術を失っているのだ。だからこそ、大人の世界のニヒリズムを反映し、みずからの人生の無意味さや希望のなさのニヒリズムを生きていくことになっているのだろう。大人の世界があまりにも道徳を欠いていることが理由で、彼らは、多くの場合あまりにも冷めているのである。

もちろん、耐えて生き延びている若者もいる。物質的な玩具や安全という幻想に満足していない者たちである。それ以上のなにか、もっと深いなにかを求めているのだ。彼らが必要としているのは、目配り、賢明な導き、共感にもとづいた助言である。民主主義的な個人、共同体、社会を強く望んでいるのだ。アメリカにはなにか問題があると、自分の人生にはなにかが欠けていると気づいている。このような若者が欲しているのは、みずからのやせ衰えた魂を自身より大きな物語のなかに位置づけることができるような、そして、自分の肥大したエゴ（それはただ、より深い不安と不安定さを隠しているだけである）を自身より雄大な語りのなかに据えることを可能にするような、追求し犠牲をはらう価値があり、人を力づけるヴィジョンである。やせ衰えた魂のなかには深い怒りがあり、それはしばしば、世界に向けて解き放たれる。彼らの肥大したエゴは気取ったポーズを生み、正当か不当かにかかわらず、権威と名のつくものに反抗する態度となる。雄大な物語や大きな語り――とりわけ民主主義的なもの――は、世界をより良い場所にする有意義な試みにつながる成熟した営みへと彼らの欲望を導くことを可能にするだろう。彼らの欲望は、民主主義の問題の原材料である。

あらゆる時代の若い世代の人びとと同じように、今日の若者はわれわれの社会の偽善や虚偽をはっきりと見ているし、成長するにつれ、社会から受け取ってきた嘘を根本的なかたちで批判するようになる。同時に彼らは、自分たちが受けてきた教育が歪んだもの、砂糖にくるまれたもので、多くの愉快でない真実を見ぬふりをしていると理解しはじめるだろう。ここから、この年代の子どもたちのなかに生まれた民主主義的で人道主義的な価値観を、われわれの社会がきちんと支えることができないことに対する失望と怒りが生まれてくる。若い人びとのなかにある瑞々しい善なる心は、大人の社会が真剣に対応しなければならない深い力なのだ。ゆえに、このような道徳的な怒りの表現を、われわれは深遠な英知として理解しなければならない。同時に、その怒りを前進する力に変え、より生産的な責任感へと導いていく手助けも必要だ。

怒りと失望とときに辛辣なかたちをとる欲望の混淆が、現実の政治活動において今日もっとも有意義なかたちで表現されているのは、グローバル化された国内外の民主主義の運動である。まだ始まったばかりではあるが、アメリカ帝国とグローバルな企業体という怪物に対して民主主義的な説明責任《アカウンタビリティ》を要求しようとするこの運動をおもに率いてきたのは、若者文化だった。六〇〇を超える都市（約二〇〇の合衆国の都市をふくむ）における何百万もの人びとが、合衆国のイラク侵攻における国際法違反の可能性について抗議した歴史的なあの日、二〇〇三年二月一五日〔2〕は、若者によって現実化された深く民主主義的な力と道徳的な熱情を示している。シアトル、プラハ、ワシントン、ローマ、そしてスイスのダヴォスでも行なわれた抗議運動（これらもおもな原動力は若者だった）は、アメリカの帝国主義的な支配を強化するグローバルな世界の権力中枢がはらむ反民主主義的な性格に、国際的な関心をもたらすきっかけとなった。

この運動の批判の矛先は、自由市場原理主義というドグマと、そのドグマへの隷属が世界レヴェルでもたらす貧富の差の拡大に向けられている。それは、合衆国政府の攻撃的軍事姿勢と、アメリカのみならず世界中で進みつつある権威主義への批判でもある。これらの抗議運動から発展するかたちで常設の制度を作ろうという、ムーヴ・オン〔3〕やグローバル・シティズンズ・キャンペーン〔4〕といった公益団体によって具現された素晴らしい試みは、民主主義的な活動が今日でもじっさいに機能していることを示している。これらの機関を支持しているのも、これらの機関によって生み出された熱意を支えているのも、その中心は若者文化である。私が——中年（！）の民主主義的な知識人として——自身を捧げようとしている責務のひとつも、これらの運動を黒人の若者文化とつなげること、それをより多人種的なものにしていく手助けをすることである。私がとった方法のひとつは、ヒップホップ・カルチャーとラップ・ミュージックの深遠な力とエネルギーに、それにふさわしい真剣さをもって積極的に関与していくということだ。

ヒップホップ文化はもともとは過剰さや非道徳性に対する怒りから生まれたにもかかわらず、いまや自分自身がそれらに染められてしまったが、それでも、ラップ・ミュージックとヒップホップ・カルチャーの最良の部分は、過去の世代のどのような文化における表現よりも強く鮮明に、アメリカの主流文化の道徳的腐敗への深遠な告発を声にしている。ヒップホップは、帝国のチョコレート色の都市にある〔低所得者層〕地域《フッド》の貧困を生きる才能ある黒人の若者たちによって創造された、前例のない文化的革新であり、いまや国内外におけるエンターテインメント産業と文化を変容させてしまった。ヒップホップの最大の皮肉は、そもそもその始まりの衝動はたしかに大人の文化の偽善性への強い嫌悪、つまり、自分たちの住んでいる地域《フッド》と社会全体の双方での大人文化の、自己中心主義、資本主義的な無慈悲さ、および他者排除への嫌悪だったにもかかわらず、それ自体が、ニヒリストで、マッチョで、暴力的で、成金趣味の運動と見なされるようになってしまったことだろう。たとえば、今日もっとも人気のあるヒップホップ・アーティストのグループのひとつ、ジョージア州アトランタ出身のアウトキャストを例にとろう。一〇年前にリリースされたファースト・アルバムに収められた「トゥルー・ダット」で、ルーベン・ベイリーは、グループの名前を説明することで、ヒップホップの歴史をそもそものルーツまで遡っている。

アメリカの歪んだシステムの下であまりにも長いことやってきた、アウトキャスト（outkast）、発音は、ホームレス、社会に受け入れられないことを示す形容詞（outcast）と同じ、けどもっと深い意味がある。

お前はアウトキャストか？　この音楽に脈打っている基本原則や根本的な真実をわかってくれるなら、お前もきっとそうだろう。これが娼婦のヒモをすることやキャディラックのドアをバンと閉めることについてだと思ってるんなら、お前はきっとくそったれの白人だ、そうでなきゃ、自分がくそったれの白人だと思ってるニガーだ、そうでなきゃ、たんに分かってないのかもしれねえ。

まともな世界の一部だと思われないやつがアウトキャストだ。そいつは違った目で見られる。そいつの服や髪や仕事や信念や肌の色のせいで、そいつは受け入れられない。さあ、自分を見てみろ。お前はアウトキャストか？　俺はそうだ、俺は知ってる、本当のことを言えば、それ以外のなにものにもなりたくはない。

ヒップホップの黎明期は熱かった。グランドマスター・フラッシュ・アンド・ザ・フューリアス・ファイヴ[5]、クール・ハーク[6]、ラキム[7]、パリス[8]、プア・ライチャス・ティーチャーズ[9]、アフリカ・バンバータ[10]、そしてなによりも、KRS－ONE〔第三章の訳註17を参照〕とパブリック・エネミー[11]（とそのリーダー、チャック・D〔第三章の訳註16を参照のこと〕）は、途方もない民主主義的な力を解き放った。彼らは、アメリカにおける黒人の苦しみと抵抗の真実を、力強く語った。ヒップホップの政治的な偉人たちは皆、アウトキャストが示したアンダーグラウンド的な展望を表現したし、し続けている。それは、帝国アメリカのドグマとニヒリズムに対する正当な怒りである。しかし、ヒップホップはまもなくアメリカの主流若者文化に飲みこまれてしまい、その預言的な情熱を失ってしまった。

トゥパック・シャクール[12]、アイス・T[13]、アイス・キューブ[14]、ビギー・スモールズ[15]、スヌープ・ドッグ[16]ら、次世代の巨人たちの到来とともに言語的な洗練とギャング的な感覚とが、そこに絡み合って持ちこまれるようになった。彼らのアーティストとしての正直さは、皮肉なことに、彼らの日常と仕事における反社会的なエネルギーやストリートでの暴力を露呈させたのである。そして、娯楽産業がラップ・ミュージックを主流に組みこみはじめるにつれて、ストリートでの暴力性が中心になっていった——黒人男性は非常に犯罪的で非常に性的であり、黒人女性は喜んで彼らの征服の対象になるのだという、人種差別的なステレオタイプとともに。レコード会社は、白人の子どもたちは批評的で預言的なものより暴力的で女性蔑視的な要素のほうをはるかに好んでいると考えたわけだ。ヴァニラ色の郊外で反社会的な気分になりたがっている若者（現在ではヒップホップＣＤの購入者の七二パーセントを占め、違法ダウンロードを数えればさらに多いだろう）を対象としたこの戦略は、ごく最近にそれが下降傾向に転じるまで、音楽産業全体に好況をもたらしたのである。モス・デフとタリブ・クウェリによる先鋭的なデュオ、ブラック・スターは、「ヘイター・プレイヤーズ」〔セルフ・タイトルのファースト・アルバム収録〕で、売り上げ至上主義的なこの傾向に対してこう応答する。

最近は、ニセモノの曲をつくる金持ち《キャット》を批判すると、そいつが金持ちから「プレイヤー・ヘイター」〔成功したアーティストを妬んでいる者〕と呼ばれるようになるんだな。多くの金持ちのプレイヤーが、クソみたいなニセモノを作ってる。それは金のためだ！　俺はまだ、魂を売る《セル・アウト》ことが最悪のことだったときのことを覚えてるぜ。それから、セル・アウトで物事が進むようになっちまった。この曲は「ヘイター・プレイヤーズ」という題だ。それは、俺たちがこれを愛のためにやるってことを憎んでるプレイヤーが大勢いるからだ。

預言的なローリン・ヒルは「ロスト・ワンズ」〔『ミスエデュケーション』収録〕のなかでこう指摘する。

お金がどれだけ状況を変えるかはおかしいほどだ
ミスコミュニケーションは錯綜した状況を呼んで
私の解放はあなたの考える平等にはそぐわないし
私は跪いていて全ての地位はあなたたちが占める

預言的なヒップホップを、コンスタンティヌス的なヒップホップ[17]と区別することは重要なことである。預言的なヒップホップは、深く民主主義的な力を持ち、正しい怒りと政治的な抵抗に誠実であり続ける。コンスタンティヌス的なヒップホップは、帝国アメリカのドグマとニヒリズムに従う。「ホェヤー・ヤー・アト？[18]」でダ・スマートはこう言う。

食人族のように俺たちを喰らいながら、お前らなに求めている
あの四〇エーカーの土地と動物たちはどうなっちまったんだ[19]
白人と黒人の統合《インテグレーション》をただ俺たちをだますためだけにお前たちは使う
マルコムも言っていたが、俺たちは目隠しされ、俺たちはだまされている

市場中心的な主流文化によってはなはだしく無視、否定、蔑視された若者たち——人種差別的な刑事裁判制度と増大しつつある監獄・産業複合体から主なえじきとして狙い撃ちされ、みじめな学校に通い、崩壊した家庭（無責任で、職を持たない父親のなんと多いことか）に育ち、暴力的な環境を生きている

——若者たちから、このように力強い詩と鋭い社会批判が生み出されうるのだ。このことは、堕落したシステムにいまだ妥協してはいない若者が、どれだけの活力と知見をわれわれの民主主義に供給することができるのかを力強く証明している。

皮肉としか言いようのないのが、この詩と批判が、郊外の白人の若者の消費者嗜好に、すなわち空虚なブルジョアの世界に住みながら、反社会的なエネルギーと目新しい興奮を求める白人の若者に吸収されてしまうという事実である。しかし、都市部の特定の地域《フッド》からの黒人の声は、市場化され弛緩した主流文化の外部からの声、つまり、彼らの耳に届くもっとも真っ当で、もっともほんものの声なのだ。そこで、レコード産業もファッション産業も金儲けのためにそれにとびついたわけである。ヒップホップの現状は——ジェイ・Z[20]、エミネム[21]、ドクター・ドレ[22]、マスター・P[23]、カニエ・ウェスト[24]、ファレル[25]、キラー・マイク[26]、デッド・プレズ[27]、そしてなによりも、アウトキャストのような偉大な才能を擁してはいるが——心許ないものである。ヒップホップはまだ業界の中心的な力でありえてはいるものの、才能のある者の多くはアンダーグランドに潜ってしまった。イマニ・ペリーが名著『フッドの預言者たち』（二〇〇四年）で述べたように、ローカルな音楽がヒップホップの未来ということになるだろう。一方、ジル・スコット[28]、ザ・ルーツ[29]、キンドレッド[30]、アンソニー・ハミルトン[31]、ラフ・エンズ[32]、ドゥルー・ヒル[33]、ドニー[34]、インディア・アリー[35]、アリシア・キーズ[36]らによるネオ・ソウルの運動は不良性や暴力性を和らげたものとしてあり、ジェラルド・リヴァート[37]、アレサ・フランクリン[38]、テディ・ペンダーグラス[39]、スティーヴィー・ワンダー[40]、ルーサー・ヴァンドロス[41]、ロナルド・アイズレー[42]、R・ケリー[43]といった、永遠の才能の再評価の気運も同様である。しかし、よりアンダーグラウンドなヒップホップが浮上する日は近いだろう。私は——アメリカの民主主義的なエネルギーのためにも——それを望んでいる。なぜなら、ヒップホップは国内問題だけでなく国際的な面でも、真実を告げるという政治的な力のために非常に大きな貢献をしてきているからだ。

　過去のさまざまな形態のブラック・ミュージックと同様、ヒップホップは地球全体の若者の想像力をわしづかみにした。預言的なヒップホップは、内なる抗争の痛々しい真実を告げ、帝国アメリカの中心の都市で、荒廃した学校、じゅうぶんとは言えない医療制度、失業、ドラッグの売買がいかに人びとの魂を傷つけてきたかを語った。対して、商品へのフェティシズムに溺れ、文化の物質主義、快楽主義、ナルシシズムを賛美し（例の「ブリン・ブリン《きんきらきん》」）〔第一章の訳註5を参照〕、そして、女性、ゲイ、レズビアン、ギャング闘争の敵を侮蔑しようとするのが、コンスタンティヌス的なヒップホップである。簡単に言えば、ヒップホップは、われわれの社会と世界の最上のものと最低のもの、美徳と悪徳の両方を映し出す等身大の鏡なのである。

　ヒップホップ・カルチャーとラップ・ミュージックは、むき出しで荒々しいやり方でわれわれ旧世代を模倣しつつ張り合ってもいるのだが、多くの点において、旧世代を告発している。それは、挑戦的で洞察力に満ちた新しい世代の声であり、その声は、彼らが大人たちからさして見守られても気遣われてもおらず、愛されていないということを、そして、大人たちは彼らが正しく成長し花開くのに必要な愛や心配りや注意をはらわず、自己中心的に、自己満足だけを求め、自身の保身だけを考えているということを、詩的に主張している。その批判を逃れることができるのは、彼らの愛すべき母——しばしば働き過ぎで、じゅうぶんな賃金をはらってもらえず、真の親密さの欠乏に苦しんでいる——だけである。

彼らは、アメリカ帝国の虚偽と偽善も批判している。直接的な反帝国主義の言葉ではなく、帝国の制度的な不平等に由来する感情の軋轢や教育の欠陥を、詩的な言葉に託すことで。

　重要なのは、民主主義を信じるすべての者がヒップホップの預言的な声に積極的に関与し、これを助けることだ。若者たちに、自己満足に溺れるのでなく自己批判的たることを、快楽主義的でなくソクラテス的になることを求める声に。だからこそ、私は、ラッセル・シモンズ[44]やベンジャミン・チェイヴィス[45]が行なう、ヒップホップを若者の窮状を改善するための政治的な力にする試みを強力に支持し、参加している。同様に、アンダーグラウンドなヒップホップの掲げる預言的な目標を若者に教示しようという、ヒップホップ・テンプル[46]に関わるKRS－ONEらのヴィジョンも支援している。そればかりでなく、L・ロンデール・マクミラン[47]の組織アーツ・エンパワーメント・コレクティヴ[48]は、業界の不当行為から預言的なアーティストたちを守っている。また、偉大な音楽的天才プリンスが年に一回ペイズリー・パークで開催する集会では、政治問題を検討すると同時に互いのパフォーマンスを楽しむために、上の世代と若いアーティストたちが集っている。預言的なヒップホップは貴重な苗床であり、そこから民主主義的な個人、コミュニティ、社会が芽生え育っていくだろう。

　この芽生えを、私が最初のCD『私の文化のスケッチ《スケッチス・オヴ・マイ・カルチャー》』（二〇〇一年、アーテミスからリリース）と、二枚組の『ストリートの知恵《ストリート・ナリッジ》』（二〇〇四年、ロック・ダイアモンドからリリース）を制作しているときにも個人的なレヴェルで感じていた。カリフォルニア州サクラメントの黒人地域、なつかしのグレン・エルダーにあるクリスタル・クリアー・スタジオでの深い連帯感とコミュニティは――それは批評的な会話と政治的な考察に貫かれている――若い人びとのための活き活きとした民主主義的な空間である。私たちのグループ、フォー・ブラック・メン・フー・ミーン・ビジネス（4BMWMB）[49]のメンバーは、無類のプロデューサーにしてソングライター、デレク・“D.O.A”・アレン、バンドの創設者でソングライターのマイケル・デイリー、年長のリーダーでソングライターのクリフトン・ウェスト（愛すべき私の実兄）と私の四人である。われわれの目標は、若者に預言的なブラック・ミュージックの歴史を教えること、彼らにヒップホップの政治的な基盤を示すことにある。若者に直接語りかけ、彼らとともに彼ら自身の言葉とスタイルで演奏することで、われわれは上と下の世代とのあいだに橋をかけようとしている。私のCDは、芸術的、政治的な目標に向けたダンサブルな教育である。このようにして、民主主義の問題は、敬意を持ちながらも批判的にヒップホップ文化に織りこまれるのだ。

ヒップホップ文化がこのようなコミュニケーション活動の唯一の方法というわけではないが、有効な方法ではある。多くの若者たちが不満を抱く大きな理由は、彼らが、大人たちのコミュニティは彼らの人生における問題を理解しようとも注意をはらおうともしていないと考えているからだ。大学という場にもっとも求められる使命は知的探求の情熱を語り、若き知性がわれわれの民主主義に積極的、生産的に参加するための準備をすることだと思うのだが、その大学の世界においてさえも、市場原理の要請がすっかり支配的になってしまっている。成功を求める偏狭な試みが、偉大さを求める気高い努力を押しのけている。しかし、自身の成功を使って、世界をあらゆる人にとってより良いものに変えようとすることこそが、偉大さなのだ。

市場原理に支配されたテクノクラートの文化が、もはや大学生活にも入りこみ、学問上の勲章を求める偏狭な競争や、助成金や産学連携から資金を得ようとするビジネスが、若者の精神の向上という大学の根本的な責任より優先されている。精神生活を一生の務めとした大人にとって、真実を告げるという営みを若者たちを巻きこみながら行なうことを通して、より大きなコミュニティに関与し、現代の重要な問題をめぐる国内の議論を深めるために有意義な役割を果たすことは絶対に必要である。政治や経済の世界でのじつに多くの大人たちの偽善について、若い人びとは敏感に気づいている。だからこそ、自由に意見を言おうとも非難されることの少ない立場にいるわれわれ大学人こそが――その自由のほどは脅かされつつあるものの――そうした重要な橋となることができる。

こういった理由から、私は、学問の世界で授業や執筆に従事するだけではなく、より広い文化とコミュニケートすることの意義を確信しているのである。あちこちの監獄での教育活動はすでに二〇年以上になる。C－SPAN[50]やその他のテレビ局の番組にくりかえし出演させてもらったおかげで、現在の火急の問題について同胞市民に問題提起をする機会も得ている。ナショナル・パブリック・ラジオでのタヴィス・スマイリーのショー[51]での週に一回のコメントでは、合衆国の国内外の政策について深く民主主義的な視点を提示してきた。リンダ・エラビーの『ニック・ニュース』[52]で、奴隷制の遺産について幼い子どもたちと取り組んだことは、民主主義の進歩のひとつの現場を示したであろう。シルヴィア・アン・ヒューレットとともに全米子育て協会《ナショナル・ペアレンティング・アソシエーション》[53]の会長をしていること（われわれの共著、『親であることの危機《ウォー・アゲンスト・ペアレンツ》』［一九九八年］と『子育てを公共圏に《テイキング・ペアレンティング・パブリック》』［二〇〇二年］をふくめ）は、子どもたちの窮状に焦点を当てているし、また最近、『マトリックス』第二作、第三作で評議員ウェストの役を演じたのは、ウォシャウスキー兄弟の深く民主主義的なヴィジョンを支持したからである。さらに、タヴィス・スマイリーとマイケル・エリック・ダイソン（この世代を代表する、偉大な社会派知識人[54]）とで、例年数都市を回る「マイクをまわせ《パス・ザ・マイク》」ツアー[55]を行ない、深刻な問題の議論のために五〇ドルもするチケットを買った何千人もの人びとともに、帝国アメリカを批判しそれに抵抗する民主主義的な空間のなかで、若い世代と上の世代をつないでいる。また、プリンストン大学のエディ・グロード・ジュニア[56]やコロンビア大学のファラ・ジャスミン・グリフィン[57]のような、若く優秀で民主主義的な知識人を支援しようと努めてもきた。私がこれらすべての活動の前線で感じ、驚きを覚えたのは、民主主義的な理想の提示や批評的な会話に若い人びとがどれだけ飢えているかということだった。

　このような活動のなかで、とりわけタヴィス・スマイリーの例は、彼がマスメディアの若い世代のなか（あるいは、あらゆる世代においてもそうかもしれない）でもっとも影響力を持つ民主主義的な知識人であるということで、私を勇気づけてくれた。彼はわれわれの文化において力強い存在感を放っているが、そこにはつねに人種と帝国の問題に躊躇なく取り組む態度がある。若い人びと、とりわけ黒人の若者を教育し、民主主義の問題に心を向けさせることに、彼ほど貢献した者はいないだろう。スマイリーは、国内最大の聴衆（一一〇〇万人）を誇る黒人のラジオ・ショー、「トム・ジョイナー・モーニング・ショー」に、週に二度コメンテイターで登場する。ナショナル・パブリック・ラジオでの彼のショーと、パブリックのテレビ局〔営利目的でなく運営されているテレビ局のこと〕での彼のトーク・ショーは、前例のない、歴史に残るであろうショーである。ナショナル・パブリック・ラジオとパブリックなテレビ局で同時に番組を持っていた者は、人種を問わず、全米のマスメディアの歴史上いまだかつて存在しないのだから。九冊の著書を出版していて、それらは着実に売れている。若き指導者養成のためのタヴィス・スマイリー財団と、年に一度C‐SPANで行なう黒人のシンク・タンク[58]はともに、永遠にこの社会の重要な力であり続けるだろう。彼は、若者文化を民主主義の問題の中心に位置づけるために必要なヴィジョンや勇気とはどのようなものかということを理解し体現している。

学者の人生は、大学という象牙の塔のなかに封じこめられ、テクノクラートのための偏狭な目標に捧げられるべきではないと私は考えている——あるいは、すくなくとも、すべての学者の人生がそうあるべきではないと。研究者は、たしかに、自身の分野の高度に専門化された興味を深く探求して、その分野をさらに深める意義ある貢献のために努力すべきだろう。じっさい、私自身、誰も知らないような哲学の狭い問題に焦点を絞った論文や、『アメリカにおける哲学の忌避——プラグマティズムの系譜』（一九八九年）、『信仰をまもる』（一九九三年）といった専門的な本を書くことで、そうした仕事もしてきたつもりである。しかし、私はつねに、現在論争中の問題に関与する気持ちのある大学人には重要な社会的役割があると考えてきた。政治的抵抗や連帯の形成に学者が関与するのは非常に重要なことであり、そういった関与が史上もっとも成功した民主主義的な社会運動を背後から支えてきた。積極的に政治に関与しようとする研究者が、労働者、学生、権利を奪われた市民、活動家と連帯するとき、エリートの腐敗に対する実効ある抗議が可能となり、その民主主義的に高められた場には若者も参加することができる。実を言うと、社会のなかでの民主主義的な活動に学究が関与する豊かな伝統を若くして受け入れたからこそ——研究者として巣立とうとしていたときに、多くの傑出した知識人たちのこのような行ないを見て、感服の念を覚えたものだった——私自身、確固たる決意をもってそのような活動に身を捧げてきた。しかし、今日の大学で支配的になりつつあるテクノクラート的経営主義の文化においては、テクノクラート的なヴィジョンの偏狭な枠からはずれるプロジェクトを開始しようとする研究者は、民主主義的な理解を受けることはまず無理であり、むしろ乱暴な批判を受けることがしばしばである。とくに、そういったプロジェクトが政治問題を刺激するものの場合には。そして、残念ながら広く知られることとなった、ハーヴァード大学学長ローレンス・サマーズとの意見の衝突において私がまともにぶつかったのも、まさにこの偏狭なメンタリティであった。

私は学問の世界、マスメディア、監獄、教会、ストリートを相互につなぐ網の目をつむいできたが、その豊かで将来性ある民主主義的な経歴は、彼のテクノクラート的で偏狭なヴィジョンにそぐわないというだけの理由で、疑義を呈されることとなった。サマーズにとって大学教授の役割とは、市場原理に支配された大学運営と帝国アメリカにとって喜ばしい研究課題を、エリート主義的に安穏としつつ探求することなのだ。学問上の勲章を集め、政府との契約、財団の助成金、産学連携といったかたちで相当額を得、そうすることで大学の名声を高めることが、彼にとっての最優先事項である。こういったテクノクラート的な思考は、大学の研究者を外のより広い民主主義的な文化から隔て、大学の生活を、これを支えている外部の社会からかけ離れたものにしてしまう。サマーズは、若者の精神を学問の世界外部との良質な相互関係に開いていこうとする私の試みに、ほとんど、もしくはまったく価値を見いださなかった。彼にしてみれば、大衆一般に、とりわけ若者文化に手を差し伸べようとすることは、大学の責務の外にあることなのである。くわえて、私の仕事をひとつも読むこともなく、また、私の仕事の学会での評価を把握しようともせず、私の学問的な業績と政治的な立場について疑問を表明した。私としてみれば、ハーヴァード辞職につながったやりとりを公にしないですむのなら、そのほうが望ましかった。しかし、新聞がこの話について好き勝手なことを書いていたこと（それは露骨な歪曲と悪意ある攻撃に満ちていた）を考えれば、記録を正しておくのは私にとって重要である。真実を知っているのは、彼と私だけである――そして、この一連のできごとは、民主主義に積極的に関与する知識人の職務を冷淡に軽視する風潮がアメリカの大学に蔓延していることを、端的に示しているのだから。

二〇〇一年一〇月の初め、サマーズが大学に着任するとすぐに、彼に呼び出された。友人であり学部の長でもあるヘンリー・ルイス・ゲイツ・ジュニア[59]が、ローレンス・サマーズ学長が私に会いたがっているとあらかじめ知らせてくれていた。それまでサマーズ学長に会ったこともなかったし、道で見かけても分からなかっただろう。顔も知らなかった。ハーヴァードのリーダーとして当初から物議をかもしたことについて、いくつか噂を耳にしてはいた。有名なアフロ・アメリカン・スタディーズ学部に身のほどを教えてやると言ったというのだ。彼は各学部長と会合を持っていたが、アフロ・アメリカン・スタディーズの長ゲイツ教授とは、わざと順番をとばして、会わないでいた。また、黒人職員との会合で、アファーマティヴ・アクション〔第二章の訳註13を参照〕が本当に有益な結果をもたらしているかどうかについては疑わしいと発言したとも聞いていた。それに、世界銀行時代には、サハラ以南のアフリカが人口過多で悩んでいるのなら危険な汚染物質をこの地域に持っていけと示唆したという、悪名高いメモの話もあった。ただし、これらの噂を額面どおり信じていたわけではない。それらを証明する確かな証拠を、この目で見たわけではないのだから。彼の学長としての仕事の最初のいくつかについて、気分を害していたのは確かである。とりわけ、私が強く支持していた最低賃金保証キャンペーン[60]への反対については。もうひとつ問題であったのは、学期の始めに執行部から、アフロ・アメリカン・スタディーズでの私の授業の受講者数を七〇〇人から四〇〇人に減らすよう要請を受けたことだった。ハーヴァードにはそれだけの人数を入れる教室がないから、というのが理由である。私が削減には応じなかったため、この問題は三週間あまりごたごたとすることとなったが、最終的には預言的な司祭の助けでキャンパスの外のカトリック教会の地下室を借りて、そこで七〇〇人全員に授業を行なうかたちで解決をみた。

サマーズ学長と面談をする直前、ゲイツ教授は私をわきに呼んで、彼から学長への書状を見せてくれた。三頁にわたってぎっしりと書かれたその書状では、私の一六冊の著書と八冊の共編著が論評され、きわめて多数の学生グループに対する私の指導の様子が説明されていた。私は、自分が査問の対象になっていることに気づいて愕然とし、ゲイツ教授がこの仕事のためにはらわなければならなかった労力と時間を考え、信じられない気持ちになった。不必要どころか、たんなる無駄と思われた。私はハーヴァードに「ユニヴァーシティ・プロフェッサー」という、どの学部にも講座にも属さない特別な教授職として迎えられていたので、どこでも望む学部で教えることができたし、そう望めば、担当授業数を減らすこともできた。減らしたいとはまったく思っていなかったし、それどころか、じっさいには授業数を増やしていたのだが。だから、私のことをそんなふうに学長に紹介してもらう必要があるとか、自身の行なっていることを学長に正当化する必要があるなどとは、思ってもいなかったのである。

サマーズ教授の部屋に入り、握手をしたとき、彼は不安そうだった。正直に言って、そこに居たくないかのように見えたのである。会話を始めると、驚いたことに、今日初めて会った私に向かって、ハーヴェイ・マンスフィールド教授をやっつける（じっさいには、活字にはできないような言葉を使った）のを手伝ってほしいと切り出してきた。マンスフィールドは、ハーヴァードにおける相当数の黒人学生と女性の存在を軽視するような発言を公然としている、保守派の代表格である。どうもサマーズ教授は、深い民主主義者の黒人である私なら、マンスフィールド教授を失墜させることに喜んで参加すると思ったらしい。マンスフィールド教授は私の友人であり、かつての恩師であり、尊敬する同僚であって、実を言えば、トクヴィルの古典『アメリカの民主政治』全二巻の（奥さんと共訳の）素晴らしい翻訳の刊行について、教職員クラブでお祝いを述べてきたところだと私は言った。サマーズは驚いただろうし、いたたまれなくも感じただろう。マンスフィールド教授と私は人種に関する公開討論に何度も参加していて、それは学生にもとても人気があること、私が彼のクラスで講義をしたこともあること、私とマンスフィールド教授はいくつかの点で決定的に意見が異なってはいるが、互いに対して汚い言葉を使ったり、ののしりあったりはしないということもサマーズに告げた。サマーズ学長の反応ときたら、まるで目の前で私が、スラムに住んでヒップホップをやっている黒人のステレオタイプから、日曜学校に通い聖書を手に話をする福音の信徒（ある意味で私はそうである）へと変身したかのようだった。この国のトップの大学の学長ともあろうものが、その教員に向かってこんな暴力的で無礼な接触をするのかと思うと、私はぞっとした。

　こういった感じで初対面の愉快な挨拶が終わると、サマーズはつぎに、私についての苦情を延々と並べたて、私を叱責にかかった。二〇〇〇年には、ビル・ブラッドリー〔61〕の選挙運動に参加するため、三週連続で授業を休講にしたと文句を言い、それから、まともな頭を持っていれば誰も支援などしない大統領候補を支援した（彼が言っているのは、ラルフ・ネイダー〔第三章の訳註43を参照〕のことなのかアル・シャープトン〔62〕なのか一瞬迷ったが、後者だろうと判断を下した）と非難した。また、私のラップのCDはハーヴァードの体面を傷つけており、哲学の伝統に関する立派な本を書いて、研究者としての地位を固めていただかなければならないと興奮したように言った（そのような本ならすでに一二年も前に書いていることや、かつてイェール大学でもプリンストン大学でも教授職に就いており、学者としての地位も確固としたものだということを、どうも彼はわかっていないようだった）。つづいて、アフロ・アメリカン研究での私の授業、および学部の他の授業は、簡単に単位を出しすぎていて、成績評価のインフレを起こす一因になっていると主張した。さらに彼の主張によれば、私はハーヴァードのよき市民となることを学ばねばならないし、労働者の賃金でなく、学生の学問的な要求に応えることに集中すべきだということだった（けれでも、言うまでもないが、学生のそうした要求に応えるために、私のもっとも人気のある授業に登録した七〇〇人の学生全員が受講できるようちょうど奮闘したばかりだった）。彼はまた、『ニューヨーク・レヴュー・オヴ・ブックス』紙〔伝統ある硬派の週刊書評新聞〕のような一般向けの場ではなく、専門の学術雑誌に書評が載るような仕事をしなければいけないとも言った（実を言うと、私の本が単独で『ニューヨーク・レヴュー・オヴ・ブックス』紙で書評されたことはない。が、希望を捨てずにはいる）。そして、二カ月に一度の割合で会って、彼が私の成績評価と研究の刊行の進捗状況をチェックしようと提案した。彼の長い弾劾演説は、最後に私への激励で終わったが、その激励のさなかに見せた独善的でニヤニヤした笑い顔を見て私が思い出したのは、亡き父が幾度もくりかえし昇進を申請したときに、それを拒否し続けた父の上司たちの傲岸な表情である。いったい彼は、私がどのように反応することを求めていたのだろうか。彼のように権力のある立場にいる者が、風聞と、おそらくは個人的、政治的な偏向だけをもとに、このように無責任な判断を下すとは、その背後にあるのはいったいどのような種類の偏見なのだろうか。自分には説明責任はないと思っているのか——まるでどこかの企業のモーレッツＣＥ

Oのように。

私の対応は、彼の目をまっすぐに見て、私をどのような人間だと思っているのかと問うことだった。ハーヴァードに在籍しているあいだ一度しか授業を休講したことはないし、それはハーヴァードがスポンサーとなっている、エチオピアのアジス・アベバでのエイズ会議で基調講演を行なうためだったということを、まず彼に伝えた。大統領候補については、他人の意見や評価ではなく、私個人の信念から支援を行なう。ハーヴァードについて言えば、彼と同様に私もその伝統の一部となっていること（私は一九七三年にハーヴァード・カレッジ〔ハーヴァードの学部部門のこと〕を卒業し、この場所に尊敬と愛着を抱いている）、若い人びとに向けて彼ら自身の言葉によるダンサブルな教育を提供したいと思えば、私はそうすることを伝えた。私には一六冊の著作があり、アメリカの中心的な哲学的伝統（エマソンからローティまでのプラグマティズム）を扱ったものは高い評価を得ているし、一二年たったいまでも版を重ねている。私の授業の成績評価は、この大学のどの学部のどの成績と比べても恥ずかしくないものである。『ニューヨーク・レヴュー・オヴ・ブックス』紙が独立の欄で私の本を書評したことはない。ハーヴァードにいる七年のあいだに、種々の学生のグループで五〇回もの講演を行なっている。オフィス・アワーは、学生の要求に応えるためにしばしば延長され、五時間におよぶ。そして、一年にわたって二人で会うのに異存はないが、まるで私が彼の指導下にあるぐうたらな大学院生でもあるかのように監視されるためならごめんこうむりたい。それをもって、この面会は終わった。

この意見の衝突は本来けっしてニュースになるべきではなかったわけだが、ハーヴァードの著名な黒人教授と同じくハーヴァードの軽率なユダヤ系新学長との対立という一触触発の危険な性質を持っていたために、爆発的な大ニュースとなった。この体験を通じて、おいしい話を求めるばかりの粗野で扇情的でニヒリスティックなメディアがどういうものか、私自身、じっさいに味わったのである。ハーヴァードの近しい同僚と話したのち、公にはなにも説明せずハーヴァードを辞め、プリンストンに戻る決心をした。プリンストンからはずっと以前から、最初は学長のハロルド・シャピロから、ついで当時新学長だったシャーリー・ティルマンから、打診を受けていたのである。ところが、その後噂は噂を呼び、リポーターたちが私の家の前にむらがりはじめ、私は一言も発言しなかったにもかかわらず、新聞はお祭り騒ぎを繰り広げることとなった。

まず『ボストン・グローブ』紙が、二カ月間かけても私のコメントを取れなかった記者による記事を掲載した。つづいて『ニューヨーク・タイムズ』紙は一面で（私に取材することなく）われわれの面会では切り出されもしなかった、アファーマティヴ・アクションについてのサマーズのアンビヴァレントな態度に焦点を当てて論じた。つぎには、ハーヴァードで本当はなにが起こっているのかの特ダネをとろうと、レポーターたちが国中、世界中からケンブリッジ〔ハーヴァード大学のある場所〕に押し寄せてきた。学生たちは支援の請願書を出してくれた。テレビではおかかえの似非文化人が私をこき下ろし、授業には全然姿を現さず、四六時中レコーディングにかまけて、何年か前に凡庸な論文をいくつか書いただけで本はまったく書かないくせに、黒人のやくざばかりにサマーズを脅しつけて給料アップを求めたなどと論評していた。ジョージ・ウィル[63]などは、ハーヴァードでの私の地位は「人種的配慮から与えられた資格」の極端なケースだとさえ書いていた。こういったひどい襲撃にあって、友人でもあるハーヴァード・ロー・スクールのチャールズ・オグリトゥリー・ジュニア教授と相談したうえで、きちんとした説明の必要があると心を決め、まずタヴィス・スマイリーの番組で、それから『ニューヨーク・タイムズ』と『ザ・オライリー・ファクター』[64]で発言したわけである。私の目的は、真実を語り虚偽を明らかにすることであり、そして、学長サマーズはつついてはいけないニグロをつついたのだという事実を広く知らしめることであった。

新聞が私と私の「非学問的逸脱行為」と称されるものをあれだけ宣伝したにもかかわらず、ハーヴァードのイメージは上昇するどころか、その逆になってしまった。メディアの狂乱のなかで、サマーズが状況を統御することができないでいるさまをさらしたからである。同僚のなかに私とともにハーヴァードを去る可能性を示す者が現われたとき、ハーヴァードの監督者たち（サマーズの上司）は状況を不安視しはじめた。私が、同僚のウィリアム・ジュリアス・ウィルソン教授（彼もまたユニヴァーシティ・プロフェッサーである）[65]を除いては、全米のどの黒人の学者よりも専門学術誌で引用される件数が多いこと、ハーヴァードにはユニヴァーシティ・プロフェッサーが私の他に一七人いるが、私はその内の一四人よりも論文での引用件数が多いこと、サマーズ本人とくらべると、約二倍の件数であることが、皆の知るところとなってきた。彼がやるべきことをやっていなかったことがはっきりしたわけである。つまり、私の著作を一頁も読まず、私のCDを一秒も聞かず、私の成績のつけ方やキャンパスでの学生への教育のやり方について私の同僚に問い合わせることもせずということである。早まって彼を支持する声も最初メディアでは聞かれたわけだが、真実が明らかになろうとしていた。そこでサマーズは、誤解を解消するための二度目の面会を提案し、私はそれを受諾した。

その二回目の面会では、サマーズは礼儀正しく落ち着いていて、これまでのことを水に流したがっているのが明らかだった。近く行なわれることになっていた私の手術（当時私は癌を患っていた）と、彼自身癌を克服した人間としての自分の勇気ある経験について、心打たれる話をした。黒人として人種差別を受けたというような非難を言おうと思えば言えたのに、私がそうしなかったことについて感謝していると言った。あきらかに、この件で彼が一番恐れていたのは人種差別主義者というレッテルを貼られることだった――世界銀行時代にすでに受けていた批判である。私は、アメリカにおいてはあらゆる問題は潜在的に人種問題たりうるが、ほかにも重要な論点があると思っただけだと応えた。われわれは互いに誤解していただけだと彼は言い、私に対して――一度ならず――謝罪の言葉を述べた。私はこう応えた。この国のすべての排外的で、保守的で、ネオリベラルな新聞記者に、私に対する鬱積した敵意を吐き出す許可をあなたは与えたのだ。そして、メディアの歪曲報道はいまもまだ続いていると。

翌日、『ニューヨーク・タイムズ』は一面で、サマーズは一インチたりとも譲歩していない、私に対して確固たる態度で臨み、謝罪することを拒否したと報道した。自分の目が信じられず、すぐさま彼に電話をして、一度ならず彼が謝罪した事実を確認した。彼は、もちろん自分は謝罪したし、タイムズはたんなる事実誤認をしているだけだと答えた。だが、私の知人のひとりが報道内容と謝罪の有無について当該の記者にのちに訊ねたところ、信じられないことがわかった。つまり、記者とのインタヴューでサマーズは、謝罪などしていないし、けっしてするつもりもないと強調したというのである。どれだけ破廉恥で権力志向の男を相手にしているのかを真に悟ったのは、このときである。私がサマーズをアメリカの高等教育におけるアリエル・シャロン〔第四章の訳註12を参照〕と呼んだのは、そのつぎのインタヴューにおいてとなる。はた迷惑で愚鈍な乱暴者であり、難しくデリケートな状況をうまく扱えない威張り屋であり、傲慢な人間で無能な指導者であると。当然と言えば当然だが、これでさらなる狂騒が続くこととなった。ユダヤ人差別の批判がニューヨークからもテル・アヴィヴからも発せられたが、これは以前にも私が受けたことのある批判である。ルイス・ファラカン〔66〕師に率いられた一〇〇万人の行進《ミリオン・マン・マーチ》〔67〕を支持し、また、友人の師《ラビ》マイケル・ラーナー〔詳細は第四章を参照〕とともに、パレスチナ人に対するシャロンの抑圧的な政策に対して断固とした反対を示したときから、言われていることなのだ。

この忌まわしいできごとの一部始終は、大学というものが、どれだけ愚鈍で物質主義的なレヴェルまで身を落としてしまったかを示している。大学は、競争的で、市場原理に支配され、中傷に満ちた、アメリカ社会と実業界が抱える問題の戯画になり果ててしまったのである。

私は三つの点に失望した。まずひとつ目は、誤った申し立てや噂に翻弄されるのではなく、きちんと時間をかけて真実――「ヴェリタス」〔ラテン語の「真実」〕はハーヴァードのモットーである――を確認することに対するハーヴァードの教員や新聞の意識の低さである。アカデミックな世界がどれだけ中傷や誹謗に満ちたものになってしまったか、大学の教授たちはよく知っている。それなのに彼らは、学問の自由や同胞への敬意にほとんど関心を示さない。このような態度は、学問の世界がどれだけ気骨を失ってしまったのかを示しており、真実と高潔さの基準を高く掲げ、それらに対する信念を若い世代へと伝えていくという、大学の果たすべき役割とまったく相容れないものである。

ふたつ目に、この問題がどこまで矮小化され個人的な問題として認識されたかに、私は驚いた。個性と個性がたまたまそのへんでぶつかり合っただけだと、つまり、学長が基準を高く掲げて、不当に欲深な教授に屈服することを拒んだだけだと見なされたのである。そこでは、より大きな問題が、すなわちアメリカ帝国の時代に一国を代表する大学がどうあるべきかというヴィジョンについての議論が見失われている。イェールとプリンストンとハーヴァードで教授職を歴任し、同僚の九五パーセントよりも業績が多く、確固たる実績のある教授が、テクノクラート的理念と威張り散らした態度の持ち主であるハーヴァードの学長から、学問の世界で言われたことだけをやり、自分の意見を慎み、聴衆を制限せよと命令されたのだ。大学とは、独裁的な命令によって運営される単なる機関ではなく、活発で力強い議論こそが行なわれるもっとも神聖な場《サンクタム・サンクトーラム》でなければならないはずだ。アファーマティヴ・アクションについて、イラクについて、ヒップホップ・カルチャーについて、イスラエルとパレスチナ間の紛争について、ハーヴァードの労働者の最低賃金について、サマーズ学長は、もちろん、自分なりの意見を持つ権利がある。そして、それは私も同様だ。だからこそ私には彼に反対する権利や、遠回しの脅迫やあからさまに無礼な態度に屈することなく、筋の通った議論を求める権利があるはずである。この件について世界中で狂騒が起きたとき、学問の自由の高潔さについてのこういった問題のどれも提起されたことはなかった。サム・タネンハウス[68]が『ヴァニティ・フェアー』誌（二〇〇二年六月号）に書いた記事が、これらの問題にやっと言及しただけだった。

　三つ目には、この論争の水面下には黒人とユダヤ人との関係という難しいディレンマがふつふつとたぎっていたわけだが、そのことを勇気を持ってはっきりと指摘したのは、師《ラビ》マイケル・ラーナーだけだったということである。ハーヴァードの最初のユダヤ系学長が——ハーヴァードもまた、過去にユダヤ人差別と人種差別の歴史を持っている——きわだって注目を集めるアフリカ系アメリカ人の教授に圧力をかけたばかりか、世界的に卓越したレヴェルにあるアフリカン・アメリカン・スタディーズ学部の存在価値を批判したのだ。黒人とユダヤ人とのあいだの緊張関係はあまりにデリケートで、この困難な問題に関するアメリカの言説のあり方も発育不全と言うほかないために、思慮に富んだ対話はほとんど不可能な状態にある。いまや、この国を代表する大学においても、歴史の負の遺産としてのこの緊張関係への意識や感受性はほとんど感じられないのである。

サマーズ学長との私の悲しき対立が伝えるより大きな教訓は、これが、アメリカの知的生活のテクノクラート的な把握と民主主義的な把握とのあいだの根本的な衝突を映し出しているということである。サマーズが明らかにしたのは、学者がより広い社会や文化に、とりわけ、異議や抵抗を唱える民主主義的な運動やヒップホップ文化に関心を持つ若者に積極的に関与することに、彼が大きな不安を抱いていることであった。学問が持つ社会的な責任についての私のヴィジョンは、彼の考える学問的卓越の基準をじゅうぶん受け入れるが、同時に、大学のエリートの世界と、貧困の都市部の地域《フッド》にいる若者と、社会変革のために闘っている民主主義的な活動家たちとのあいだに存在する巨大な懸隔を克服しようと努めるものでもある。アメリカの深い民主主義的な伝統に積極的に関与し、若者文化に深く関わっている者として、私は、自身の学問的な活動もコミュニケーションのために手を差し伸べる活動も、縮小するつもりはまったくない。なぜなら、知的興奮や学問的な機会から隔絶されて、夢遊病者のように生きている若者たちを覚醒させようという努力は、われわれの民主主義にとってまさしく死活問題であるからだ。

学問の世界にいる大人たちが彼らのことを気にかけているのだと、われわれは彼らを真剣に考えているのだと、彼らの言いたいことをわれわれも聞きたいと思っているのだということを、すべての階級と人種の若者たちがわかることは絶対的に必要である。若者文化と関係するための努力をわれわれは断固とした決意とともに行なわなければならない——人生という困難な旅路についての貴重な知恵を彼らに伝え、けっして堅固とは言えない民主主義の実験を、未来においても存続させるために。

第7章　民主主義という鎧を身につけること

哲学を実践し、あなたたちに知恵を与え、私が会うすべての者に真実を解き明かすということを、私はけっして止めることがないでしょう。私は語り続けるでしょう……できるかぎりの金を手に入れることに注意をはらい、評判や名誉についても同様で、真実や理解やみずからの魂を完成することにまったく注意をはらわないでいて、あなたは恥ずかしくないのでしょうか……私は、これを、私の出会うすべての者に、老いも若きも関係なく、外国人であろうと同じ市民であろうと関係なく、行ないます。しかし、とりわけ、あなたに、同じ市民であるあなたに対して行なうのです。

――ソクラテス、プラトンの『弁明』29d–30a より〔邦訳：『ソクラテスの弁明・クリトン』三嶋輝夫・田中享英訳、講談社学術文庫、一九九八年〕

イエスは「霊」の力に満ちてガリラヤに帰られた。その評判が周りの地方一帯に広まった。イエスは諸会堂で教え、皆から尊敬を受けられた。イエスはお育ちになったナザレに来て、いつものとおり安息日に会堂に入り、聖書を朗読しようとしてお立ちになった。預言者イザヤの巻物が渡され、お開きになると、次のように書いてある個所が目に留まった。

　主の霊がわたしの上におられる。貧しい人に福音を告げ知らせるために、主がわたしに油を注がれたからである。主がわたしを遣わされたのは、捕らわれている人に解放を、目の見えない人に視力の回復を告げ、圧迫されている人を自由にするためである。

——「ルカによる福音書」第四章一四節から一八節〔新共同訳〕

民主主義とは、愛のもっとも公平無私な形態である、もしくは、そうあるべきである。

——ラルフ・エリソン〔第一章の訳註14を参照〕「アルバート・マリーへの手紙」一九五七年八月一七日

レスター・ヤングのもっとも美しいソロには（エリントンのつねにアンビヴァレントなフォックストロットと同様に）感情的ではない悲しみの響きがある。その響きは、人間の傷つきやすさに彼がけっして無頓着なわけではないということ、そして、彼の演奏の落ち着いたくつろぎの調子は、彼が危機を目の当たりにし、悩み、切り抜けてきたにもかかわらず、同時に、その結果として存在するということを思わせる。彼の演奏を耳にするや、彼のねじれたリリシズムには、経験によって得た自己との一体性や世界との親密性が醸し出すエレガンスが感じとれる。それは、ある意味で、爆弾の破片が飛び交う地獄から帰還し、戦争に倦んだ兵士たちの、痛々しいがしかし人目を惹きつけずにはおかない、閲兵場での行進を音にしたものである。

——アルバート・マリー〔1〕『ブルースをストンプ』（一九七六年）

九・一一は、深いトラウマを残したできごとだった。自分たちが無敵で安全だという幻想はそこで砕け散り、テロリストたちがどれだけ深い敵意を抱いているかを知って衝撃を受けた。国中が一体となったのはごく短い期間で、その後には幻滅と分裂が訪れた。われわれは、怒りと不満を抱いて互いと向き合い、よりいっそう敵意をともなった深い対立があらためて表面化した。イラク、愛国者法、減税、ゲイの結婚について不快な論争が続き、二〇〇四年の大統領選挙の泥仕合のあと、自分たちがまるでふたつの国に分かれているかのように感じ、幻滅に襲われ、できることはただ絶望することだけなのかと思われた。若者には憂鬱と不満が広がり、大人たちの多くは孤独と人生の目標の喪失を感じて思考停止の逃避主義を選び、消費主義に没頭することで不安を隠そうとする。これらすべては、われわれの市民生活に走っている亀裂を示している。新しい大統領（どうしても必要ではあるものの）も新しい閣僚も、われわれが民主主義を求める心に応えることはできないだろう。わが国の民主主義に対する深い失望は、たんにいま現在の問題ではないのだ。

政治家や金権政治家、それを監視すべきメディアに失望するあまり、民主主義のシステムが腐敗していることにばかり注意を向けてしまい、われわれは、高い意欲を持ち啓蒙された民主主義的な市民および、民主主義的な変化を効果的に推し進める規律ある連帯が民主主義において果たす重要な役割と自分自身とがつながっているという感覚を、すっかり失ってしまっている。民主主義とは、市民が選挙権を持ち、選挙で選ばれる公僕が大衆の支持獲得のために競い合う（あるいは、今日のアメリカにおいては日常茶飯だが、その支持をとりつけるために大衆を操る方法を見つけたり、競争が激しくならないように選挙制度を調整する）システムを意味しているわけではない。民主主義を実現するために作られたどのようなシステムでも、人心を操作する装置へと堕落する可能性はつねに存在するし、だからこそ、民主主義に積極的に参加する方法に市民が関与することが、決定的に重要なのである。民主主義的な個人と、民主主義的なコミュニティと、民主主義的な社会を通じて、ほんものの、たくましい民主主義に命を与えなければならない。

アメリカでは、民主主義を強く求める根源的な動機が果たす非常に重要な役割が、えてして過小評価されがちである。紀元前五世紀のアテネにおける最初の民主主義の実験から、一八世紀におけるアメリカの民主主義的実験の誕生にいたるまで、民主主義的な反乱は、なによりもエリートの権力強化に批判の矛先を向けた。堕落したエリートによる支配をより民主主義的な生活形態へと変えていこうというこのような意志は、この意志の行使の結果あらたに現われた個々の民主主義では民主主義の理想には届かないものの並はずれた力である。だからこそ、民主主義とはつねに未完成で不完全なものであり、だからこそ、アメリカの民主主義は進行中の営みなのである。

われわれは、現在アメリカの民主主義には相反するふたつの方向性、すなわち帝国主義に向かうものと民主化に向かうものがあることを見てきたし、そして、このふたつのあいだの熾烈な闘争の時代に生きている。いま現在、わが国の帝国主義者のエリートは、民主主義の守護者のふりをしている。ブッシュ政権は、人びとの意志を誤った方向に導くことで、テロとの戦争を自身が欲するかたちで行なうことに成功した——テロリストの真の脅威を考慮するのではなく、先制攻撃という危険な原則を制度化しながら、イラクを攻撃して。ビジネス・エリートは、無制限の自由市場、巨大な不可抗力である企業のグローバル化というレトリックを身にまとい、貧富の差が目も当てられないほど悪化するのを正当化している。民主主義が、このように言語道断に誤ったかたちで示されるときこそ、ギリシア人によるそもそもの民主主義の実験、とりわけソクラテスのその証言が有効である。

アテネにおける民主主義の誕生の歴史とギリシアで最初に考え出されたソクラテス的な対話をこそ、今日のアメリカにおいて民主主義的な市民がとるべき行動の手本としなければならない。アテネの民主主義は、少数の独裁者による支配に対抗して組織化された農民の反乱によって創り出された。これらの農民たちは、富を上へと（大多数から少数の特権階級に）再分配する金権政治的な政策を前に、ただ言いなりになるだけの犠牲者であることを拒否したのである。ギリシアにおける民主主義の概念によって、農民は虐待の対象であることをやめ、みずから選んだ公僕に対し公的な説明責任を求める能動的な市民となったのである。農地改革と強欲なエリートに対する債務の取り消しという民主主義的な要求は、前例のない自治の実験をもたらした。

アテネにおいて、王による統治からの離反は徐々に進んだが、そこで重要だったのは、王と執政官《アルコン》〔アテネにおける最高官〕という新しい官職とのあいだでの権威の分離であり、その結果、執政官は政府における種々の行政的な責任を負うようになっていった。この改革は、紀元前一〇八八年にはすでに実施されていたと考えられる。紀元前五九四年には、ソロン[2]が執政官に選ばれ、組織化された独立農民と、富はあるが貴族ではない農民の力に応えて、法的改革を行なって、彼らをそれまで排除されていた最高統治機関（アレオパゴスの評議会）と新法廷の陪審員に組み入れた。この改革によって、平等の理念――政治上の平等と司法上の平等――、および利害の対立する階級・集団間の信頼の上に構築される公的生活という概念が、アテネの社会のなかで現実に動き出すことになる。当時最大の公共の雄弁家であったデモステネスは、このような民主化への意欲について、以下のように述べている。

あなたの寛容さによって、私が得をしたのではなく、共和国の全体が得をしたのだと主張する者は、その者自身が、共和国の精神をそなえていることを示さなければならない。その精神とは、よるべなき者への共感の精神であり、権力を持つ強い者の脅迫に対する、抵抗の精神である。その精神は、市民たちを暴力的に扱うことを求めないし、その日の主君に卑屈に従属することをそそのかすこともない。

ソロンによる改革がアテネの民主主義を確立したわけではないが、改革が衝突する階級・集団間の妥協を成立させ、アテネを民主主義へと向かう道へと出発させたことは確かである。紀元前五〇八年、クレイステネス[3]は民衆を味方につけて政敵イサゴラスに勝利すると、十部族《デーモス》制という新しい政治制度を即座に実施した。十部族制は、地域レヴェルでの民主主義的政治参加とコミュニティ活動の活発な形態であり、数世紀前のニュー・イングランドにおける町単位の民主主義[4]を彷彿とさせるものである。生まれを基盤とした血縁部族によるギリシアの旧制度は、この十部族制にとって代わられた。十部族《デーモス》制は、陪審員制同様、民主主義的な気質を草の根レヴェルで涵養するための基盤として機能し、家族、血族、部族への無条件の忠誠を弱めていった。さらに、クレイステネスは貴族主義的なアレオパゴスの評議会を解散し、五〇〇人の代表者による、新しい民主主義的な評議会を設立した。アテネの民主主義はここに生まれたのである。

狭い血縁集団への忠誠を基盤とした社会と政府から、より広い市民モデルへのこの歴史的進化は、エリ・サガンの名著『蜜とヘムロック』（一九九一年）の素晴らしい一節を借りれば、「民主主義的なエネルギーを意識的に道徳化すること」である。そして、紀元前四四三年に、ペリクレス〔5〕が権力の座に就き、その後公共への奉仕に対して報酬を支払う制度を初めて確立し、役職の年次交代と役職の決定をくじ引きにする制度も創設して、アテネの民主主義は確固たるものとなった。この実験は、憲法にもとづく静的な秩序ではなく、市民参加という、よりダイナミックな民主主義の文化である。シェルドン・ウォーリンが書いているように、この「偉大なる自治の達成によって、政治の見た目も言語も変化をこうむることになった。権力は白日のもとに晒され、意思決定は市民がその過程を見ることができるように公開された。ふつうの人びとが権力を具現するようになり、権力に対して物怖じせずに物を言うようになり、自身の行動に責任を持つようになったのである」。

こうした深く民主主義的な力の解放が進む一方で、寡頭政治を求める側も、公然たる不正や水面下での工作を介して、民衆の意志を巧みに覆そうとした。これらの不正や工作は、すでに広く行なわれていた市場活動に由来することが多く、そのため市場活動はアテネの公的生活と並立しえないもの、もしくは折り合いの悪いものと一般的に見なされていた。アテネの人びとは、少数の利益のためにシステムを歪める市場エリートの権力によって民衆の声が相殺されかねないことをよく知っていた。少数の支配者の経済力は、アテネの民主的な統治を腐敗させる第一の原因だと認識されていたのである。

ギリシアで最初に考え出されたソクラテス的な対話の少なくとも一部が、市場に支配され、金儲けに執心するソフィストへの対抗という動機から成立していることは、けっして偶然ではない。ソクラテスの思想を一般に広めた書物において、ソクラテスの主要な敵は、たとえばプラトンの『国家』〔邦訳：『国家』上下巻、藤沢令夫訳、岩波文庫、一九七九年〕におけるトラシュマコスのように、民主主義的な公的生活の質にほとんど価値を見いださない欲深な商人で賢しらな雄弁家として提示されている。ソクラテスの英知への愛は、ソフィストの金銭への愛と、はっきりと対置されているのである。

当時の代表的なソフィストであったゴルギアスの姿は、イソクラテスの『アンティドシス』において、以下のように示されている。

この男は、テッサリア人がギリシアでもっとも富有の人びとであったときには、テッサリア人のなかで暮らした。長生きをし、金儲けに人生を捧げた。どの都市にも定住地を持つことがなく、したがって、公共の利益のために金銭を使わなかった。

そして、現代の歴史家K・J・ドーヴァーは、「ギリシア社会における知識人の自由」という論文で、知識人としてのソフィストは「アテネの富裕なパトロンをとおしてアテネの政治に大きな影響力を及ぼす一方で、彼ら自身は政策の実施に責任を負わないと広く認識されていた」と述べている。

ソクラテスがアテネの民主主義という偉大な物語のなかの巨人であるのは、彼のもっとも重要な仕事が、まさしく当時の偏見や偏狭なイデオロギーを問いただすことによって、権力を持ったエリートの腐敗と闘うことだったからである。彼は民主主義的な市民の模範であり、評議会での任を果たし、三つの大きな戦い（ポティダイア、デリオン、およびアンフィポリス）に従軍した。そして、民衆のなかに入っていき、「私自身の感じる難問を彼らにも感じさせる」ことを自身の終生の仕事としたのだった（プラトン『メノン』80c-d〔邦訳：『メノン』藤沢令夫訳、岩波文庫、一九九四年〕）。

ソクラテスの英知への愛によれば、吟味されざる人生は生きるに値しない（『弁明』38a）だけでなく、人間であり民主主義的な市民であることは、自分の力で批判的に考える勇気を奮い起こすことを求めてもいる。この英知への愛とは、みずからの魂の暗い隅々や、自分が生きる社会の夜道の暗がりや、世界の裏道までもに永続的に分け入って、魂と社会と世界についての深い真実を把握しようとすることである。この追求は、取るに足りない偶像を、誤った幻想を、人を惑わす物神崇拝を破壊し、盲目的な同調を、浅薄な自己満足を、あわれなまでの臆病さを切り崩す。ソクラテス的な問いかけは、知的な高潔さを、哲学的な謙虚さを、人格の誠実さをもたらす。そして、これらは皆、腐敗したエリートの権力と闘うために必要な、われわれの民主主義の鎧に欠かせない要素である。

ソクラテス的な問いかけとは、民主主義の活力源であるパレーシア、つまり、率直でなにものも恐れない発言をかたちにすることである。ソクラテスは、パレーシアが「私の人気のなさの原因」（『弁明』24a）だと認めている。それは、彼の悲劇的な死の理由でもあった。しかし、ソクラテスは、嘘を生きるよりは死ぬことを選んだのだ。彼の崇高な死――ドグマ的なニヒリストのエリートによってもたらされた死――によって、彼の記憶を永遠にとどめる新しい文学ジャンルが生まれた。彼の弟子プラトンによって不朽のものとなった、問答というこの有名な形式は、われわれはいかに生きるべきかを、切実に問い、つねに検討し続けることからなっている。それは、正義とはなにか、勇気とはなにか、敬虔とはなにか、愛とはなにか、といった基本的な問題と全力で取り組む。ソクラテス自身は書いたものを一行も残しはしなかったが、プラトンやクセノフォンやアイスキネスといったソクラテスの書き手たちが、ソクラテス的な問いかけが民主主義の実践として活動するさまを、力強く、そして痛切に書き残した。

じっさいのところ、プラトンが残した、この民主主義の実践の活き活きとした記録は、西洋哲学（語源のギリシア語フィロソフィアは知を愛することの意）の基盤をなしている。ソクラテス的な問答が持つ民主主義的なエネルギーは、エリートによる腐敗した支配を臆面もなく激しく批判する傾向があるので、それを行なう者は、種々の嘲笑や非難にさらされることが多い。しかし、ソクラテス的な問いかけは、どのような民主主義の実験にとっても、けっして欠くべからざる要素なのである。

皮肉なことに、ソクラテスへの愛と、ソクラテスを死に追いやったアテネの民主主義体制の腐敗したエリートへの憎しみのあまり、プラトンは、自己の思考のうちに矛盾する傾向を抱えこんでしまった。S・サラ・モノソンによるすぐれた研究書『錯綜するプラトンの民主主義』（二〇〇〇年）で示されているように、この自己矛盾の傾向がプラトン哲学の中心にある。つまり、一方では、彼のテクストはソクラテス流の問いが持つ民主主義の強烈なエネルギーそのものであり、腐敗した支配者の教条主義やニヒリズムを退ける。しかしその一方で、プラトンによる秩序とヒエラルキーの考え方には、非民主主義的な権威主義を正当化するところがある。かの有名な垂直方向に連なる存在の連鎖は、いっさいの民主主義を打ち負かすだろう。それでも、対話篇というソクラテスにならった文学ジャンルを見事に発展させた根のところには、民衆の生きられた経験を厳しく見据えるまなざしがある。プラトンの著作は、ふつうのアテネ人の経験に焦点を当てたさまざまな詩的形式から多くを得ている。ソフロンとその息子のクセナルコスによるミモス劇やアリストファネスの喜劇などがそれにあたる。ミモス劇は、演劇によく似た大衆的な娯楽のひとつで、役者たちは、日常生活のなかから民衆の本性をあらわにするような場面を演じた。ミモス劇も喜劇も、下層階級の人びと、あるいは「威厳のかけらもなく笑いの対象になる」

ような「粗野な人間」の生活に光を当てる。プラトンは、民衆が持っている盲目的な感情と無秩序な力を恐れていたために、本質的には民主主義的である対話というジャンルを民主主義に反する目的に使うことになってしまった。

プラトンは、じつに激しくソクラテス流の問いかけを行なった結果、貴族的な結論にいたった。アメリカ建国の父祖たちの場合と同じく、プラトンの頭のなかでは民主主義のエネルギーは評価されると同時に恐れの対象でもあった。民衆の声は、承認だけでなく封じこめも必要としていたのだ。『国家』第八巻において、プラトンは民主主義を「自由と率直な発言《パレーシア》に満ちた都市」と定義しているが、この都市は、腐敗や忍び寄る専制政治という永遠の問題を解決できない。プラトンにとっては、善き生活とはなにかを知っている哲人王の統治以外には、民衆の激しい感情を制御することはできない相談だったのだ。アメリカの民主主義はアテネのような直接民主主義ではなく共和制（代議制統治）として立ち上がったわけだが、その一番の理由は、アテネと同じく、エリートが民衆の情熱と無知に対して恐怖を抱いていたからである。じっさい、第四代アメリカ大統領ジェイムズ・マディソンは『フェデラリスト』[6]の有名な一節で、こう述べている。

> アテネの市民すべてがソクラテスのような人物だったら、アテネの議会は依然として烏合の衆であったろう。

アメリカ建国の父祖たちにとっては、プラトン同様、民衆によるソクラテス流の問いが度を越したり、民衆とエリートが共有する権力が多すぎると、無政府状態、不安定、あるいは恒常的な反乱につながりかねなかった。それでも、建国の父祖たちの民主主義的な精神は、憲法改正手続きというかたちでソクラテス的な問いかけを政治体制に組みこみ、制御不能な群衆を恐れつつもなお、パレーシアを守るべく権利章典を設けることになった。[7]アメリカの民主主義にこうしたソクラテス的な次元が組みこまれていなければ、アメリカの専制政治が勝ちを収めていただろう。民衆によるソクラテス的な問いかけがなければ、いかなる民主主義も、国内におけるエリートの貪欲と国外での帝国主義支配に喰い尽くされてしまうのだ。

あの偉大なラインホルド・ニーバー[8]も述べているように、民主主義とは解決不能な問題の解決にもっとも近い解決法である。——つねにやっかいで、腐敗の手に操られがちではあるが、それでもなお民衆にとっては最善の市民プロジェクトである。アテネの歴史家トゥキディデスによる歴史の古典『ペロポネソス戦史』は、国内での強欲と帝国支配という表には見えない種子こそがアテネの民主主義の腐敗と衰退をまねいた一番の理由だと明らかにしたのではなかったか。弱体化し腐敗したアテネの民主主義がマケドニアとローマに支配されたのは、このような有害な種子がもたらした醜悪な結果ではなかっただろうか。こうした悲劇的な例から学ぶことは可能だろうか。もちろん、可能だ。もしわれわれが、二元論の発想がもたらす思考停止のパラノイアに陥らないようにし、われわれを衰えさせる教条的な傲慢さという不遜な態度をやめ、ニヒリズムに陥った帝国主義につきものの、近視眼的で自分ばかりが正しいという態度に陥らないようにしさえすれば。そして、これらをもっとも上手に避けることができるのは、われわれが個人として、コミュニティとして、社会として、ソクラテス的であるときである。民主主義の身体は脆弱だから、その健康は民衆《デモス》のソクラテス的な健康にかかっている。賢明だが腰の重い民主主義者、イングランドの批評家にして詩人のマシュー・アーノルドは、その古典的な作品『教養と無秩序』（一八六九年）〔邦訳：『教養と無秩序 改版』多田英次訳、岩波文庫、一九六五年〕でこのように結論づけた。

……それでも誰もが、自分の胸のうちにソクラテスになりうるものを、自分の持てる概念や習慣にもとづいて無私な態度で意識を働かせる力を持っているのではないだろうか。賢明かつあっぱれな男として生涯ずっとその見事な模範を示し、彼の比類ない影響力の秘密でもあったその力を。そしてこの力を呼び起こし行使するように人びとに働きかけ、自分でもさかんにその力を呼び起こして行使する人こそが、ちょうどソクラテスがみずからの生きた時代においてそうであったように、今日、政界の……どんな実際的な担い手よりも、人の精神の重要な働きと同調し、また効果的な意義を持っている。

このようなアーノルドの考え方をアメリカならではの言い方で表現したのが、わが国の民主主義の深い伝統の教父ラルフ・ウォルドー・エマソンである。彼の「プラトンあるいは哲学者」は、プラトンのテクストに出てくるソクラテスに捧げたエッセイだが、そのなかでつぎのように述べている。

道化と殉教者が、また街頭や市場で舌鋒鋭く議論を戦わせる論者と史上類を見ない善意の聖者が、同じ醜い身体に同居するというこの稀な事態に、プラトンは衝撃を受けた。なにしろ同居するものがあまりにもかけ離れていたからだ。そしてこのようなソクラテスの姿は、みずからが伝えようとする知の宝を分け与えるのに最適な人物として、必然的に場の前面に据えられる。この長い衣装をまとった学者と群衆の人イソップとが出会い、互いを互いの知力のなかで不朽の存在にしたのはたぐいまれな幸運であった。

エマソンにとって、民主主義を信奉する市民は、すべからくソクラテスにならって英知への愛を希求し、民主主義的な個人と民主主義的なコミュニティ、および民主主義的な社会を維持するために、制御しがたい群衆をより強く深い真実を探求する成熟した人間へと変容させる問いかけをたえず行なうことを希求すべきだった。

しかしながら、われわれによるソクラテス流の問いかけはソクラテスを超越しなければならない。偉大なるソクラテスの伝統の限界を明らかにすることによって、ソクラテスの問いかけを行ないつつ、ソクラテスを超えなければならないのだ。私自身の民主主義思想はアメリカ民主主義の悪夢から出てきたもので、それは、抑圧された人たちのしわがれた叫び声と声もなく流される涙に根ざしている。そして、つねに私が気になっていたのは、ソクラテスがけっして泣き叫ばないことだった——彼は一滴の涙も流さないのだ。ソクラテスの合理主義は深遠ではあってもじゅうぶんとは言えないのは、その高貴な自制心が、抑圧された人びとの苦痛や苦悩と心から連帯することへとけっしてつながっていかないからである。ソクラテス的な英知への愛には、なぜこのように明白な欠点があるのだろうか。アテネが残したソクラテスの豊かな遺産には、エルサレムの深い預言的な遺産が必要なのではないだろうか。ソクラテスによる厳格なる問いかけと英知の探求には、預言的な激しい熱意と正義の追求を注ぎこまなければならないのではないか。

ユダヤ人が預言的なものを創り出したのは、抑圧された人たちの助けを求める声や悲しみの涙がきっかけである。この深い悲しみと独特の怒りは、帝国エジプトに向けられている。神はユダヤ人の叫びを耳にし、その涙に心を動かされた。なぜなら神は、まずなによりも正義を愛する者だからである（「詩篇」第九九章第四節および第三七章第二八節、「イザヤ書」第六一章第八節）。ユダヤ教の神は「わたしは必ずその叫びを聞くであろう……なぜならばわたしはあわれみ深いからである」と明言する（「出エジプト記」第二二章第二三節および二七節）。ちょうど預言的な正義が人間のあわれみ深さによって補強されるように、神による正義への愛は神のあわれみ深さによって補強されるのである。預言的な言語がまず叫びと涙の言葉から始まったのは、人間の傷と悲嘆こそ、正義のヴィジョンとあわれみ深い行為を生み出す源だからである。預言的な伝統にとって、抑圧された人たちの叫びや涙は抑圧に代わる別の道のしるしであり、人間がこうした叫びや涙に応えるように命じる神への忠誠を象徴しているのである。

ユダヤ教の預言的な面から出てきたキリスト教の運動によって、叫びと涙の言語はこの世におけるあらたな生き方と闘い方になった。私の民主主義思想を深いところからかたちづくったのは、イエスという名のあの特定のユダヤ人、すなわち神と隣人への愛とを正義のヴィジョンとあわれみ深い行為の核に据えたあのユダヤ人である。叫ぶ人は彼の正義の未来のヴィジョンによって慰められ、涙を流している人は彼のあわれみ深い行為によって安心をもらう。ニヒリスティックな帝国エリートの統治下であっても、イエスの愛情に満ちた奉仕、恩恵、そして死のおかげで、人間の肉体に神のあわれみ深さと正義とが生じるのだ。ローマ帝国のもとで歴史上十字架にかけられた神にまつわるキリスト教の究極のパラドクスは、この愛と正義は、たいそう弱いものに見えながら強いかもしれず、愚かに見えても本当は賢いものかもしれず、帝国のエリートには造作なく片づけてしまえるように映りつつも、どうしようもなく必要なものであるかもしれないということだ。預言的な伝統を動かすのは、不正に対する正義の怒り――抑圧された人たちの叫びと涙に手を差し伸べなければならないという道徳的な切迫感なのである。

この国でも外国でも、多くのキリスト教運動がコンスタンティヌス的見解に支配されてしまっているものの、預言的伝統は、われわれの関与と将来へのヴィジョンに並はずれた力を与えてくれる深い遺産を引き継いでいて、われわれの回りに見られる不正にはっきりと関心を持つ手助けをしてくれる。われわれの時代で言えば、これこそが、マーティン・ルーサー・キング牧師、ユダヤ教の師《ラビ》、エイブラム・ジョシュア・ヘシェル〔第四章の訳注11を参照〕、ドロシー・デイ〔第五章を参照〕をはじめ、わが国の民主主義のプロジェクトを深化させようとしたあまたのアメリカ人を動かした熱意であった。この預言的伝統は、人から人につぎつぎと伝わって活力を与える、生と闘争の方法である。われわれの魂と社会に蔓延する腐敗、強欲、偏狭さを告発する普遍的な道徳的ヴィジョンに照らして気づかい、行動する勇気を、この伝統こそが生み出してくれる。それは、他人の苦しみに関心をはらわない昨今流行の生き方や、目の前にある社会的な窮状に無感覚なままでいられる器用な生き方から、目を覚まさせてくれる。預言的に正義を愛することで、倫理的なエネルギーと政治への関与の道が解き放たれ、あらゆる自己中心的な苦境や部族意識的な狭い考え方は打ち砕かれる。預言的に正義を愛するとは、倫理的に身の証明をし（一部の人にとっては殉教の可能性もふくめて）、一貫した道徳性を持ち、政治活動に参画することであり、これらはすべて腐敗したエリート権力と闘うための民主主義の鎧《よろい》になくてはならぬ要素である。

しかし、消費主義と快楽主義、ナルシシズムとシニシズム、懐疑主義とニヒリズムが幅をきかせているこのポストモダンの世界にあっては、ソクラテス的な英知への愛と預言的な正義への愛には見こみがないようにも見えるだろう。実際、この世の中の残虐行為や野蛮な行為を目の当たりにして、恐怖と絶望に打ちのめされない人間がいるだろうか。そしてまた、安っぽい楽観主義やありきたりなセンチメンタリズムではなんの助けにもならないことも確かである。必要なのは、苦労して勝ち取った悲喜劇的な希望をエネルギーとした、血に染まったソクラテス的な愛と涙にぬれた預言的な愛である。腐敗したエリート権力に対する民主主義の闘いには、黒人アメリカ人が創り出したブルースが与えるような、生命力に満ちた力が必要なのだ。ブルースは、アメリカにおける悲喜劇的な希望のもっとも深遠な解釈である。ブルースは、無邪気なセンチメンタリズムや冷血なシニシズム抜きで、個人的、政治的な生活の過酷な現実にひるむことなく立ち向かう勇気をわれわれに与えてくれる。ブルースは成熟した希望を生み出し、帝国アメリカにおいてソクラテス的な問いかけと預言的な証言というあやうい綱渡りをしているわれわれの守りを固めてくれるのだ。

黒人アメリカ人によるこの悲喜劇的希望の解釈は、自由を愛する気持ちに根ざしている。それは、帝国アメリカが人種的平等に対して意志薄弱であることを際立たせる、自由な問いかけの精神から発している。それは、アメリカで荒れ狂っている権力の濫用や盲目的な貪欲さをとがめる、悲しくも優しい告発である。だからそれは、アメリカが他者に対して脅威や恐怖を積み重ねてきたことを否定する態度に対して、陰鬱に感じながらも、改善可能だと考える立場をとる。この解釈は、どんなに不利な状況でもけっして復讐や恨みを抱かずに、よりよい状態を希望する勇気を与えてくれる。そして、自由を過酷に制限されたなかであっても、自由な思考と行動と愛をひそやかに楽しむのだ。

アメリカの黒人のように自由でない人たちがどのようにしてブルースとジャズというアメリカでもっとも自由な形式を創り出したのか、これまでずっと感嘆の念を抱いてきた。アメリカの民主主義の犠牲になったわれわれのような者が、民主主義的な個人とコミュニティを歌い上げるブルースとジャズのような歌を創ったのはどのようにしてなのか、何度も考えてきた。そしていま私は思う。黒人アメリカ人の民主主義のエネルギーと教訓は、これまでほとんど手つかずのまま放っておかれてきたが、アメリカの民主主義はここからなにも学ばないままで生き延びていかれるだろうかと。もしこのまま放っておかれるなら、自由には邪悪さがつきものであることを理解しつつ、なおも成熟して自律した生活を肯定することが、どうしてできるだろうか。あるいは、どうして自分を憎む人々との意義ある連帯に向けて、偏見なしにその準備ができるというのだろうか。現代におけるこうした重大な問いに糸口を与えてくれるかもしれないのは、フレデリック・ダグラス〔第一章の訳註24を参照〕、ベッシー・スミス〔第一章の訳註15を参照〕、アイダ・B・ウェルズ・バーネット〔第五章を参照〕、デューク・エリントン〔第三章の訳註26を参照〕、サラ・ヴォーン〔第三章の訳註15を参照〕、マーティン・ルーサー・キング牧師、エラ・ベイカー〔第三章の訳註28を参照〕、ルイ・アームストロング〔第三章の訳註25を参照〕といった人たちだ。みなアメリカの民主主義の深い伝統における賢明な声の持ち主ばかりである。そして、彼らは皆、世界にはいつでも涙が流れており、われわれの嘆きの声に満ちているとしても、それでもわれわれは知恵と正義と自由を求めて民主主義の探求へと乗り出していけるし、そうすべきだということが分かっていたのだ。

このような悲喜劇的な希望は剣呑なものでもある——しかも既存の体制を転覆しかねない——というのも、この希望を失わせることはけっしてできないからだ。笑いや踊り、音楽のように、この希望は根本的な自由の形態であって、いかなるエリートの権力をもってしても、排除することも消し去ることもできない。それどころか、これは根絶やしにしようもなく回復し、避けようもなくこちらを誘い、人に伝染しさえする。この希望は、旧約聖書の預言者アモスからソクラテスを経てラルフ・エリソンにいたるまで、知恵と正義と自由を追求するヒューマニズムの長い豊かな伝統と深く結びついている。シェイクスピア、ベートーヴェン、チェーホフ〔第一章の訳註13を参照〕、コルトレーン〔第一章の訳註25を参照〕ら、近代以降におけるこの伝統の重要な節目ではソクラテス的、預言的、そして悲喜劇的な要素を、人間の意味をめぐる深遠な解釈に豊かな創造力とともに織りこんでいく作業が行なわれ、作品として具体化された。この三つの要素は、腐敗したエリート権力と戦うさいに身につけうるもっとも頑丈な民主主義の鎧となる。この三つこそ、先達から受け継いだ最上のものであり、またわれわれが最上の状態のときの姿でもある——深いところから民主主義を信奉する者として、そしてまた人間として。

この民主主義の鎧のおかげで、われわれは、帝国主義や外国人嫌悪が繰り出すどんなパンチも吸収し、なお倒れずにいることができる。この鎧があれば、われわれはいかなる反民主主義の敵にも立ち向かい、なお耐え抜くことができる。この鎧の励ましのおかげで、いかなるかたちのドグマやニヒリズムとも闘い、なお持ちこたえることができるのだ。この鎧をつけるにあたって必要なのはただひとつ、深い民主主義の伝統に育てられ、この伝統の活力と活気の維持に献身するような種類の人間、民主主義的な市民になることを選びとることでみずからに忠実であることだけである。未来の可能性をやみがたく指向するこのような民主主義において、その使命を帯びることそれだけでは勝利の保証にはならないかもしれないが、それでも得がたい進歩を遂げる確率を高めることはたしかである。そして、もしかりにわれわれが民主主義をめぐるこの尊い試みに失敗したとしても、言わば、エラ・フィッツジェラルド[9]やモハメッド・アリ[10]のようにスイングしながら倒れることだろう——スタイルをもって、優雅に、そして、民主主義の問題という種子がいつかどこかで、なんらかのかたちで花開き、咲き誇って、われわれが雄々しく力を尽くしたことを記憶にとどめてくれるというしるしに微笑みをたたえながら。

訳　註

第1章　民主主義は恐ろしい状況に陥っている

〔1〕　ウォルト・ホイットマン（一八一九〜九二年）――一九世紀合衆国の国民的詩人。代表作『草の葉』（一八五五年）。以下、本書で言及されている文献の邦訳は、『民主主義の展望（*Democratic Vista*）』（佐渡谷重信訳、講談社、一九九二年）、『草の葉』（上・中・下巻、酒本雅之訳、岩波文庫、一九九八年）。

〔2〕　ジェイムズ・ボールドウィン（一九二四〜八七年）――アフリカ系アメリカ人の作家。代表作は、『山にのぼりて告げよ』（一九五三年）、『ジョヴァンニの部屋』（一九五六年）。人種問題に深く関わったことでも知られている。以下、本書で言及されている文献の邦訳は、『巷に名もなく――闘争のあいまの手記（*No Name in the Street*）』（橋本福夫訳、平凡社、一九七五年）、『誰も私の名を知らない――人種戦争の嵐の中から』（黒川欣映訳、弘文堂、一九六四年）、『次は火だ――ボールドウィン評論集』（黒川欣映訳、弘文堂新社、一九六八年）。

〔3〕　ハワード・ディーン（一九四八年〜）――二〇〇四年大統領選挙に向けた初期選挙戦において、民主党の予備選挙でケリーと争った候補。その際、インターネットを通じて草の根で資金を集めたことで有名。

〔4〕　ドレッド・スコット裁判――一八五七年、奴隷州を認めない自由州に行った奴隷が合衆国市民になれるかどうかを

めぐる裁判。奴隷州を増やすかどうか、自由州を増やすかどうか見解は分かれたが、奴隷の子孫は市民ではないという点ではどちらも共通であった。

〔5〕「ブリン・ブリン《ぎんぎらぎん》」——装身具をじゃらじゃら言わすこと、過度の身体装飾、成金趣味、ブランド志向などを指すヒップホップのスラング。

〔6〕ローン・レンジャー——『ローン・レンジャー』とは、ラジオやテレビで流行った往年のウェスタン。テキサスでローン・レンジャーと呼ばれる単独行動のヒーローが活躍する物語だが、おそらくここにはテキサス州出身のブッシュ大統領のカウボーイ・イメージが重なっている。

〔7〕愛国者法——二〇〇一年に合衆国で制定された対テロ法。司法当局の権限を拡大した。

〔8〕政治的な正しさ《ポリティカル・コレクトネス》——人種や性、宗教などの偏見を含まない態度や表現のこと。日本の「言葉狩り」の問題とほぼ同様である。

〔9〕北米自由貿易協定（NAFTA）——一九九二年に合衆国、メキシコ、カナダの三国で結ばれた域内における貿易を拡張するための協定。

〔10〕「地に呪われたる者」——人種差別と植民地主義について論じたフランツ・ファノンのアフリカ論『地に呪われたる者』の英訳タイトルがここで使われている。

〔11〕ルキアノス（一二〇年頃～一八〇年以後）——二世紀ギリシアの諷刺作家。

〔12〕ミゲル・デ・セルバンテス（一五四七～一六一六年）——スペインの作家。諷刺的な長編小説『ドン・キホーテ』（一六〇五年、一六一五年）が主著。

〔13〕アントン・チェーホフ（一八六〇～一九〇四年）——一九世紀ロシアの小説家、劇作家。ペーソス漂う作品で知られ、代表作に『かもめ』（一八九六年）など。

〔14〕ラルフ・エリソン（一九一四～九四年）——『見えない人間』（一九五二年）を著わした著名な黒人作家。以下、本書で言及されている文献の邦訳は、『見えない人間』（1・2、松本昇訳、南雲堂フェニックス、二〇〇四年）、『影と行為』（行方均ほか訳、南雲堂フェニックス、二〇〇九年）。なお、リチャード・ライトはエリソンに先行する黒人

作家で、主著は『アメリカの息子』（一九四〇年）。
〔15〕ベッシー・スミス（一八九四～一九三七年）――一九二〇年代から三〇年代にかけてもっとも人気のあった女性歌手。
〔16〕マ・レイニー（一八八六～一九三九年）――二〇世紀初頭に活躍した合衆国最初のプロのブルース・シンガーのひとり。
〔17〕ロバート・ジョンソン（一九一一～三八年）――デルタ・ブルースの父と呼ばれている。悪魔に魂を売ってギターを弾けるようになったという伝説がある。
〔18〕リロイ・カー（一九〇五～三五年）――一九二〇年代から三〇年代に欠けて活躍したブルース・シンガー。ピアノを弾きながら歌ったことで有名。
〔19〕マーク・トウェイン（一八三五～一九一〇年）――一九世紀合衆国のリアリズム作家。代表作は『ハックルベリー・フィンの冒険』（一八八四年）。
〔20〕テネシー・ウィリアムズ（一九一一～八三年）――二〇世紀合衆国の劇作家。『欲望という名の電車』（一九四七年）が代表作。
〔21〕ユードラ・ウェルティ（一九〇九～二〇〇一年）――二〇世紀合衆国南部の女性作家。『デルタの結婚式』（一九四六年）など。
〔22〕トマス・ピンチョン（一九三七年～）――合衆国のポストモダン作家。『重力の虹』（一九七三年）が代表作。
〔23〕エメット・ティル（一九四一～五五年）――シカゴの少年。一九五五年にミシシッピの親せき宅に滞在していたさい、白人の女性になれなれしい態度を取ったというだけで、凄惨なリンチを受け、殺害された。葬儀のさいに母親がその惨たらしい遺体を見せ、白人の暴虐とそれに対する正義を世に問うたことで、この事件はいわゆる公民権運動を推進する象徴のひとつになった。
〔24〕フレデリック・ダグラス（一八一八～九五年）――一九世紀の逃亡奴隷で、奴隷解放運動に活躍した。自伝『ある黒人奴隷の半生』（一八四五年）も有名。

〔25〕ジョン・コルトレーン（一九二六〜六七年）――モダン・ジャズのサックス奏者。『至上の愛』（一九六四年）は名盤とされている。
〔26〕ラルフ・ウォルドー・エマソン（一八〇三〜八二年）――一九世紀合衆国の思想家。合衆国の知的独立を説いた一八三七年の講演「アメリカの学者」が有名。超越主義を提唱した。以下、本書で言及されている文献の邦訳は、「プラトンあるいは哲学者」（『代表的人間像』酒本雅之訳、日本教文社、一九六一年所収）。
〔27〕ハーマン・メルヴィル（一八一九〜九一年）――一九世紀合衆国の小説家、詩人。代表作『白鯨』（一八五一年）。以下、本書で言及されている文献の邦訳は、『白鯨』（上・中・下巻、八木敏雄訳、岩波文庫、二〇〇四年）、『タイピー――ポリネシア綺譚』（坂下昇訳、福武書店、一九八七年）、『ビリー・バッド』（坂下昇訳、岩波文庫、一九七六年）、『ピエール』（坂下昇、国書刊行会、一九九九年）。
〔28〕トニ・モリスン（一九三一年〜）――合衆国の黒人女性作家。『ビラヴド』（一九八七年）のほか多数の小説を発表、一九九三年ノーベル文学賞受賞。以下、本書で言及されている文献の邦訳は、『ビラヴド』（吉田廸子訳、ハヤカワepi文庫、二〇〇九年）、『白さと想像力――アメリカ文学の黒人像』（大社淑子訳、朝日新聞社、一九九四年）、『ソロモンの歌』（金田眞澄訳、ハヤカワepi文庫、二〇〇九年）。

第2章　アメリカにおけるニヒリズム

〔1〕シェルドン・S・ウォーリン（一九二二年〜）――合衆国の政治学者。プリンストン大学でウェストと同僚だったこともある。イラク戦争に対しては「逆さまの全体主義」であると激しく糾弾した。
〔2〕一七八三年、マサチューセッツ州の首席判事ウィリアム・クッシングが同州での奴隷制廃止運動の流れを受けて下した判断のこと。
〔3〕ジョージ・ワシントン、トマス・ジェファソン、ジェイムズ・マディソン、ジェイムズ・モンロー、およびアンドリュー・ジャクソン。
〔4〕W・E・B・デュボイス（一八六八〜一九六三年）――アフリカ系アメリカ人の社会学者、著述家。一九〇三年の

『黒人のたましい』（黄寅秀・木島始・鮫島重俊訳、岩波文庫、一九九二年）が日本でも有名。二〇〇九年に創立一〇〇周年を祝い、オバマ大統領を記念演説に招いた全米有色人種地位向上協会（ＮＡＡＣＰ）の設立に加わるなど、人種問題への取り組みで名を残している。

〔5〕デイヴィッド・ウォーカー（一七八五～一八三〇年）――一九世紀前半、合衆国で奴隷制廃止運動にたずさわった自由黒人。「歴史上もっとも偉大なアフリカ系アメリカ人」（二〇〇二年）のひとり。以下、本書で言及されている文献の邦訳は、『世界の有色市民への訴え』（通称『ウォーカーの訴え』）（『黒人論集』山形正男ほか訳、研究社出版、一九七五年所収）。

〔6〕リディア・マリア・チャイルド（一八〇二～八〇年）――一九世紀合衆国の小説家、詩人であるが、奴隷制廃止や女性の権利拡張にかかわったほか、合衆国の帝国主義に対する批判で知られている。

〔7〕サー・ウォルター――おそらくは一九世紀ブリテンを代表する詩人、小説家、サー・ウォルター・スコット（一七七一～一八三二年）のこと。スコットの作品は当時合衆国でも大変な人気を博しており、長編詩『湖上の美人』（一八一〇年）舞台版で用いられた曲は、式典で合衆国大統領を迎える曲として現在でも用いられているほか、奴隷解放運動家フレデリック・ダグラス（第一章の訳註24を参照）の名前もこの作品の登場人物から採られている。

〔8〕「より完全な連合」（more perfect union）――一八六一年、リンカーンの大統領就任演説の一節。その後、バラク・オバマが二〇〇八年の大統領選の予備選挙中に引用したことで有名である。

〔9〕ジム・クロウ――再建期以降、南部諸州に設けられた人種隔離（segregation）による黒人差別制度の総称。この制度は、一九五三年に、公立学校での人種隔離が違憲と判断されたことで、ローザ・パークスの逮捕をきっかけとして始まったバス・ボイコット運動など一連の公民権運動が起こるまで合法的なものとして続けられた。

〔10〕「明白な運命」――アメリカの領土拡大は神の意志であるという説。一八四五年、Ｊ・オサリヴァンが用い、その後アメリカの帝国主義的な考え方を支えた。

〔11〕クー・クラックス・クラン（ＫＫＫ）――南北戦争後にテネシー州で現われたとされる秘密結社。しだいに白人至上主義の色を強めた。

〔12〕ユージーン・オニール（一八八八～一九五三年）――合衆国の劇作家。『楡の木陰の欲望』（一九二四年）などが有名。一九三六年にはノーベル賞を受賞している。以下、本書で言及されている文献の邦訳は、『氷人来る』（石田英二・井上宗次訳、新潮社、一九五五年）。

〔13〕アファーマティヴ・アクション（積極的差別是正措置 Affirmative Action）――マイノリティが社会的に不利な立場に置かれていることを積極的に改めようとする政策のこと。大学の入学時にマイノリティの人種枠を設けることなどが有名。強制バス通学（busing）：アメリカ合衆国の公立学校における差別撤廃をめざして児童を他の地区の学校にバスで通学させること。

第3章　アメリカにおける民主主義の豊かな伝統

〔1〕ミュリエル・ルーカイザー（一九一三～一九八〇年）――二〇世紀合衆国の詩人。社会活動に熱心であったことでも有名。

〔2〕ロベルト・マンガベイラ・ウンガー（一九四七年～）――リオデジャネイロで生まれ。法学者、政治学者でもあり、ハーヴァードで教鞭を執り、オバマを教えたことでも知られている。二〇〇七年ブラジル政府に招かれ、国家戦略担当相を務める。

〔3〕ジョン・ブラウン（一八〇〇～五九年）――一九世紀の奴隷制廃止論者。一八五九年、ヴァージニア州ハーパーズ・フェリーにある武器庫を襲撃するも鎮圧され、処刑された。しかし、その死後エマソンをはじめとする知識人の礼賛のもとになった。

〔4〕ロレイン・ハンズベリー（一九三〇～六五年）――劇作家。シカゴのサウス・サイドに生まれる。幼い頃に経験した人種差別がひとつのモチーフとなって後に戯曲『レーズン・イン・ザ・サン』（一九五九年）になる。この作品はアフリカ系アメリカ人の女性としてはじめてブロードウェイで上演された。

〔5〕クィンティリアヌス（三五年頃～一〇〇年頃）――古代ローマの修辞学者。『弁論家の教育』の著者。

〔6〕キケロ（紀元前一〇六～四三年）――古代ローマの文筆家、政治家、哲学者。雄弁家として非常に有名。

〔7〕ウィリアム・ジェイムズ（一八四二〜一九一〇年）――一九世紀合衆国の思想家。プラグマティズムの提唱者であり、小説家ヘンリー・ジェイムズの兄。

〔8〕ガートルード・スタイン（一八七四〜一九四六年）――合衆国生まれの詩人、小説家。人生の大半をパリで過ごし、多くの作家と交流した。ヘミングウェイとの交流で知られ、「失われた世代」の名付け親。以下、本書で言及されている文献の邦訳は、『やさしい釦《ボタン》』（金関寿夫訳、書肆山田、一九八四年）。

〔9〕ストークリー・カーマイケル（一九四一〜九八年）――一九六〇年代の公民権運動で活躍した。当初非暴力をめざす学生非暴力調整委員会を率いていたが、その後姿勢を変え、ブラック・ナショナリズムの方向に向かった。

〔10〕預言者的教会――教会のなかでもとくに人種差別に反対するタイプの教会。たとえばキング牧師が率いた教会はこのタイプとされ、公民権運動に深く関わった。

〔11〕「偉大な社会」――合衆国第三六代大統領リンドン・ジョンソン（一九六三〜六九年）は、政策として貧困撲滅と人種の不平等撲滅の二本柱からなる「偉大な社会」計画を掲げた。投票権法は、とくに南部で実施されていた識字能力や投票税の支払いの有無などを介した投票権剝奪に歯止めをかけるものであった。

〔12〕マヘリア・ジャクソン（一九一一〜七二年）――合衆国の黒人歌手。ゴスペルの第一人者。

〔13〕チャーリー・パーカー（一九二〇〜五五年）――合衆国の黒人アルトサックス奏者。バップの創始者。通称バード、あるいはヤードバード。

〔14〕ビリー・ホリデイ（一九一五〜五九年）――合衆国の黒人女性歌手。レイディ・デイの愛称でも知られる。南部での黒人リンチの光景を歌った「奇妙な果実」は日本でも有名。

〔15〕サラ・ヴォーン（一九二四〜九〇年）――合衆国の黒人女性歌手、ピアニスト。ビリー・ホリデイ、エラ・フィッツジェラルドと並び、卓越した歌唱テクニックで有名。

〔16〕チャック・D（一九六〇年〜）――本名はカールトン・ダグラス・ライデンアワー（Carlton Douglas Ridenhour）。ニューヨーク、ブルックリン生まれのラッパー。のちにパブリック・エネミーを結成、政治や社会に関するメッセージを発信する。

〔17〕　KRS－ONE（クリス－ワン）――ヒップホップ・コミュニティにおいて深い敬意を集めるアーティスト。スコット・ラ・ロックと組んだ「ブギー・ダウン・プロダクションズ」で当初活動するが、ラ・ロックが射殺される事件ののち、ソロとなる。KRS－ONEのほかにも複数の名前を使ってきたが、彼の発言はつねに大きな注目を集めた。

〔18〕　メドガー・エヴァンズ（一九二五～六三年）――ミシシッピ州生まれの公民権運動家。一九六三年、白人至上主義の団体KKKに殺害された。

〔19〕　マルコムX（一九二五～六五年）――合衆国の黒人活動家。イライジャ・ムハンマド率いるブラック・ムスリム運動に傾倒し、非暴力のキングとは対照的にそのメッセージは攻撃的だった。ムハンマドと袂を分かって別組織をたてたことで、一九六五年に暗殺された。

〔20〕　一九七三年、チリの陸軍のピノチェトが社会主義のアジェンダ政権を倒して反共政府をつくったクーデター。アメリカの関与が後に明らかになった。

〔21〕　このゴスペルは“Precious Lord”。キング牧師の葬式でマヘリア・ジャクソンが亡きキング師に捧げて歌ったことでも知られる。

〔22〕　ロバート・ペン・ウォレン（一九〇五～八九年）――二〇世紀合衆国の詩人、小説家、批評家。代表作『すべて王の臣を持ってしても』（一九四六年）はピュリッツァー賞を受賞したほか、映画化もされている。

〔23〕　「産業の隊長」（a captain of industry）――一九世紀ブリテンの思想家、トマス・カーライルの『過去と現在』（一八四三年）にある一節から取られたもの。もともとこれは産業界の指導者は哲学を持った人格者であれ、という意味で使われているが、じっさいにはしばしばここでのように経済産業界の覇権を取る者という意味で使われている。

〔24〕　トペテ――旧約聖書のエレミヤ書に出てくる町の名。その地の人びとは邪神を信じて子どもを生け贄に捧げていた。転じて地獄の意味にも使われる。

〔25〕　ルイ・アームストロング（一九〇一～七一年）――二〇世紀中葉のアメリカを代表するトランペット奏者であり、ヴォーカリスト。サッチモの愛称でも知られる。「この素晴らしき世界」は日本でも有名。

〔26〕　デューク・エリントン（一八九九～一九七四年）――合衆国の黒人ジャズ・ミュージシャン。作曲家であり、ピア

ニストであり、また自身が設立したデューク・エリントン・オーケストラのリーダーも務めた。「A列車で行こう」、「キャラバン」が代表的な楽曲。

〔27〕A・フィリップ・ランドルフ（一八八九〜一九七九年）――合衆国の女性黒人公民権運動家。一九三〇年代はデュボイスらと、一九五〇年代にはキングらと関わり合い、五〇年間にわたり、公民権運動に身を捧げた。

〔28〕エラ・ベイカー（一九〇三〜八六年）――一九三〇年代以降一九六〇年代まで活躍したアメリカの公民権活動家であり、労働運動家。寝台車ポーター労働組合の代表として活動した。

〔29〕ウィリアム・フォークナー（一八九七〜一九六二年）――合衆国のノーベル賞作家。自身の出身地、南部の州ミシシッピをモデルにして、しばしば難解と評される小説を書いた。

〔30〕トニー・クシュナー（一九五六年〜）――エイズを題材にした劇『エンジェルス・イン・アメリカ』で有名。またスピルバーグ監督の映画『ミュンヘン』の脚本でも知られる。

〔31〕オーガスト・ウィルソン（一九四五〜二〇〇五年）――ピュリッツアー賞を受賞した『フェンス』、『ピアノ・レッスン』をはじめとして、生まれ故郷のピッツバーグを舞台にして黒人の経験を描いた連作で知られる劇作家。

〔32〕アーサー・ミラー（一九一五〜二〇〇五年）――『セールスマンの死』、『るつぼ』などで知られるほか、一九五〇年代の赤狩りの時代には非米活動委員会の追求に屈することがなかったことでも有名。マリリン・モンローの二人目の夫でもある。

〔33〕ラッセル・バンクス（一九四〇年〜）――合衆国の小説家。労働者階級に生まれ育ったことがその作品に大きく影響している。代表作に『大陸漂流』（一九八五年）、『この世を離れて』（一九九一年）など。邦訳多数。

〔34〕チャールズ・バーネット（一九四四年〜）――ミシシッピ州生まれの黒人映画監督。『キラー・オヴ・シープ』（一九七七年）のほか、近年では『ザ・ブルースムーヴィー・プロジェクト』の一編を監督している。

〔35〕ウォシャウスキー兄弟――ローレンス（ラリー）（一九六五年〜）とアンドリュー（アンディ）（一九六七年〜）。『マトリックス』シリーズで有名。

〔36〕ノーム・チョムスキー（一九二八年〜）――マサチューセッツ工科大学で教鞭を執る、生成文法で知られる言語学

者。冷戦時代以来、社会批判においても活発に発言し、とりわけ九・一一のテロ以降、アメリカの新自由主義やグローバル資本主義への批判を強めている。

〔37〕スーザン・ソンタグ（一九三三〜二〇〇四年）――『反解釈』（一九七一年）で一躍スター批評家となるが、同時にリベラルな立場を堅持し、九・一一直後にも、非難を恐れずアメリカの覇権主義を批判した。

〔38〕マリアン・ライト・エデルマン（一九三九年〜）――サウス・カロライナ生まれ。公民権運動に関わったほか、ミシシッピ初の有色人種の弁護士にもなっている。一九七〇年代より子どもの権利問題の活動でも知られている。

〔39〕ウィリアム・グレイダー（一九三六年〜）――政治ジャーナリスト。『ワシントン・ポスト』その他の全米的に有名なメディアに寄稿していたが、のちに『ローリング・ストーン』誌にも深く関わり、広くその声を届かせている。

〔40〕アンジェラ・デイヴィス（一九四四年〜）――学者、政治活動家。若い頃から各種政治活動に参加している。ブラック・パンサーの活動に関わり投獄されたこともある。人種、ジェンダー、性的マイノリティの平等のために活動を続けているほか、近年は刑務所問題にも関心を寄せている。

〔41〕バーバラ・エーレンライク（一九四一年〜）――著述家。もともと物理学や生物学を専攻していたが、社会問題に深く関心を寄せて、著述の道に入る。女性の問題から貧困問題まで関心は幅広い。『ニッケル・アンド・ダイムド――アメリカ下流社会の現実』（二〇〇一年）など著書多数。

〔42〕ドロレス・フエルタ（一九三〇年〜）――ニュー・メキシコ生まれ。一九六〇年代に全米農業労働者組合を設立、農業従事者の権利を求める活動を続けている。

〔43〕ラルフ・ネイダー（一九三四年〜）――弁護士で、社会活動家。一九六五年、自動車産業全体を批判した『どんなスピードでも安全ではない』で有名になった。環境保護、消費者保護などの活動のほか、一九九〇年代以降、二大政党に属さず緑の党から大統領選に出馬したことでも知られている。合衆国最初のアラブ系大統領候補でもある。

第4章　民主主義的なユダヤとイスラムのアイデンティティを形成すること

〔1〕フランツ・ローゼンツヴァイク（一八八六〜一九二九年）――ドイツで活動した哲学者、神学者。ヘーゲル哲学の

批判から出発し、神秘体験ののちユダヤ人哲学に至る。主著は『ヘーゲルと国家』、『救済の星』。以下、本書で言及されている文献の邦訳は、『救済の星』（村岡晋一・細見和之・小須田健訳、みすず書房、二〇〇九年）。

〔2〕エドワード・サイード（一九三五〜二〇〇三年）――キリスト教徒のパレスチナ人として生まれたが、合衆国に移り、高等教育を受けた文学批評家。『オリエンタリズム』（一九七八年）で有名になったが、世を去るまでパレスチナ問題にも深く関わり続けた。以下、本書で言及されている文献の邦訳は、『イスラム報道』（浅井信雄・岡真理・佐藤成文訳、みすず書房、二〇〇三年）。

〔3〕マフムド・モハメド・タハ（一九〇九〜八五年）――スーダンのイスラム教の神秘哲学（スーフィズム）の思想家。スーダンの独立において重要な役割を果たしたが、のちにアル・ヌメイリ大統領によって捕えられ、思想犯として処刑される。

〔4〕アルフレッド・セイヤー・マハン（一八四〇〜一九一四年）――アメリカ海軍の軍人で歴史家、戦略研究者でもある。とりわけ、古典的な海洋戦略を論じた『歴史上の海軍力の影響　一六六〇〜一七八三年（海上権力史論）』（一八九〇年）は有名。

〔5〕マイケル・ラーナー（一九四三年〜）――『ティクン』は、ユダヤの、および宗教横断的な、進歩的な文化総合誌。ラーナーはその編集長で、政治活動家、ユダヤ教の教師。ちなみに、ラビは、ユダヤ教における尊称。

〔6〕シオニスト――イスラエル国家を設立しようという思想に賛同し協力した人びと。

〔7〕イスラエルの民の祖アブラハムが、創世記において、信仰の絶対的な契約を神と結ぶこと。これがユダヤ教の始まりとされる。

〔8〕「出エジプト記」において、モーゼがユダヤ人を率いて、エジプトを脱出すること。

〔9〕「アモス書」では、神はアモスに向けて、イスラエルの民の腐敗とその悔い改めを説く。

〔10〕「イザヤ書」後半は、救世主《メシア》の到来を預言したものである。

〔11〕エイブラム・ジョシュア・ヘシェル（一九〇七〜七二年）――ワルシャワに生まれ、第二次世界大戦後、合衆国に渡る。ユダヤ教神学者として高い評価を得るが、公民権運動、ヴェトナム反戦運動にも大きく関与した。

〔12〕 アリエル・シャロン（一九二八〜二〇一四年）——二〇〇一年から二〇〇六年のイスラエル首相であり、軍事指揮者。国内外でさまざまな謀略を巡らし、戦争犯罪人と名指されることもある。二〇〇六年一月に脳卒中で倒れ、首相職を退任。

〔13〕 ヤセル・アラファト（一九二九〜二〇〇四年）——パレスチナ自治政府初代大統領（一九九六年から二〇〇四年）。したがって、いまだ予断は許さないとはいえ、パレスチナ・イスラエル関係の情況は、本書が書かれた時点から大きく変わっている。

〔14〕 ガマール・アブドゥン＝ナセル（一九一八〜七〇年）——一九五四から一九七〇年、エジプト第二代大統領。一九五六年にはスエズ運河国有化を宣言する。

〔15〕 六日間戦争——第三次中東戦争とも呼ばれる。一九六七年六月五日から六月一〇日。この戦争の結果、イスラエルはガザ地区およびヨルダン川西岸地区の支配権を獲得する。

〔16〕 ヨム・キプール戦争——第四次中東戦争とも呼ばれる。一九七三年一〇月六日から一〇月二六日。ユダヤ教の重要な休日に、アラブ側が先制攻撃を成功させることで始まり、こう着状態のなか米ソの提案で停戦となって終わる。この戦争はいわゆるオイル・ショックの原因となる。

〔17〕 マイケル・E・スタウブ——ニューヨーク市立大学バルーク・カレッジのユダヤ文学、文化研究の教授。

〔18〕 ブレイラ——一九七三年、ヨム・キプール戦争直後、アメリカのユダヤ人を横断する組織の必要性の認識から、リベラル保守派、改革派のラビ、左よりの知識人、過激派、カウンターカルチャー影響下の学生など、多様な構成員とともに形成される。ユダヤ人主流派の対パレスチナ強硬路線に対し、ハト派的な代替策を提示することで短期間支持を受けるが、対パレスチナ対話路線は、その主張がより明確に行動に移されるにつれて、しだいにユダヤ人に対する裏切りと認識されるようになり、一九七七年二月、ブレイラ最初の全国集会を開催する直前に、イスラエル筋から圧力によって解散に追いこまれた。全国大会は開催されたが、そこにブレイラの正式メンバーは出席しなかった。

〔19〕 ヒレル・ラビ——ヒレル財団は、合衆国に本拠をもつ世界最大の大学向けユダヤ人団体。ヒレル・ラビは大学における、カリキュラム外のユダヤ人の宗教、文化、相互親睦の活動を行なう。

〔20〕ディアスポラ――そもそもは、バビロン捕囚後、ユダヤ人がパレスチナから離散したことを指す。現代では、広く、故郷から遠く離れた地に住む状況、住む人びと一般のことを指し、ポストコロニアルもしくはグローバル化の状況における文化研究のひとつのキーワードとなっている。ここでは、第一義的には、アメリカに住むユダヤ人のこと。

〔21〕ニュー・ジューイッシュ・アジェンダ――一九八〇年から一九九二年に活動的だった、主流派から排斥されがちなユダヤ人の声を草の根的に吸い上げようとした団体。

〔22〕ジューイッシュ・ピース・ロビー――一九八九年設立。イスラエルとパレスチナの紛争を平和裏に解決することを目標とするアメリカのユダヤ人の団体。

〔23〕ユダヤ平和ネットワーク――合衆国ではフィラデルフィアを中心としながら、複数の団体と連携しつつ活動するネットワーク組織。

〔24〕アメリカンズ・フォー・ピース・ナウ――イスラエルの Shalom Achshav（ヘブライ語の Peace Now）の支援団体として、一九八一年に合衆国で設立された、中近東の包括的な和平とイスラエルの安全保障を求める団体。

〔25〕『ヒーブ』――二〇〇一年に創刊されたユダヤ系雑誌。雑誌名『*Heeb*』は、ユダヤ人に対する蔑称のパロディである。若者向けライフスタイル誌の体裁をとるが、内容は左翼的で、主流（ユダヤ人）文化に対する批判、揶揄、ジョークが多い。

〔26〕イスラエル政策会議――一九九三年設立。ワシントンＤＣに基盤を置き、イスラエルとパレスチナの二国間の関係の解決を求め、合衆国の外交政策に働きかけようとするユダヤ人の団体。

〔27〕ティクン・コミュニティ――『ティクン』は、創刊当時から、政治的問題についての読者集会を開催。対象をユダヤ人に限定しないアクティヴィストの集会として、ティクン・コミュニティは二〇〇二年に設立された。

〔28〕スザンナ・ヘシェル――ダートマス大学のユダヤ人研究の教授。フェミニスト。

〔29〕トマス・フリードマン（一九五三年～）――『ニューヨーク・タイムズ』に定期的に寄稿。『ベイルートからエルサレムへ』、『レクサスとオリーヴの木』、『フラット化する世界』等の著者。

〔30〕『パッション』（*The Passion of the Christ*）――このパッションは、情熱というより、宗教的な受苦を指す。この映

画は、新約聖書をリアリズムによって再現するという方針で、イエス・キリストの死と再生までを描く。そのテーマと手法について、右派左派を問わず、封切り以前から大論争を呼び、ほとんど文化的な現象となり、アメリカ国内では商業的にも成功を収める。ここで言われているのは、ギブソンの「リアリズム」が、ユダヤ人によってキリストは殺されたというプロットを鮮明にし、ユダヤ人団体がそれを批判したと同時に、ユダヤ人からギブソンを守れという運動も同時に起きたこと。

〔31〕アハド・ハアム（一八五六～一九二七年）――ウクライナに生まれ、のちに、ロンドンを活動の拠点とする。シオニスト思想家。本名はアッシャー・ギンスベルグ（Asher Zvi Hirsch Ginsberg）。筆名はヘブライ語で「民族のひとり」を意味する。イスラエルは「精神の中心地」として必要だとする文化的シオニズム「シオンへの愛」の運動を興し、現実の「政治的」シオニズムに対しては批判的で、アラブ人たちを擁護した。

〔32〕レオ・ベック（一八七三～五六年）――ドイツおよびポーランドで活躍したラビ、神学者、改革派ユダヤ教の指導者。

〔33〕チェイク・ハミドゥ・ケイン（一九二八年～）――セネガルの作家。原著はフランス語で一九六一年に出版。フランスに留学したアフリカの少年を主人公に、アフリカの文化と西洋の文化の交差を描く。

〔34〕タイェブ・サリ（一九二九年～）――スーダンの作家。原著はアラビア語で一九六六年に出版。イギリスに留学した語り手が七年ぶりに故郷のスーダンに帰り、似たような境遇にある主人公の西洋への複雑な感情に魅入られていく。

〔35〕マリエトウ・ムバイエ（一九四七年～）――セネガルの作家。原著はフランス語で一九六一年に出版。英語では『あるセネガル女性の自伝』という副題を持つこの作品は、ムバイエの筆名であるブグル名義で出版されている。フランスによる植民地統治の残滓のなかを生き、ベルギーに留学する主人公の故郷への想いを描く。

〔36〕ドリス・シュライビ（一九二六～二〇〇七年）――モロッコの作家。原著はフランス語で一九五四年に出版。イスラム教徒の厳格な父に反抗する主人公が、放浪生活のすえ、フランスに旅立つところで物語は終わる。モロッコ独立の二年後に出版された本書は、一九七七年までモロッコでは発売禁止とされた。

〔37〕サルマン・ラシュディ（一九四七年～）――インド生まれ。英語で執筆するポストコロニアル作家。『真夜中の子

どもたち』、『恥』、『ハルーンとお話の海』等多くの著作があるが、その内容がイスラム教を侮辱しているとして作者にイスラム教の死刑宣告ファトワーが下された『悪魔の詩』（一九八八年）が有名。作者は約一〇年間逃亡生活を続け、その間にも、多くの抗議運動、焚書、関係者の殺害などが起きた。

〔38〕V・S・ナイポール（一九三二年〜）——西インド諸島トリニダードのインド系の家系に生まれ、英語で執筆するポストコロニアル作家。『神秘な指圧師』、『暗い河』、『中心の発見』、『イスラム紀行』等、小説、自伝、紀行に多くの著作がある。二〇〇一年ノーベル文学賞を受賞。

〔39〕ファティマ・メルニーシー（一九四〇年〜）——モロッコ生まれ。フェミニスト、社会学者、批評家、小説家。『ハーレムの少女ファティマ』、『イスラームと民主主義』、『ヴェールよさらば』が翻訳されている。

〔40〕モハメド・アベド・アル＝ジャブリ（一九三五年〜）——モロッコ生まれ。哲学者。

〔41〕アブドルカリム・ソルシュ（一九四五年〜）——イラン生まれ。哲学者、思想家。テヘラン大学で教え、現在は、合衆国、ジョージタウン大学で教鞭を執る。

〔42〕モハメド・アルコアン（一九二八年〜）——アルジェリア生まれ。現代イスラム研究の泰斗。

〔43〕ナワル・エル・サーダウィ（一九三一年〜）——エジプト生まれ。医師、作家でフェミニスト思想家、活動家。『あるフェミニストの告白』、『イヴの隠れた顔』、『0度の女』等、多数が翻訳されている。

〔44〕アヌアル・マジド（一九六〇年〜）——モロッコ生まれ。作家、文学・文化批評家。ニュー・イングランド大学で教える。

〔45〕タリク・ラマダン（一九六二年〜）——スイス生まれ。ヨーロパにおけるイスラム教を論じる神学者。オックスフォード大学で教える。

〔46〕カリード・アブ・エルファドル（一九六三年〜）——クウェート生まれ。法学者。カリフォルニア大学ロスアンジェルス校で教える。

〔47〕ジョン・ロールズ（一九二一〜二〇〇二年）——アメリカの著名な政治・道徳哲学者。『正義論』が有名。

第5章　アメリカにおけるキリスト教アイデンティティの危機

〔1〕　H・リチャード・ニーバー（一八九四～一九六二年）――合衆国のキリスト教神学者。ラインホルト・ニーバーの弟にあたる。相対主義にもとづく多様性を認める寛容な精神を説いたことで知られ、代表的な著作は『キリストと文化』（一九五一年）および死後出版された『責任ある自己』（一九六二年）。

〔2〕　ハワード・サーマン（一九〇〇～八一年）――アフリカ系アメリカ人牧師にして、作家、公民権活動家。教会に多元文化主義を持ちこもうとした。代表作に『イエスと権利を奪われた人びと』（一九四九年）。

〔3〕　「金ぴか時代」――合衆国一九世紀後半、急激な経済成長、人口の増加、近代化の時代を批判的に指す言葉。

〔4〕　「セイン／フリーズ」――正気《セイン》の核政策のための委員会と核兵器凍結《フリーズ》のキャンペーンが一体化して、この名となる。「ピース・アクション」と名を変え、現在も活動中。

〔5〕　モアハウス大学――合衆国では数少ない男子校の大学。現在では入学に人種を問わないが、当時満足な教育を受けられなかった黒人男子のために黒人のための大学として、その前身は一九世紀に設立された。一九一三年に現在の名前モアハウス・カレッジに改称。

〔6〕　ジェフリー・スタウト（一九五〇年～）――宗教学者。とくに多様な宗教が存在するさいの倫理を考察している。代表作に『民主主義と伝統』（二〇〇三年）。

〔7〕　リチャード・ローティ（一九三一～二〇〇七年）――合衆国の哲学者。現代プラグマティズムの第一人者とされており、コーネル・ウェストにも多大な影響を与えている。著書は『偶然性・アイロニー・連帯――リベラル・ユートピアの可能性』（一九八九年）など多数。

〔8〕　スタンリー・ハワーワス（一九四〇年～）――神学者、倫理学者。現在デューク大学教授。

〔9〕　ジョン・ミルバンク（一九五二年～）――ブリテンの神学者。現在ノッティンガム大学で宗教、政治学、倫理学の教授。

〔10〕　世界教会協議会――キリスト教の宗派を越えた世界的結束をめざす、ジュネーヴに本拠を持つ団体。二〇世紀初めに計画され、第二次世界大戦後に正式発足。

〔11〕ソージャナーズ――またはソージャナーズ・コミュニティ。一九七一年にジム・ウォリスにより設立されたキリスト教社会正義の団体。同名の雑誌を発行。

〔12〕ボブ・ジョーンズ大学――サウス・カロライナ州にある、同州最大のリベラル・アーツの大学。国内でもっとも保守的な大学とも噂される。当時大統領候補だったジョージ・ブッシュが二〇〇〇年にこの学校を訪問したさい、異人種デート禁止の校則が全米から非難され、廃止された。

〔13〕ネオコン――ネオコンサーヴァティヴ、新保守派。ここで言う合衆国のネオコンとは、一九七〇年代以降に登場した（福祉国家にはさほど反対せず）タカ派の外交政策を強く求める一派のこと。

〔14〕ジェリー・フォルウェル牧師（一九三三～二〇〇七年）――テレヴァンゲリストと呼ばれる、テレビを通じた布教をする牧師の代表格のひとり。政治的発言も多く、高い人気を誇り、いくつもの教会、学校、大学等を設立。一九八〇年代に最大の宗教的圧力団体となった「モラル・マジョリティ」もそのひとつ。この団体が、一九八〇年のレーガン大統領の当選の票の三分の二をもたらしたと言われている。おびただしい問題発言があるが、たとえば、九・一一に際しては「キリスト教を信じない者、堕胎の権利を支持する者、フェミニスト、同性愛者が、神の怒りを呼び、このような事態を招いた」と述べ、のちに謝罪することになった。

〔15〕ジャボティンスキー賞――正式にはジャボティンスキー・メダル。イスラル政府が与える勲章。フォルウェルは一九八〇年に授与されている。彼はキリスト教徒だがイスラエル建国のシオニズムを強く支持し、しばしばクリスチャン・シオニストと呼ばれる。

〔16〕ジェイムズ・フォーブズ牧師（一九三五年～）――人種的に多様な信徒を持つようになった、合衆国で最初のアフリカ系牧師といわれる。

〔17〕スジェイ・ジョンソン・クック――スーザン・デニス・ジョンソン・クックのこと。スジェイはニックネーム。「ハンプトン伝道者会議」は、おそらく、あらゆるキリスト教黒人会派の代表者会議として組織された「ハンプトン大学聖職者会議」のことであろうと思われるが、その最初の女性代表者となる。

〔18〕チャールズ・アダムズ牧師――一九六九年よりこの地位に就く。現在はハーヴァード大学神学部の教授でもある。

〔19〕ジェレマイア・ライト牧師（一九四一年～）――シカゴのトリニティ教会は数千人規模の信者をもつ有力教会。その牧師と厚い支持と巨大な影響力を長年にわたって保持した。受賞や著書は多数。オバマ大統領の結婚、娘の洗礼を行なった牧師として有名でもあったが、本書の原書出版後の二〇〇八年、オバマの大統領候補選挙中に、合衆国の白人エリートを批判した説教がマスコミによって宣伝され、一大スキャンダルとなる。その直後に引退を宣言。

〔20〕チャーチ・オヴ・ゴッド・イン・クライスト――歴史的にアフリカ系が信者の大部分を占める宗派。ロスアンジェルスにあるウェスト・エンジェルス教会は、西海岸では最大規模のこの宗派の中心的な教会であり、ゴスペル等の録音でも有名である。

〔21〕アフリカ系の住民が多くを占めるカリフォルニア州オークランドにある、アレン・テンプル・バプティスト教会は、ウェスト・エンジェルス教会と同様に、西海岸のアフリカ系教会の中心的な存在。スミスも多数の著書を持ち、大学などでも教える。

〔22〕マイケル・フレガー神父（一九四九年～）――ドイツ系アメリカ人であり、カトリックの神父であるフレガーは、一九八一年に、シカゴ南部、アフリカ系住民が大多数を占める地域にある聖サビーナ教会に赴任後、「信仰のコミュニティ」という活動を通じて、活発に地域住民との社会的活動を始め、全国的に有名な牧師となる。これは現在も続いているが、ジェレマイア・ライトの上記のスキャンダル直後、当時のオバマの対抗候補ヒラリー・クリントンを人種的にあてこする説教を行ない、問題になる。

〔23〕ジョン・アシュクロフト（一九四二年～）――九・一一後に愛国者法の制定に尽力したことでとりわけ有名。

〔24〕トム・ディレイ（一九四七年～）――ブッシュ政権時、多数党院内総務を務め、院内最強の保守派と呼ばれる。

〔25〕「共観福音書」――新約聖書のなかでも共通点の多いマルコ、ルカ、マタイの福音書を指す。

第6章　若者文化に関与することの必要性

〔1〕ランドルフ・S・ボーン（一八八六～一九一八年）――著述家。アメリカのアングロ＝サクソン中心主義に異を唱え、さまざまな移民の文化を尊重すべきであると説いた。

〔2〕　二〇〇三年二月一五日――前年のブッシュ大統領によるイラク侵攻の宣言に反対して、ヨーロッパを中心に世界規模で行なわれた。この反戦運動はギネスブックにも歴史上最大の反戦デモとして登録されている。

〔3〕　ムーヴ・オン――一九九八年、クリントン大統領の弾劾裁判を批判するかたちで、シリコン・ヴァレーの起業家夫妻が始める。電子メールを使った組織化で、いわゆるインターネット・アクティヴィズムの代表例のひとつとして有名。基本的には民主党を支持する。

〔4〕　グローバル・シティズンズ・キャンペーン――詳細不明。ニューヨークの本拠を置くNPO Civworld のことか。シヴワールドは、二〇〇三年より「民主主義のためのグローバル・シティズン・キャンペーン」の名で、毎年インターディペンデンス・デイを開催している。これは、理論政治学者ベンジャミン・バーバーの提唱により、アメリカ独立記念日（インディペンデンス・デイ）をパロディ化するかたちで、グローバル化された世界における相互依存《インターディペンデンス》の必然性、グローバルな市民による民主主義という理念の重要性を訴えるもの。

〔5〕　グランドマスター・フラッシュ・アンド・ザ・フューリアス・ファイヴ――一九七九年デビュー。グランドマスター・フラッシュは、現在のヒップホップの創始者のひとりと目される。ミックス、スクラッチなど、ヒップホップDJの基本技術をつくり出した。

〔6〕　クール・ハーク（一九五五年～）――本名はクライヴ・キャンベル（Clive Campbell）。グランドマスター・フラッシュに影響を与えたDJ。ジャマイカで生まれ、一九七〇年代よりブロンクスで活躍。現在のヒップホップDJの原型、二枚の同じレコードを交互にかけて繰り返すブレイク・ビーツを発明したとされる。

〔7〕　ラキム・アラー（一九六八年～）――ときにヒップホップ史上最高と呼ばれるMCもしくはラッパー。一九八六年、エリックB&ラキムとしてデビュー、のちソロに。ヒップホップの詞の形態、音楽との関係、内容を革新、洗練させた。

〔8〕　パリス（一九六七年～）――本名はオスカー・ジャクソン（Oscar Jackson）。政治的・社会批判的な楽曲で知られるヒップホップ・アーティスト。一九九〇年ファースト・アルバム『*The Devil Made Me Do It*』でデビュー。同名のファースト・シングルはMTVでの放送を拒否される。セカンド・アルバムは、大統領暗殺を唄った"Bush Killa"を

含むことから、メジャーではリリースされなかった。

〔9〕プア・ライチャス・ティーチャーズ――一九八九年デビュー。その政治性、社会性、宗教性の高い楽曲の内容から、知識人、評論家筋より高い評価を受ける。中心メンバー、ワイズ・インテリジェントはソロとしても活動。

〔10〕アフリカ・バンバータ（一九五七年生まれ）――本名はケヴィン・ドノヴァン（Kevin Donovan）。ニューヨーク州サウス・ブロンクス出身のミュージシャン。また当該地域のコミュニティ・リーダーでもある。グランドマスター・フラッシュ、クール・ハークと並び、ヒップホップ創成期の三大DJと呼ばれることも多い。

〔11〕パブリック・エネミー――一九八七年、『YO! BUM ラッシュ・ザ・ショー』でデビューしたラップ・グループ。政治的、社会的な詞、高い音楽性、黒人コミュニティへの強い意識などで、大衆、批評家の双方から支持される。「ファイト・ザ・パワー」は、スパイク・リーの映画『ドゥ・ザ・ライト・シング』で使われた、彼らのセカンド・アルバムの曲のタイトル。

〔12〕トゥパック・シャクール（一九七一～九六年）――合衆国のラッパー。商業的にもっとも成功したラップ・アーティストのひとりであると同時に、俳優、社会活動家としても活躍。貧困や人種差別を歌い、アフリカ系アメリカ人の問題を世に訴えた。西海岸、東海岸間でのラップ抗争の当事者としても有名。車で乗りつけた一団にラス・ヴェガスで射殺されたが、死後も偉大なラッパーとして、文化的アイコンであり続けている。

〔13〕アイス・T（一九五八年～）――本名はトレイシー・マロウ（Tracy Marrow）。いわゆるギャングスタ・ラップの創始者のひとりとされる。俳優としても活躍。政治的、社会的に議論を呼んだ楽曲も多い。

〔14〕アイス・キューブ（一九六九年～）――本名はオシャー・ジャクソン（O'Shea Jackson）。ギャングスタ・ラップの創始者のひとり。俳優、映画プロデューサーとしても活躍。人種差別等、社会的な問題を扱った楽曲が多い。

〔15〕ビギー・スモールズ（一九七二～九七年）――ノートリアス・B.I.G. の名でも有名。東海岸ラップ勃興の中心人物であったが、いわゆる東西海岸のラップ抗争に深く関与し、ロスアンジェルスで車から射殺される。

〔16〕スヌープ・ドッグ（一九七一年～）――本名はカルヴァン・ブローダス（Calvin Cordozar Broadus, Jr.）。ギャングスタ・ラップが社会問題とされた際にもっとも取り上げられることの多かったラッパー。銃刀法違反や薬物使用で何

度か逮捕されている。

〔17〕　コンスタンティヌス的であることの意味については第五章の内容参照。

〔18〕　「ホェヤー・ヤー・アト?」――一九九五年のコンピレーション『ワン・ミリオン・ストロング』収録。すべてがオリジナル曲で、トゥパックとノートリアス・B.I.G.による唯一のコラボが収められている。

〔19〕　「四〇エーカーの土地と動物たち」――「四〇エーカーと動物」とは、「四〇エーカーとラバ一頭」という、南北戦争後、解放奴隷に対して約束された補償を指すが、この補償はそもそも法的な実態もともなっていないままに戦後すぐ取り消されたために、むしろアフリカ系アメリカ人にとっては、裏切りをあらわす語句、破られた約束を象徴的に示すものとなっている。

〔20〕　ジェイ・Z（一九六九年～）――本名はショーン・コーリー・カーター（Shawn Corey Carter）。レコード・レーベルのCEO等も勤め、実業家としても大きな成功を収めているラッパー。引退宣言後の復帰作となった『キングダム・カム』（二〇〇六年）は、発売一週間で六八万枚を売り上げた。

〔21〕　エミネム（一九七二年～）――本名はマーシャル・ブルース・マザーズ三世（Marshall Bruce Mathers Ⅲ）。一九九〇年代もっとも成功したともいわれるラッパー。白人である。ヒップホップ全体の歴史を通じても最大級の売り上げを誇る。同性愛嫌悪、女性蔑視、暴力肯定の発言でしばしば話題となっている。

〔22〕　ドクター・ドレ（一九六五年～）――本名はアンドレ・ロメル・ヤング（Andre Romel Young）。プレイヤーであると同時に、きわめて優れたレコード・プロデューサーとしても有名。デス・ロウ・レコード、アフターマス・エンターテインメントの創設者。Gファンク（と呼ばれるラップのスタイル）の発明者でもある。

〔23〕　マスター・P（一九六七年～）――本名はパーシー・ロバート・ミラー（Percy Robert Miller）。五つのグラミー賞を獲得したラッパーであるが、現在の活動の中心は、みずから創設した娯楽産業を中心とした複合企業体P・ミラー・エンタープライズのCEO。音楽活動も商業的と評されることがある。

〔24〕　カニエ・ウェスト（一九七七年～）――批評家筋からも高い評価を受けるラッパー、音楽プロデューサー。ハリケーン・カトリーナの被災者救援コンサートの生中継における「ブッシュ大統領は黒人のことを考えてない」発言でも

有名。

〔25〕ファレル（一九七三年〜）――ファレル・ウィリアムス（Pharrell Williams）のこと。音楽プロデューサー・グループ、ザ・ネプチューンズ、ファンク・ロック・グループ、N*E*R*Dで活躍。ソロ・デビューは、シングル（"Frontin'"）が二〇〇三年、アルバム（*In My Mind*）が二〇〇六年。

〔26〕キラー・マイク（一九七五年〜）――アウトキャストの楽曲に登場ののち、デビュー。デビュー・アルバムは『*Monster*』（二〇〇三年）。

〔27〕デッド・プレズ――強い政治的メッセージを持ち、批評的に高い評価を受けるラップ・デュオ。デビュー・アルバムは二〇〇〇年の『*Let's Get Free*』。

〔28〕ジル・スコット（一九七二年〜）――R&Bのシンガー・ソングライター。女優としても活躍。四枚のアルバムをリリースし、三度のグラミー賞を得ている。

〔29〕ザ・ルーツ――生楽器を使用し、折衷的、ジャズの要素の強い演奏を知られるヒップホップ・バンド。批評家筋の評価は高く、大きな影響力を持つ。

〔30〕キンドレッド――正式名はキンドレッド・ザ・ファミリー・ソウル。夫婦デュオ。

〔31〕アンソニー・ハミルトン（一九七一年〜）――R&Bの男性シンガー・ソングライター。二〇〇三年の第二作『*Comin' from Where I'm from*』がプラチナ・アルバム。

〔32〕ラフ・エンズ――二〇〇〇年デビューのR&Bデュオ。ヒット曲に"No More"、"Someone to Love You"がある。

〔33〕ドゥルー・ヒル――男性R&Bグループ。一九九六年から九八年に二枚のアルバムをリリースし高い人気を得る。活動休止中にメンバーのひとりシスコがソロでヒット曲を出す。二〇〇二年に活動を再開するが、以降メンバー変更などを行なっている。

〔34〕ドニー（一九七六年〜）――敬虔な家庭に育ち、聖歌隊で音楽活動を始め、従兄弟のマーヴィン・ゲイと同じ教会に通い、スティーヴィー・ワンダーの強い影響下で、二〇〇二年『*The Colored Section*』でデビュー、二〇〇七年に二枚目のアルバム『*The Daily News*』をリリース。

〔35〕　インディア・アリー（一九七五年～）――ガーナ移民の血を引くR&Bシンガー・ソングライター。二〇〇一年『*Acoustic Soul*』でデビュー。二度のグラミー賞を受賞。

〔36〕　アリシア・キーズ（一九八一年～）――全世界で三〇〇〇枚以上のアルバムを売るネオ・ソウルのトップ・ランナー。R&Bシンガー・ソングライター。グラミー賞ほか数々の賞を得ている。二〇〇一年、『ソングス・イン・Aマイナー』でデビュー。

〔37〕　ジェラルド・リヴァート（一九九六～二〇〇六年）――オージェイズのエディ・リヴァートの子として生まれ、ソロ名義のほか、弟と友人と組んだLeVert、キース・スエット、ジョニー・ギルと組んだLSG名義でも多数のヒットを持つ。一九八〇年代後半より活躍。

〔38〕　アレサ・フランクリン（一九四二年～）――「ソウルの女王」と呼ばれる天才R&Bシンガー。著名な牧師の娘として生まれ、ゴスペル音楽の素養とともに十代から天才少女として活躍。二十代にアトランティック・レコードに移籍し、一九六〇年代末より、「ピアノの前に座るとヒット曲がやってきた」という黄金時代を築く。無数のヒットと賞を誇る。

〔39〕　テディ・ペンダーグラス（一九五〇年～）――ハロルド・メルヴィン&ブルー・ノーツで活躍後、一九七七年にソロ・デビュー。ロマンティックな歌声で知られるR&Bシンガー。一九八二年自動車事故で下半身不随となるが、二〇〇六年に引退を宣言するまで活動を続ける。

〔40〕　スティーヴィー・ワンダー（一九五〇年～）――R&Bシンガー・ソングライター、マルチ・プレイヤー、音楽プロデューサーだが、その功績は黒人音楽の枠内にとどまらず、むしろ二〇世紀ポップ・ミュージック史における主要な貢献者。その作品を通じてソウル・ミュージックの歴史をつぎの局面へと導いていった一九七〇年代前半が主にその絶頂期とされるが、現在でもその驚くべき活動は続いている。

〔41〕　ルーサー・ヴァンドロス（一九五一～二〇〇五年）――R&Bシンガー・ソングライター、プロデューサー。いわゆるブラック・コンテンポラリーの第一人者として一九八〇年代を中心に活躍。ソロ名義のほかにもいくつものグループでヴォーカリストとして活動した。

〔42〕ロナルド・アイズレー（一九四一年〜）――R&Bグループ、アイズレー・ブラザーズのリード・ヴォーカルとして幼少時より活躍。アイズレー・ブラザーズは、一九五〇年代にはロックン・ロール・スタイルだったが、一九六〇年代にはファンク・グループとなる。この変化はロナルドのヴォーカルについても同様で、人種を越えた評価を受ける。二一世紀に入っても活動を続けるのみならずヒット曲を持ち、ヒップホップ勃興後にはヒップホップ・アーティストからも多くの尊敬を集める。二〇一〇年までロナルドは脱税により服役した。

〔43〕R・ケリー（一九六七年〜）――R&Bシンガー・ソングライター。一九九二年にデビュー。多彩な音楽性を持ち、プロデューサーとしても活躍。ときにラップも行ない、多数のヒット曲を持つ。

〔44〕ラッセル・シモンズ（一九五七年〜）――実業家であり慈善事業家であるが、ヒップホップの創成期から現状に至るまでの発展を担った大立者と呼ばれる。デフ・ジャム・レコードの創設者であり、また、ファッションや放送業界におけるヒップホップの展開にも寄与した。

〔45〕ベンジャミン・チェイヴィス・ムハンマド（一九四八年〜）――公民権活動家。シモンズとともに、二〇〇一年、ヒップホップ・サミット・アクション・ネットワークを創設。

〔46〕ヒップホップ・テンプル――テンプル・オヴ・ヒップホップのことであろう。KRS-ONEが設立したヒップホップ文化の教示と維持のための団体。

〔47〕L・ロンデール・マクミラン（一九六六年〜）――ニューヨーク州のアフリカ系の法律家。プリンスとワーナーとのあいだの不当な労働契約についての訴訟で名を上げ、以降、スティーヴィー・ワンダー、マイケル・ジャクソン、アッシャー、カニエ・ウェスト、スパイク・リーら、大物アーティストとの弁護士として活躍する。

〔48〕アーツ・エンパワーメント・コレクティヴ――芸術家法的支援連合、アーティスト・エンパワーメント・コアリションのこと。スティーヴィー・ワンダー、プリンス、ダグ・E・フレッシュ、チャカ・カーン、ロバータ・フラック、ナジーらが、マクミランとともに二〇〇二年に設立。

〔49〕フォー・ブラック・メン・フー・ミーン・ビジネス（4BMWMB）――イニシャルを見れば分かるように語呂合わせの意味合いもあるだろうが、一応そのまま訳しておくと「やるべきことを真面目にやる四人の黒人男性」くらいの

意か。

〔50〕国会中継やその他政治問題だけを一日じゅう中継するケーブルTVのネットワーク。

〔51〕タヴィス・スマイリー・ショー――このショーは、人種問題に焦点を当てた、ニュースとコメントの番組。ナショナル・パブリック・ラジオでは、二〇〇二年から二〇〇四年毎日放送された。ナショナル・パブリック・ラジオは、一九七〇年に創設された、非営利の全米ネットワークのラジオ局。

〔52〕『ニック・ニュース』――子ども、青少年をマーケットとするケーブルテレビのネットワーク『ニコロデオン』で、一九九二年から放映されている、エルビーを司会者にしたニュース・ショー。十代の視聴者に参加させながら学習型のニュース報道を行なっている。

〔53〕シルヴィア・アン・ヒューレット（一九四六年〜）――ヒューレットは、ウェールズで育った、職環境とジェンダーを専門とする経済学者。英米で活躍する。全米子育て協会（もしくは全米親業協会か）は、子どもの窮状を改善し、働く親たちの人権と保証を拡大するために、一九九二年、ヒューレットとウェストが設立。

〔54〕マイケル・エリック・ダイソン（一九五八年〜）――多数の著作を持ち、専門は宗教学、社会学、アフリカン・アメリカン・スタディーズ（とりわけヒップホップ・カルチャー）。

〔55〕『マイクをまわせ《パス・ザ・マイク》』ツアー――以下にある三人による講演のツアーであるが、三人の特徴を活かし、コール・アンド・レスポンス型の教会の集会のような講演、長時間のラップ・セッション、聴衆参加（「マイクをまわせ」）による議論が特徴。「パス・ザ・マイク」のフレーズはビースティ・ボーイズの曲名としても有名。

〔56〕エディ・グロード・ジュニア――宗教学、倫理学、アフリカン・アメリカン・スタディーズを専門とする教授。

〔57〕ファラ・ジャスミン・グリフィン――英文学、比較文学の教授。専門はアフリカ系アメリカ人文学、音楽、歴史、政治。

〔58〕二〇〇〇年より、年に一度、黒人の宗教的指導者、学者、知識人らを集めて、シンポジウムを開催。その経過はC－SPANで中継される。

〔59〕ヘンリー・ルイス・ゲイツ・ジュニア（一九五〇年〜）――社会派知識人であり、多彩な仕事を誇る文学批評家。

アフリカ系アメリカ人文学の研究において歴史的な革新をもたらした。当時、ハーヴァード大学は、アフリカン・アメリカン・スタディーズにおいて全米一の圧倒的な陣容を誇っていた。

〔60〕最低賃金保証キャンペーン――一九九〇年代末からハーヴァード大学の学生運動は、大学の被雇用者（ティーチング・アシスタントなどで働く学生を含む）についての最低賃金の水準を保証するよう運動していた。

〔61〕ビル・ブラッドリーの選挙運動――民主党の大統領候補指名をアル・ゴアと競う。ゴアが勝利し、大統領選はブッシュとゴアの戦いに。

〔62〕アル・シャープトン（一九五四年～）――アフリカ系アメリカ人の牧師であり公民権活動家。二〇〇四年の大統領選挙に向けての民主党の指名候補争いに参戦。

〔63〕ジョージ・ウィル（一九四一年～）――保守派のジャーナリスト。ニクソン批判ではリベラル派からも評価された。野球についての著作もあり、邦訳もされている。

〔64〕『ザ・オライリー・ファクター』――フォックス・ニュース・チャンネルの看板ニュース・ショー。ビル・オライリーがホスト。高い視聴率を誇る。

〔65〕ウィリアム・ジュリアス・ウィルソン（一九三五年～）――社会学者。ユニヴァーシティ・プロフェッサーの地位は非常に名誉があり、卓越した業績を持つ者だけに与えられる。

〔66〕ルイス・ファラカン師（一九三三年～）――アメリカの宗教・政治団体ネイション・オヴ・イスラムの一九七八年から現在までの指導者。ネイション・オヴ・イスラムは一九三〇年にデトロイトで設立され、イスラム教の教義から、アメリカの黒人の団結と地位向上をめざす。ファラカンはユダヤ人差別で批判されることも多い。

〔67〕一〇〇万人の行進《ミリオン・マン・マーチ》――一九九五年、ネイション・オヴ・イスラムに率いられて行なわれた、大統領選挙、ヴォランティア運動、コミュニティ活動への黒人の参加の増加を訴えたデモ行進。

〔68〕サム・タネンハウス（一九五五年～）――歴史もの、伝記等を中心に活躍する作家。『ニューヨーク・タイムズ』、『ヴァニティ・フェアー』、『ニューヨーク・タイムズ・ブック・レヴュー』などの編集にも携わる。

第7章　民主主義という鎧を身につけること

〔1〕アルバート・マリー（一九一六年〜）――アフリカ系アメリカ人の文学、ジャズ批評家、小説家。ラルフ・エリソンとの親交でも知られる。

〔2〕ソロン（紀元前六三八〜五五八年）――生没年については諸説あり。ギリシア七賢人のひとり。ギリシアの立法家。

〔3〕クレイステネス（紀元前六世紀後半〜五世紀前半）――一般にギリシアの民主主義の基礎を築いたとされる貴族。本文中の記述のほか、陶片追放《オストラシズム》を導入したのも彼ではないかとされる。

〔4〕町単位の民主主義――初期移民の移住地であったニュー・イングランドでは、当初から、町民会《タウン・ミーティング》を立法府とする直接民主制が行なわれていた。これは、合衆国憲法成立以降は消えていくわけだが、この伝統は現在でもかたちを変えて残っている。

〔5〕ペリクレス（紀元前四九五〜四二九年）――古代ギリシアの政治家。アテネに全盛期をもたらす。

〔6〕『フェデラリスト』（*Federalist Papers*）――一七八七年にアレクサンダー・ハミルトンとジョン・ジェイとの共著で出された、連邦憲法の註釈書。邦訳は、A・ハミルトン、J・ジェイ、J・マディソン『ザ・フェデラリスト』（新装版、齋藤眞・武則忠見訳、福村出版、一九九八年）。

〔7〕権利章典――"Bill of Rights"と呼ばれるアメリカ合衆国憲法の修正条項の最初の一〇項目。ここには人権規定が盛り込まれている。

〔8〕ラインホルド・ニーバー（一八九二〜一九七一年）――アメリカの神学者。冷戦期の政治にも多大な影響を与えている。

〔9〕エラ・フィッツジェラルド（一九一七〜九六年）――ビリー・ホリデイ、サラ・ヴォーンとならぶ歌手。ジャズ、ブルース、その他、三オクターブと言われた豊かな声で、レイディ・エラとも呼ばれた。スターとしてサインを求められる一方で、人種分離政策による差別を受けながらツアーを行ない、一九五四年には、パンアメリカン航空への予約を取り消されたされたことで裁判を起こしたことでも知られている。

〔10〕モハメッド・アリ（一九四二年〜）――合衆国の黒人プロボクサー。ネイション・オヴ・イスラムに入信してモハ

メッド・アリと改名。世界へヴィー級のチャンピオンとして、通算で一九度の防衛を果たした。また、公民権運動家でもある。後年病に倒れるが、それを押して一九九六年のアトランタ・オリンピックで最後の聖火ランナーを果たした姿は世界に深い感銘を与えた。

謝辞

本書が世に出たのは――私が書いたものすべてがそうだが――愛情深い家族のおかげである。比べるもの無き両親、故クリフトン・L・ウェストおよびアイリーン・バイアス・ウェスト（なんと先日開校したアイリーン・B・ウェスト小学校とありがたくも同じ名前である）、揺るぎない信念の持ち主である兄クリフトン・L・ウェスト（私の知っているなかでもっとも深淵なる人物）、私の支えとなってくれる妹たち、シンシア・マクダニエルとシェリル・ウェスト、素晴らしい息子クリフトン・ルイス・ウェスト、それから素晴らしき娘ディラン・ゼイトゥン・ウェスト。メアリ・アン・ロドリゲスには専門的な面で多大なるサポートをいただき、レズリー・オーサー・コトキンには個人的に多大なる愛情をいただいた。ベン・ポークが大車輪で仕事をし、エミリー・ルーズが編集に才能を発揮してくれたことで、この本はいまのようなものに仕上がった。また、祝福されたるエージェントのグローリア・ルーミス、予言者のごとき目をもった本書の発行人アン・ゴドフのふたりにも感謝を述べたい。本書に不備があるとすれば、それはすべて私が責任を負うものである。

コーネル・ウェスト

訳者解説

本書、『民主主義の問題（*Democracy Matters*）』（二〇〇四年）は、『人種の問題』（一九九四年）に続く、コーネル・ウェスト氏（以下、ウェスト）の著作の邦訳である。ウェストは日本ではあまり知られていないが、アメリカ合衆国においては、おそらくもっとも有名なアフリカ系アメリカ人のひとりといってもよいだろう。Cornel West という名前を検索エンジンに入れれば、ただちに数百万件の関連記事にヒットする。そしてまた、本人も公式ホームページのほかに、フェイスブック、ツィッター、ラジオ、テレビといったメディアを駆使して、人種について、正義について、あるいは貧困について、戦争について、発言し続けている。その彼を何と呼べばよいのだろうか。神学者、哲学者、アフリカ系アメリカ人の公民権活動家、市場原理主義批判の急先鋒の知識人、映画『マトリックス』に出演し、CDも発表するラップ・アーティスト、チェーホフを愛し、マーティン・ルーサー・キング牧師を敬愛し、ブルーズ・マンとして思想を語る……いずれにしても、民主主義と人種と正義の問題があるところ、彼はしばしば現われ、そして声を出し、行動する。二〇一一年にニューヨークで起こった「ウォール街を占拠せよ」にもいち早く姿を現わし、スピーチを行なった。

コーネル・ロナルド・ウェストは、一九五三年オクラホマに生まれ、カリフォルニア州のサクラメントで多感な少年時代を過ごした。早熟な知性の持ち主として一九七三年にハーヴァード大学を卒業し、一九八〇年、プリンストン大学で哲学博士号を取得したあとは、イエール大学の神学校、ハーヴァード大学、ハーヴァード神学校教授を歴任、二〇〇二年以降、プリンストン大学で教鞭を執り、アフリカン・アメリカン・スタディーズの教授を務めているが、二〇一二年からはニューヨークのユニオン神学セミナリーに教育の拠点を移している。

多岐にわたる著作のなかでも、おもなものを挙げるなら、まず学術的なものとして、*The American Evasion of Philosophy*（1989）、*Ethical Dimension of Marxist Thought*（1991）、*Keeping Faith: Philosophy and Race in America*（1994）などが、また現実の政治に深く関与しようとする著作としては『人種の問題』、*Hope on a Tight Rope*（2008）、そして本書『民主主義の問題』が代表的である。

ウェストの学問は、おそらく民主主義の問題を神学の問題として考える視点に特徴があるが、その根源には民主主義的な正義への信とみずからの人種がくぐってきた歴史へのまなざしがある。彼の回想録『ブラザー・ウェスト――声を大にして生き、そして愛する（*Brother West: Living and Loving Out Loud*）』（二〇〇九年）には、後年民主主義と人種問題の活動家となるきっかけとなるようなエピソードが出てくる。ウェスト少年は、サクラメントにいたころ、ぐらぐらと危ない古い橋を通って学校に行かねばならなかった。橋を渡った側に学校と白人コミュニティがあり、白人の子たちはその橋を使わなくてよいために、橋はいっこうに修理されぬまま、黒人の子ばかりが怖い思いをしてその橋を渡る。幼いウェスト少年にとって、その橋を渡ることは、幼いながらに死の不安、生の危うさを経験することであり、また「橋の向こう」は「まったく違う」生活を象徴してもいた。ブルースを聴き、兄や周りの友人の家族からキング牧師のことを聞かされて育つ少年にとって、人種の問題や正義の問題は生死をかけた恐怖、生死を賭けねばならない問題として、そして橋を渡らねば届かない何かとして捉えられていたのだ。この危うさと橋のイメージは、本書のなかで二〇〇一年九月一一日以降、アメリカ人がニガー化した――すなわちいつ何時命を取られるかもわからない危うい生を生きること――と語られるところにも、ブルーズ・マンとして相手に橋を架けるべく語るという、その語り口にも表われているように思う。

ウェストの思考とその言葉の特徴は、学術的な思考を、人の行動に繋げていこうとする点、また、そのための柱としてキリスト教の愛を取り込んでいくという点にあるだろう。難しい言葉を使えば、それは「預言的なプラグマティズム」と呼ばれるものである。そもそもプラグマティズムは、しばしば実際主義、実用主義とも呼ばれるように、物事の真理を考える際に、結果や効果からそれをはかるという発想である。ウィリアム・ジェイムズ（一八四二～一九一〇年）からジョン・デューイ（一八五九～一九五二年）を経て、リチャード・ローティ（一九三一～二〇〇七年）に至るアメリカ合衆国のプラグマティズムの系譜につらなるウェストは、デューイやローティに大きな影響を受けながら、個人を創り出す社会のあり方に関心を払い、その改善を目指そうとする。主著『アメリカにおける哲学の回避（*The American Evasion of Philosophy*）』においては、いわゆる哲学が自己や主体の分析にとどまって、社会が改善される物語につながらないことに不満を表明することによって、資本主義や民主主義の分析を行動と希望へと開こうとする。プラグマティズムを支えるのは道徳的な精神性の強調と、社会を良くしていこうという（貧困問題を考えるためにマルクス主義も研究対象になる）衝動である。だから彼が現代社会の問題を分析した場合には、その問題の解決を目指そうとし、またそのために、彼自身の言葉は、人びとに対するフィジカルな知の働きかけとして作用することを目指す。そのためにブルースで、ラップで、演説で、みずからの身体を使いながら、働きかけが継続されるのだ。まさしく「声を大にして（out loud）」。

本書『民主主義の問題』もまた、「声を大にして」語りかける一冊である。同時多発テロ事件以降のアメリカにおいて民主主義が、自由市場原理主義、攻撃的軍事姿勢、および権威主義によって危機に陥っていることを指摘したうえで、この是正に何が必要なのかを問いかける。彼が語る民主主義の危機は、別の言い方をするなら、新自由主義下の状況でもある。福祉国家が発達させてきた社会保障が弱まり、自己責任で人生をマネジメントすることが求められる結果、経済格差が広がる。とりわけそれは有色人種の若者を直撃することになるのだが、それだけに留まらないことは、「ウォール街を占拠せよ」運動に参加し、みずからを一パーセントの富裕層のせいで不利益をこうむる九九パーセントの人間であると語る人たちをみれば明らかである。ではどうしたらよいのか。そこに必要なのはソクラテスのごとく勇気を出して問いをたて、預言者のごとく正義を愛し、そして絶望的な状況のさなかにあっても、そこに希望を見いだす姿勢である。アメリカにはその伝統があり、キリスト教もその支えである。失敗したとしても、種は撒かれたことになるのである。彼にとって、いまここにある苦境に対して目をつぶり、無関心に陥ることは何より忌むべきことである。ジュディス・バトラーやユルゲン・ハーバマスら当代きっての論者が参加する『公共領域における宗教の力（*The Power of Religion in the Public Sphere*）』（二〇一一年）においても、その姿勢は変わらず、劇作家サミュエル・ベケットの言葉を引用してこう述べる。「またやって、また失敗すればいい。前より上手に失敗すればいい」。本書もまた、言葉によるアクションなのである。

本書（*Democracy Matters*）は、彼の出世作であり代表作である『人種の問題（*Race Matters*）』の一〇年後の続編としてある。ここで“matters”とは、われわれもそう訳したように「問題」という意味もあるが、より正確には、解決すべき厄介事（question, problem）としてではなく――タイトルにおける“matters”は、名詞であると同時に、動詞としてとることも可能なように――人種や民主主義は「重要である」という含意をもっている。二〇〇四年に、ウェストが、「民主主義は重要だ」という本を書いた理由は、本書の副題「帝国主義との闘いに勝つこと」が示しているだろう。それは、アメリカの現状を帝国主義的なものととらえ、合衆国の帝国主義を批判して、合衆国に民主主義を取り戻さなければならないという主張にある。帝国主義と民主主義を対置し、その視点から合衆国の現状を批判することに本書の価値はある。

ウェストの闘いは現在でも続いている。アフリカ系アメリカ人大統領が誕生することについては、もちろんウェストは歓迎していたが、同時に、オバマ大統領が誕生した二〇〇八年の大統領選において、ウェストはもっとも早いオバマの批判者のひとりでもあった。二〇〇九年のオバマのノーベル平和賞受賞の際にも、戦争を継続する大統領が平和賞を受賞することを批判したし、オバマが再選された二〇一二年の選挙戦前には、（本書にも登場するタヴィス・スマイリーとともに）合衆国政府が無視し続ける貧困層の窮状を訴えるキャンペーンを続けた。ウェストは、オバマ政権の有力な支援者であると同時に、もっとも辛辣な批評家でもあり続けている。

ウェストの柔軟な立ち位置を示すもうひとつのエピソードは、本書で語られるローレンス・サマーズとの確執だろう。サマーズは、クリントン政権で財務長官をつとめ、オバマ政権でも国家経済会議の委員長をつとめた経済学者である。この二つの職務の間にサマーズは、当時ウェストが所属していたハーヴァード大学の学長を務めることになる。当時の二人の確執の複雑な政治的状況については本書を読んでほしいが、当時ウェストはヒップホップの文化を踏まえた大規模で大人気の授業をハーヴァードでやっていたこと、サマーズはその価値を認めずにウェストを批判し（その結果ウェストはハーヴァードを辞し、プリンストン大学に移ることになるが）、その後サマーズ自身も性差別的な発言を理由に退任に追いやられるようになることは押さえておこう。サマーズに批判された授業は、ウェスト自身によるヒップホップのCDのリリースというかたちでも続いていくことになる。そして、言ってみれば、ウェストの授業がなくなったあと、ハーヴァードの大人気授業は、マイケル・サンデルによる白熱教室というかたちで世界的なベストセラーになっていく。サンデルを批判するわけではないが、ここで、ハーヴァードの人気授業は「白く」なっていったのである。この転換が重要なのはたんに人種アイデンティティの問題としてではなく、この転換が、貧困や階級と、それに対応する文化のかたちの変化をも反映しているからだ——訳者としては、白熱教室ではなくウェストのヒップホップの授業が、白熱教室のようなベストセラーになっていたら、われわれの住む現在はどのような世界になっていたのだろうかと想像しないではいられない。

若者の現在、サブカルチャーの現状、貧困層やいわゆる九九パーセントの「普通の人びと」の感情を、みずからの目で正確に理解しながら――それはみな本書に書かれている――硬直化しない、ニュアンスに富んだ立場から、鋭利に「現在」に切り込んでいく批評的な柔軟さこそが、ウェストの真骨頂と言えよう。それは、ウェストのプラグマティズムであるし、目の前に現実の人間としてあるコミュニティに対する距離感を手放さない、宗教的なリーダー、つまり、預言的な知識人としての彼のアイデンティティでもある。マーティン・ルーサー・キングも牧師であったように、合衆国の黒人解放運動とキリスト教とのあいだの絆は深く、本書で語られるウェストの宗教観は、（宗教原理主義や新興宗教が深刻な問題である現代においてこそ）深く理性的な意義をもっている。

そして、それは、難解な理論や専門用語に頼ろうとせずに、市井の言葉で驚くほど批評的な現状分析を行なう、ウェストのスタイルにも反映している。本書は彼の「語り」であり、言葉によるアクションであり、そして、われわれに届く言葉で語られた帝国主義批判である。世界各地で新しい形態のデモがわき起こり、われわれがわれわれの民主主義をこれまでとは異なった方法で取り戻そうとしている――それはけっして簡単なことではないが――現在においてこそ、われわれはウェストのような語り／アクションを待っていたのだと、われわれはようやくウェストが示すものの真価を理解できるようになるのだと、言うことはできないだろうか。

＊

本書の翻訳は日本語版の序文にもあるように、二〇〇八年に実現したウェストの来日をきっかけとして実現したものである。また、日本語版への序文をいただくにあたっては、この序文にも登場する青山学院大学准教授の西本あづさ氏のお力添えをいただいた。ここに記して感謝申し上げる次第である。翻訳については、第一、三章を越智、第二、五章を松井、第四、六章を三浦、第七章を三浦、越智が担当、いったんできあがったものを、三名で相互に目を通してチェックし、文体も統一するように努めた。この間、遅れがちになる作業を辛抱強く見守ってくださった法政大学出版局の勝康裕さんには、あらためて御礼を申し上げたい。

二〇一三年九月

訳者一同

追記

三浦玲一氏は、二〇一三年一〇月九日、逝去されました。心よりご冥福をお祈り申し上げます。

索　引

1. 索引は，訳者のほうで取捨選択のうえ整理し直した。
2. ページのあとの〔　〕内は訳註番号を示す。

[ア　行]
愛国者法 Patriot Act　9, 34, 221, 240〔7〕, 256〔23〕
アイス・キューブ Ice Cube　195, 258〔14〕
アイス・T Ice-T　195, 258〔13〕
アイスキネス Aeschines　227
アイゼンハワー，ドワイト Eisenhower, Dwight D.　127
アインシュタイン，アルバート Einstein, Albert　137
アウトキャスト Outkast　194, 195, 198, 260〔26〕
「トゥルー・ダット」"True Dat"　194
アシュクロフト，ジョン Ashcroft, John　182, 256〔23〕
アダムズ，チャールズ Adams, Charles　166, 255〔18〕
アーツ・エンパワメント・コレクティヴ　200, 262〔48〕
アテネの民主主義　22, 223, 224, 226, 228, 230, 266
アーノルド，マシュー Arnold, Matthew　231
『教養と無秩序』*Culture and Anarchy*　231
アファーマティヴ・アクション affirmative action　64, 206, 211, 215, 244〔13〕
アフガニスタン　64, 116, 121, 140
アフリカ　65, 97, 128, 129, 142, 143, 148, 163, 170, 206
アフリカ・バンバータ Afrikaa Bambaataa　195, 258〔10〕
アミト，メイア Amit, Meir　127
アームストロング，ルイ Armstrong, Louis　100, 236, 246〔25〕
アメリカ・イスラエル公共問題委員会 American Israel Public Affairs Committee（AIPAC）　133–134
アメリカ建国の父祖たち　18, 229, 230, 164
（アメリカ）先住民 Native Americans　16, 38, 48, 49, 51, 56, 63, 75, 115, 161
アメリカ・ヘブライ信徒連合 Union of American Hebrew Congregations　134
アメリカンズ・フォー・ピース・ナウ Americans for Peace Now　133, 251〔24〕
「アモス書」　21, 124, 249〔9〕
アラファト，ヤセル Arafat, Yasser　126, 250〔13〕
アリ，モハメッド Ali, Muhammad　238, 265〔10〕
アリストテレス Aristotle　47
アリストファネス Aristophanes　228
アル＝ジャブリ，モハメド・アベド Jabri, Mohamed Abid al-　145, 253〔40〕
アル＝ヤーワル，アジール・ガージー Yawar, Ghazi Ajil al-　155
アル・カイーダ Al Qaeda　67
アルコアン，モハメド Arkoun, Mohamed　145, 253〔42〕

アレン，デレク "D.O.A." Allen, Derek "D.O.A."　201
アン・ナイム，アブデュライ・アーメド An-Na'im, Abdullahi Ahmed　153
イエス Jesus　22, 81, 82, 159, 160, 162, 163, 170, 171, 182, 183, 185, 233, 252〔30〕
イサゴラス Isagoras　224
「イザヤ書」21, 124, 233, 249〔10〕
イスラエル　13, 14, 20, 21, 40, 65, 87, 119, 120, 121, 122, 123, 124, 125, 126, 127, 128, 129, 130, 131, 132, 133, 134, 135, 138, 139, 140, 149, 154, 155, 156, 158, 163, 168, 178, 184, 215, 249〔6, 7〕, 250〔12, 13, 15, 18〕, 251〔22, 24, 26〕, 252〔31〕, 255〔15〕
イスラエル政策会議 Israel Policy Forum 133, 251〔26〕
イスラム Islam　第 4 章参照
イスラム原理主義 Islamic fundamentalism 15
イソクラテス Isocrates　226
『アンティドシス』*Antidosis*　226
イラク　8, 16, 34, 40, 64, 112, 116, 119, 121, 140, 154, 155, 156, 192, 215, 221, 222, 242〔1〕, 257〔2〕
イラン　119, 121, 140
インターネット　7, 239〔3〕, 257〔3〕
ウィメンズ・クラブ運動　169
ウィリアムズ，テネシー Williams, Tennessee　23, 102, 241〔20〕
『アメリカン・ブルース』*American Blues* 102
ウィル，ジョージ Will, George　211, 264〔63〕
ウィルソン，ウィリアム・ジュリアス Wilson, William Julius　212, 264〔65〕
ウィルソン，ウッドロウ Wilson, Woodrow　38, 59
ウィルソン，オーガスト Wilson, August 113, 247〔31〕
ウェスト，カニエ West, Kanye　198, 259〔24〕, 262〔47〕
ウェスト，クリフトン West, Clifton 201
ウェスト，コーネル West, Cornel
『アメリカにおける哲学の忌避――プラグマティズムの系譜』*The American Evasion of Philosophy: A Genealogy of Pragmatism*　204
『信仰をまもる』*Keeping Faith*　204
『人種の問題』*Race Matters*　4, 30
『ストリートの知恵』*Street Knowledge* 200
『私の文化のスケッチ』*Sketches of My Culture*　200
ヴェトナム戦争　34, 63, 94, 127, 167
ウェルズ゠バーネット，アイダ Wells-Barnett, Ida B.　169, 236
『赤い記録』*A Red Record*　169
ウェルティ，ユードラ Welty, Eudora 23, 241〔21〕
ウォーカー，デイヴィッド Walker, David　52, 168, 243〔5〕
『世界の有色市民への訴え』（『ウォーカーの訴え』）*Appeal to the Colored Citizens of the World*　52, 168, 243〔5〕
ヴォーン，サラ Vaughan, Sarah　93, 101, 236, 245〔15〕, 265〔9〕
ウォリス，ジム Wallis, Jim　181, 254〔11〕
ウォレン，ロバート・ペン Warren, Robert Penn　96, 246〔22〕
『ネズ・パース族のジョゼフ首長』*Chief Joseph of the Nez Perce*　96
『竜のはらから』*Brother to Dragons* 96
ウンガー，ロベルト・マンガベイラ Unger, Roberto Mangabeira　69, 244〔2〕

エデルマン，マリアン・ライト Edelman, Marian Wright　114, 248〔38〕
エマソン，ラルフ・ウォルドー Emerson, Ralph Waldo　25, 73, 74, 75, 76, 77, 78, 79, 80, 81, 83, 84, 85, 86, 87, 88, 94, 95, 100, 101, 103, 210, 231, 232, 242〔26〕, 244〔3〕
「アメリカの学者」"The American Scholar"　77, 83, 242〔26〕
「運命」"Fate"　84
「自己信頼」"Self-Reliance"　76
「知性」"Intellect"　84
「プラトンあるいは哲学者」"Plato, or the Philosopher"　231, 242〔26〕
エミネム Eminem　198, 259〔21〕
エラビー，リンダ Ellerbee, Linda　202
エリソン，ラルフ Ellison, Ralph　23, 87, 99, 110, 220, 237, 240〔14〕, 265〔1〕
『影と行為』*Shadow and Act*　87, 240〔14〕
『見えない人間』*Invisible Man*　87, 99, 240〔14〕
「リチャード・ライトのブルース」"Richard Wright's Blues"　23
エリントン，デューク Ellington, Duke　100, 101, 220, 236, 246〔26〕
エルファドル，カリード・アブ Fadl, Khaled Abou El-　145, 151, 253〔46〕
『イスラム教における寛容さの位置』*The Place of Tolerance in Islam*　151
「イスラムと民主主義という試練」"Islam and the Challenge of Democracy"　145, 151
「エレミヤ書」　21, 124, 246〔24〕
エーレンライク，バーバラ Ehrenreich, Barbara　114, 248〔41〕
欧州連合 European Union　11
オグリトゥリー，チャールズ，ジュニア Ogletree, Charles, Jr.　211
オスマン帝国　11, 119
オニール，ユージーン O'Neill, Eugene　60, 74, 95, 96, 244〔12〕
『渇き』*Thirst*　96
『氷人来る』*The Iceman Cometh*　60, 96, 244〔12〕
オランダ帝国　48, 60
温情主義的ニヒリズム　34, 36, 37, 40, 66

［カ　行］

カー，リロイ Carr, Leroy　23, 241〔18〕
解放の神学運動　179
カトリック労働者運動（カトリック・ワーカー運動）　166
カーマイケル，ストークリー Carmichael, Stokely　87, 245〔9〕
感傷主義的ニヒリズム　34, 41, 42, 43, 66
ガンディー，マハトマ Gandhi, Mohandas　169
キケロ Cicero　80, 244〔6〕
ギブソン，メル Gibson, Mel　135, 182, 184, 252〔30〕
金正日　149
共和党　4, 6, 30, 35, 37, 40, 41, 71, 134, 177, 178
九・一一　10, 11, 12, 15, 16, 24, 25, 45, 67, 220, 247〔36〕, 248〔37〕, 255〔14〕, 256〔23〕
キング，マーティン・ルーサー，ジュニア King, Martin Luther, Jr.　viii, 7, 22, 25, 26, 63, 64, 65, 87, 94, 101, 163, 169, 170, 172, 173, 175, 176, 177, 182, 234, 236, 245〔10〕, 246〔21〕, 247〔27〕
ギンズバーグ，ルース・ベイダー Ginsberg, Ruth Bader　9
クィンティリアヌス Quintilian　80, 244〔5〕
クー・クラックス・クラン Ku Klux Klan　59, 243〔11〕

［サ 行］

クシュナー，トニー Kirshner, Tony 113, 247〔30〕
クセナルコス Xenarchus 228
クセノフォン Xenophon 227
クック，スジェイ・ジョンソン Cook, Sujay Johnson 181, 255〔17〕
グランドマスター・フラッシュ・アンド・ザ・フューリアス・ファイヴ Grandmaster Flash and the Furious Five 195, 257〔5, 6〕, 258〔10〕
クリスタル・クリアー・スタジオ Crystal Clear Studios 200
KRS-ONE(クリスワン) 94, 188, 195, 200, 246〔17〕, 262〔46〕
クーリッジ，カルヴィン Coolidge, Calvin 60
グリフィン，ファラ・ジャスミン Griffin, Farah Jasmine 203, 263〔57〕
クリントン，ヒラリー Clinton, Hillary Rodham 40, 67, 134, 256〔22〕
クリントン，ビル Clinton, Bill 12, 40, 41, 70, 257〔3〕
クール・ハーク Kool Herc 195, 257〔6〕, 258〔10〕
クルド人 Kurds 119, 149, 155, 156
クレイステネス Cleisthenes 224, 153, 265〔3〕
グレイダー，ウィリアム Greider, William 114, 248〔39〕
グロード，エディ，ジュニア Glaude, Eddie, Jr. 203, 263〔56〕
グローバル化 26, 64, 222
グローバル・シティズンズ・キャンペーン Global Citizens Campaign 193, 257〔4〕
軍産複合体 military-industrial complex 62
軍事姿勢 →「攻撃的軍事姿勢」をみよ
軍事費 64
ゲイツ，ヘンリー・ルイス，ジュニア Gates, Henry Louis, Jr. 206, 207, 263-264〔59〕
ケイン，チェイク・ハミドウ Kane, Cheikh Hamidou 142, 143, 252〔33〕
『曖昧な冒険』 Ambiguous Adventure 142, 143
ケリー，ジョン Kerry, John 40, 67, 239〔3〕
権威主義 9, 10, 12, 22, 25, 114, 158, 172, 174, 193
原住民 →「(アメリカ)先住民」をみよ
憲法修正第14条 57
攻撃的軍事姿勢 7, 8, 10, 12, 25, 158, 193
公民権運動 22, 92, 164, 169, 177, 241〔23〕, 243〔9〕, 245〔9〕, 246〔17〕, 247〔27, 28〕, 248〔38〕, 249〔11〕, 266〔10〕
国際開発金融機関 Multilateral Development Banks 65
国際通貨基金（IMF） 65
国連，国際連合（UN） 35, 65, 149
コフィン，ウィリアム・スローン Coffin, William Sloan 167
ゴルギアス Gorgias 226
コルトレーン，ジョン Coltrane, John 25, 93, 101, 237, 242〔25〕
コンスタンティヌス Constantine（ローマ皇帝）159, 160, 162, 182

再建期 Reconstruction 56, 243〔9〕
サイード，エドワード Said, Edward 118, 249〔2〕
サガン，エリ Sagan, Eli 224
『蜜とヘムロック』 The Honey and the Hemlock 224
サーダウィ，ナワル・エル Saadawi, Nawal El 145, 253〔43〕
サマーズ，ローレンス Summers, Lawrence 205, 206, 207, 208, 211, 212, 213,

215, 216
サーマン，ハワード Thurman, Howard 158, 169, 254〔2〕
『イエスと権利を奪われた人びと』*Jesus and the Disinherited* 169, 254〔2〕
「サムエル記」 22
サリ，タイェブ Salih, Tayeb 142, 252〔34〕
『北部への移住の季節』*Season of Migration to the North* 142
サルズバーガー家 Sulzberger family 135
産業主義 57, 166
C-SPAN, 187–88, 202, 203, 263〔58〕
ジェイ・Z Jay-Z 198, 259〔20〕
ジェイムズ，ウィリアム James, William 85, 245〔7〕
ジェファソン，トマス Jefferson, Thomas 48, 49, 52, 53, 96, 242〔3〕
『ヴァージニア覚書』*Notes on the State of Virginia* 52
「詩篇」 233
ジム・クロウ Jim Crow 56, 59, 61, 64, 101, 243〔9〕
シムズ，トマス Sims, Thomas 100
シモンズ，ラッセル Simmons, Russell 200, 262〔44〕
社会的福音運動 165
ジャクソン，マヘリア Jackson, Mahalia 93, 245〔12〕, 246〔21〕
シャクール，トゥパック Shakur, Tupac 73, 195, 258〔12〕, 259〔18〕
ジャズ 19, 26, 68, 87, 93, 94, 95, 100, 101, 102, 103, 236, 242〔25〕, 246〔26〕, 260〔29〕, 265〔1, 9〕
シャピロ，ハロルド Shapiro, Harold 211
シャープトン，アル Sharpton, Al 208, 264〔62〕
シャロン，アリエル Sharon, Ariel 126, 213, 214, 250〔12〕
ジューイッシュ・ピース・ロビー Jewish Peace Lobby 132, 251〔22〕
自由市場原理主義 6, 7, 10, 12, 31, 44, 57, 59, 158, 171, 193
十部族制 demes 224
「出エジプト記」 233, 249〔8〕
シュライビ，ドリス Chraibi, Driss 142, 252〔36〕
『単純な過去』*The Simple Past* 142
ショー，レミュエル Shaw, Lemuel 100
ジョンソン，リンドン Johnson, Lyndon B. 34, 37, 38, 39, 92, 127, 245〔11〕
ジョンソン，ロバート Johnson, Robert 23, 241〔17〕
「箴言」 21
人種隔離 segregation, racial 59, 64, 101, 169, 243〔9〕
人種差別，黒人差別 racism 17, 18, 45, 46, 50, 51, 52, 55, 56, 57, 59, 61, 62, 63, 65, 66, 73, 86, 88, 93, 94, 95, 96, 99, 102, 106, 126, 177, 184, 185, 196, 197, 213, 215, 240〔10〕, 244〔3〕, 245〔10〕, 258〔12, 14〕
進歩主義《プログレッシヴィズム》 58, 59
スタイン，ガートルード Stein, Gertrude 85, 245〔8〕
スタウト，ジェフリー Stout, Jeffrey 172, 176, 254〔6〕
『民主主義と伝統』*Democracy and Tradition* 172, 254〔6〕
スタウブ，マイケル Staub, Michael C. 130, 250〔17〕
『ルーツを絶たれて——戦後アメリカにおけるユダヤ・リベラリズムの危機』*Torn at the Roots: The Crisis of Jewish Liberalism in Postwar America* 130
ズッカーマン，モーティマー Zuckerman, Mortimer 135
ストア派 21
スヌープ・ドッグ Snoop Dogg 195, 258

ネオ・ソウルの運動　198, 261〔36〕

[ハ　行]
ハアム，アハド Ha'am, Ahad　137, 252〔31〕
パイデイア　44, 46, 101
ハーヴァード大学　81, 205–215, 244〔2〕, 255〔18〕, 263〔59〕, 264〔60〕
パーカー，チャーリー Parker, Charlie 93, 245〔13〕
白人優越主義　17, 22, 26, 45, 51, 54, 55, 56, 58, 59, 73, 86, 90, 96, 171
『パッション』*The Passion of the Christ*（映画）135, 182, 251–252〔30〕
バトニツキー，レオーラ Batnitzky, Leora 136
　『偶像崇拝と表象――ローゼンツヴァイク哲学再考』*Idolatry and Representation: The Philosophy of Rosenzweig Reconsidered*　136
バーネット，チャールズ Burnett, Charles 113, 247〔34〕
「ハバクク書」 124
パブリック・エネミー Public Enemy 187, 195, 245〔16〕, 258〔11〕
パリス Paris　195, 257〔8〕
ハリントン，マイケル Harrington, Michael 38
　『もうひとつのアメリカ』*The Other America*　38
パレーシア　19, 44, 227, 229, 230
パレスチナ　13, 14, 40, 94, 119, 120, 121, 122, 123, 124, 125, 126, 129, 130, 131, 132, 133, 134, 135, 137, 138, 139, 149, 155, 156, 214, 215, 249〔2〕, 250〔13〕, 251〔20, 22, 26〕
ハワーワス，スタンリー Hauerwas, Stanley 174, 175, 176, 254〔8〕
バンクス，ラッセル Banks, Russell　113, 247〔33〕
バーンズ，アンソニー Burns, Anthony 100
反ユダヤ主義，反ユダヤ，ユダヤ人差別 anti-Semitism　13, 14, 45, 121, 126, 134, 135, 136, 139, 140, 152, 182, 183, 184, 214, 215, 264〔66〕
ハンズベリー，ロレイン Hansberry, Lorraine　74, 87, 244〔4〕
ヒップホップ　18, 65, 94, 102, 188, 193–216, 257〔5, 6, 7, 8〕, 258〔10〕, 259〔21〕, 260〔29〕, 262〔42, 44, 46〕, 263〔54〕
ヒップホップ・テンプル Hip Hop Temple　200, 262〔46〕
ヒトラー Hitler, Adolf　60, 61
『ヒーブ』*Heeb*　133, 251〔25〕
ヒューレット，シルヴィア・アン Hewlett, Sylvia Ann　202, 263〔53〕
　『親であることの危機』*The War Against Parents*（ヒューレットとウェスト）202
　『子育てを公共圏に』*Taking Parenting Public*（ヒューレットとウェスト）202
ヒル，ローリン Hill, Lauryn　196
　「ロスト・ワンズ」"Lost Ones"　196
ピンチョン，トマス Pynchon, Thomas 23, 113, 241〔22〕
プア・ライチャス・ティーチャーズ 195, 258〔9〕
ファシズム fascism　59, 61
ファラカン，ルイス Farrakhan, Louis 214, 264〔66〕
ファレル Pharrell　198, 260〔25〕
フィッツジェラルド，エラ Fitzgerald, Ella　238, 245〔15〕, 265〔9〕
フーヴァー，ハーバート Hoover, Herbert 78
『フェデラリスト』*The Federalist Papers* 229, 265〔6〕

フエルタ，ドロレス Huerta, Dolores 114, 248〔42〕
フォー・ブラック・メン・フー・ミーン・ビジネス Four Black Men Who Mean Business（4 BMWMB） 201, 262〔49〕
フォーブズ，ジェイムズ Forbes, James 181, 255〔16〕
フォルウェル，ジェリー Falwell, Jerry 178, 255〔14, 15〕
深い民主主義の伝統 16, 18, 第 3 章, 237
福音伝道的ニヒリズム 34, 35, 36, 38, 66
ブース，ジョン・ウィルクス Booth, John Wilkes 55
フセイン，サダム Hussein, Saddam 64, 67, 121, 149, 155
ブッシュ，ジョージ・W. Bush, George W. 5, 8, 12, 13, 15, 16, 25, 30, 33, 34, 35, 36, 37, 40, 66, 67, 71, 72, 86, 112, 114, 116, 121, 122, 165, 180, 182, 222, 240〔6〕, 255〔12〕, 256〔24〕, 259〔24〕, 264〔61〕
ブラウン，ジョン Brown, John 73, 80, 244〔3〕
ブラック・スター Black Star 196
「ヘイター・プレイヤーズ」“Hater Players” 196
ブラッドリー，ビル Bradley, Bill 208, 264〔61〕
プラトン Plato 19, 219, 225, 226, 227, 228, 229, 231
『国家』*Republic* 35, 225, 229
『弁明』*Apology* 19, 219, 227
『メノン』（メノ） *Meno* 20, 226
フランクリン，ベンジャミン Franklin, Benjamin 49
フランス 47, 48, 60, 65, 127, 252〔33, 35, 36〕
フリードマン，トマス Friedman, Thomas 135, 251〔29〕
プリンス Prince 200, 262〔47〕
プリンストン大学 203, 209, 211, 215, 242〔1〕
ブルース 19, 23, 24, 25, 26, 68, 87, 93, 94, 95, 100, 101, 102, 103, 109, 110, 111, 220, 235, 236, 241〔16, 18〕, 265〔9〕
ブルーム，ハロルド Bloom, Harold 111
ブレイク，チャールズ Blake, Charles E. 181
ブレイラ Breira 131, 132, 133, 250〔18〕
フレガー神父，マイケル Pfleger, Father Michael 181, 256〔22〕
ベイカー，エラ Baker, Ella 101, 236, 247〔28〕
米国主要ユダヤ組織会長会議 Conference of Presidents of Major American Jewish Organizations 133, 135
ベイリー，ルーベン Bailey, Ruben 194
ヘシェル，エイブラム・ジョシュア Heschel, Abraham Joshua 125, 234, 249〔11〕
ヘシェル，スザンナ Heschel, Susannah 133, 251〔28〕
ベック，レオ Baeck, Leo 137, 252〔32〕
ペリー，イマニ Perry, Imam 198
『フッドの預言者たち』*Prophets in the Hood* 198
ベリガン，フィリップとダニエル Berrigan, Philip and Daniel 166
ペリクレス Pericles 47, 225, 265〔5〕
ペレツ，マーティン Peretz, Martin 135
ホイットマン，ウォルト Whitman, Walt 3, 25–26, 74, 85, 239〔1〕
ホーエンレイン，マルコム Hoenlein, Malcolm 134
保守派ユダヤ教シナゴーグ連合 United Synagogue of Conservative Judaism 134
「ホセア書」 22, 124
ポピュリズム populism 58

モノソン, S. サラ Monoson, S. Sara 228
『錯綜するプラトンの民主主義』 Plato's Democratic Entanglements 228
モーブリー, メイミー・ティル Mobley, Mamie Till 24, 25
モラル・マジョリティ 178, 179, 255〔14〕
モリスン, トニ Morrison, Toni 26, 42, 73, 74, 75, 87, 95, 103, 104, 105, 106, 107, 108, 109, 110, 111, 112, 113, 242〔28〕
『白さと想像力』 Playing in the Dark 105, 242〔28〕
『ソロモンの歌』 Song of Solomon 108, 242〔28〕
『ビラヴド』 Beloved 42, 103, 104, 242〔28〕
モンロー主義 Monroe Doctrine 57

[ヤ 行]
ユダヤ平和ネットワーク Jewish Peace Network 132, 251〔23〕

[ラ 行]
ライト, ジェレマイア Wright, Jeremiah 181, 256〔19, 22〕
ラウシェンブッシュ, ウォルター Rauschenbusch, Walter 165, 166
『キリスト教と社会の危機』 Christianity and the Social Crisis 165
ラキム Rakim 195, 257〔7〕
ラシュディ, サルマン Rushdie, Salman 143, 252–253〔37〕
ラップ 187, 188, 193, 195, 199, 208, 258〔11–16〕, 259〔20, 21, 23, 24〕, 262〔43〕, 263〔55〕 →「ヒップホップ」もみよ
ラーナー, マイケル, ラビ Lerner, Rabbi Michael 123, 125, 132, 133, 214, 215, 249〔5〕
『イスラエル／パレスチナの癒しに向けて』 Healing Israel/Palestine 123
ラマダン, タリク Ramadan, Tariq 145, 253〔45〕
ランドルフ, A. フィリップ Randolph, A. Philip 101, 247〔27〕
リンカーン, エイブラハム Lincoln, Abraham 54, 55, 170, 243〔8〕
ルーカイザー, ミュリエル Rukeyser, Muriel 69, 85, 86, 244〔1〕
『詩のいのち』 The Life of Poetry 69, 86
「ルカによる福音書」 219–220
ルキアノス Lucian 23, 240〔11〕
レイコフ, ジョージ Lakoff, George 81
冷戦 11, 62, 119, 128, 141, 248〔36〕, 265〔8〕
レイニー, マ Rainey, Ma 23, 100, 241〔16〕
レーガン, ロナルド Reagan, Ronald 35, 178, 180, 255〔14〕
「列王紀」 98
ローヴ, カール Rove, Karl 37, 66
労働運動 38, 247〔28〕
労働組合運動, 労働組合主義 45, 58, 164
ローズヴェルト, セオドア Roosevelt, Theodore 38
ローズヴェルト, フランクリン・デラノ Roosevelt, Franklin Delano 37, 38, 39
ローゼンツヴァイク, フランツ Rosenzweig, Franz 117, 136, 248–249〔1〕
ロット, トレント Lott, Trent 134
ローティ, リチャード Rorty, Richard 172, 173, 174, 176, 210, 254〔7〕
ローマ帝国 11, 13, 23, 159, 160, 162, 163, 164, 171, 183, 185, 234
ロールズ, ジョン Rawls, John 151, 172, 173, 174, 176, 253〔47〕

[ワ 行]
ワシントン, ジョージ Washington,

許諾一覧

著作権のある以下の著作について，その一部抜粋の掲載をお認めいただいた。心からの感謝をここに記す次第である。

Letter from Leo Baeck and Albert Einstein to *The New York Times*, April 18, 1948. By permission of the Leo Baeck Institute.

"True Dat (Interlude)" lyrics by Ruben L. Bailey. Used by permission of Ruben L. Bailey.

The Fire Next Time by James Baldwin. ©1962, 1963 by James Baldwin. Copyright renewed. Published by Vintage Books. Used by permission of the James Baldwin Estate.

"Lost Ones" by Frederick Hibbert and Lauryn Hill. Copyright 1998 Sony/ATV Tunes LLC Obverse Creation Music Inc. By permission of Sony/ATV Music Publishing. Copyright ©1998 by Sony/ATV Tunes, LLC and Universal-Songs of Polygram Int. Inc. (ASCAP and BMI). Used by permission of Universal Music Publishing. International copyright secured. All rights reserved.

"Hater Players" by Shawn Jones, Talib Greene (Talib Kweli), and Dante Smith. Copyright 1998 J. Period Music (ASCAP). Administered by The Royalty Network. ©1998 by Songs of Windswept Pacific o/b/o Itself Pen Skills Music. All rights administered by Windswept. All rights reserved. Used by permission of Warner Bros. Publications U.S. Inc., Miami, Florida. ©1998 EMI Blackwood Music Inc., Empire International, Medina Sound Music, J. Period Records, Songs of Windswept Pacific and Pen Skills Music. All rights for Empire International and Medina Sound Music controlled and administered by EMI Blackwood Music Inc. All rights reserved. International copyright secured. Used by permission.

民主主義の問題
帝国主義との闘いに勝つこと

2014年2月21日　　初版第1刷発行

著　者　コーネル・ウェスト
訳　者　越智博美・松井優子・三浦玲一
発行所　一般財団法人法政大学出版局
〒102-0071　東京都千代田区富士見2-17-1
電話 03(5214)5540／振替 00160-6-95814
製版・印刷　三和印刷／製本　積信堂
装　幀　奥平 泰之

ISBN 978-4-588-62209-0　Printed in Japan

著 者
コーネル・ウェスト（Cornel West）
1953年生まれ。アメリカ・オクラホマ州出身。17歳でハーヴァード大学に進学，R. ノージック，S. カベルに師事し，卒業後，プリンストン大学大学院で博士号を取得。プリンストン大学時代にはR. ローティのプラグマティズム思想に強い影響を受けた。ハーヴァード大学，プリンストン大学の教授を歴任し，現在ニューヨークにあるユニオン神学セミナリー教授。アメリカにおける人種問題を歴史学的分析を用いて論じ，また政治活動を活発に行なっていることでも知られる。専門は哲学・政治思想。
著書として『アメリカにおける哲学の回避』（*The American Evasion of Philosophy: A Genealogy of Pragmatism*, Madison, 1989），『人種の問題』（*Race Matters*, Boston, 1993; 山下慶親訳，新教出版社，2008年），『ブラザー・ウェスト――声を大にして生き，そして愛する』（*Brother West: Living and Loving Out Loud*, New York, 2009）ほか多数。

訳 者（五十音順）
越智 博美（おち ひろみ）
一橋大学教授。専門はアメリカ文学・文化。
著書に『モダニズムの南部的瞬間――アメリカ南部詩人と冷戦』（研究社，2012年），編著に『ジェンダーから世界を読むII――表象されるアイデンティティ』（明石書店，2008年），共著に『文学研究のマニフェスト――ポスト理論・歴史主義の英米文学批評入門』（研究社，2012年）など。

松井 優子（まつい ゆうこ）
青山学院大学教授。専門はイギリス文学・文化。
著書に『スコット――人と文学』（勉誠出版，2007年），共訳書にR. ウィリアムズ著『完訳キーワード辞典』（平凡社，2002年），G. ビア著『ダーウィンの衝撃――文学における進化論』（工作舎，1998年）など。

三浦 玲一（みうら れいいち）
2013年10月，逝去。一橋大学教授。専門はアメリカ文学，ポストモダニズム。
著書に『ポストモダン・バーセルミ――「小説」というものの魔法について』（彩流社，2005年），編著に『ジェンダーと自由――理論，リベラリズム，クィア』（彩流社，2013年），『文学研究のマニフェスト――ポスト理論・歴史主義の英米文学批評入門』（研究社，2012年）など。

《サピエンティア》（表示価格は税別です）

01 アメリカの戦争と世界秩序
菅 英輝 編著……3800円

02 ミッテラン社会党の転換 社会主義から欧州統合へ
吉田 徹 著……4000円

03 社会国家を生きる 20世紀ドイツにおける国家・共同性・個人
川越 修・辻 英史 編著……3600円

04 パスポートの発明 監視・シティズンシップ・国家
J. C. トーピー／藤川隆男 監訳……3200円

05 連帯経済の可能性 ラテンアメリカにおける草の根の経験
A. O. ハーシュマン／矢野修一 ほか訳……2200円

06 アメリカの省察 トクヴィル・ウェーバー・アドルノ
C. オッフェ／野口 雅弘 訳……2000円

07 半開きの〈黄金の扉〉 アメリカ・ユダヤ人と高等教育
北 美幸 著……3200円

08 政治的平等とは何か
R. A. ダール／飯田文雄・辻 康夫・早川 誠 訳……1800円

09 差異 アイデンティティと文化の政治学
M. ヴィヴィオルカ／宮島 喬・森 千香子 訳……3000円

10 帝国と経済発展 途上国世界の興亡
A. H. アムスデン／原田太津男・尹春志訳……2800円

11 冷戦史の再検討 変容する秩序と冷戦の終焉
菅 英輝 編著……3800円

12 変革する多文化主義へ オーストラリアからの展望
塩原良和 著……3000円

13 寛容の帝国 現代リベラリズム批判
W. ブラウン／向山恭一 訳……4300円

14 文化を転位させる アイデンティティ・伝統・第三世界フェミニズム
U. ナーラーヤン／塩原良和 監訳……3900円

15 グローバリゼーション 人間への影響
Z. バウマン／澤田眞治・中井愛子 訳……2600円